面向教学支持的高职院校
阅读推广实证研究

陈　靖　王景文◎著

吉林大学出版社

·长春·

图书在版编目（CIP）数据

面向教学支持的高职院校阅读推广实证研究 / 陈靖，
王景文著 . -- 长春 : 吉林大学出版社 , 2024. 6.
ISBN 978-7-5768-3465-9

Ⅰ. G258.6；G252.17

中国国家版本馆 CIP 数据核字第 2024WV2575 号

面向教学支持的高职院校阅读推广实证研究
MIANXIANG JIAOXUE ZHICHI DE GAOZHI YUANXIAO YUEDU TUIGUANG SHIZHENG YANJIU

著　　者	陈　靖　王景文
策划编辑	殷丽爽
责任编辑	殷丽爽
责任校对	安　萌
装帧设计	雅硕图文
出版发行	吉林大学出版社
社　　址	长春市人民大街 4059 号
邮政编码	130021
发行电话	0431-89580036/58
网　　址	http://www.jlup.com.cn
电子邮箱	jldxcbs@sina.com
印　　刷	廊坊市海涛印刷有限公司
开　　本	787mm×1092mm　1/16
印　　张	13.5
字　　数	250 千字
版　　次	2024 年 6 月　第 1 版
印　　次	2025 年 1 月　第 1 次
书　　号	ISBN 978-7-5768-3465-9
定　　价	72.00 元

作 者 简 介

　　陈靖，女，1981 年 10 月生，硕士研究生，情报学硕士，重庆开放大学、重庆工商职业学院副研究馆员。主持或参与重庆市教委人文社科项目、教学改革项目、校级科研项目 10 余项。发表学术论文 20 余篇。主持的高职院校分专业阅读推广工作案例、教师阅读推广工作案例，获得中国图书馆学会、重庆市高等学校图书情报工作委员会优秀案例等多项荣誉。

　　王景文，男，1970 年 1 月生，大学本科，医学硕士，华北理工大学图书馆研究馆员，硕士研究生导师。主持国家社科基金项目 1 项，省社科基金项目、市厅级项目 10 余项。发表学术论文 50 余篇。主编《阅读疗法基地建设研究》《阅读疗法实证研究》《阅读疗法教程》等著作 10 余部。主要研究方向为阅读推广、阅读疗法。现任中国图书馆学会阅读推广委员会阅读与心理健康专业组

副主任、唐山市心理卫生协会阅读疗法专业委员会副主任。

前　言

在知识迅猛发展和快速迭代的今天，阅读的作用已经远远超出了个人成长的范畴，它成为了推动社会进步和文明传承的核心动力。在高等职业教育领域，这一点尤为显著。阅读不仅是学生积累知识和提升技能的主渠道，更是培养他们批判性思维和创新能力的重要手段。高职院校图书馆，作为知识与文化的重要集散地，承担着传播阅读文化、引领教育新潮流的使命，对学生的阅读能力和综合素养的提升发挥着至关重要的作用。

随着社会对高素质技能型人才需求的日益增长，高职院校图书馆面临着越来越多的新挑战——如何更有效地整合阅读资源与教学活动，如何激发学生的阅读兴趣，以及如何提升学生的阅读素养等等。这些挑战要求图书馆必须不断创新和改进阅读推广模式，探索和实践更有效的阅读推广策略，以满足学生成长与教育高质量发展的需求。正是基于上述背景，本书《面向教学支持的高职院校阅读推广实证研究》应运而生。

本书所探讨的面向教学支持的高职院校图书馆阅读推广，是一种以提升教学质量、满足学生学习需求、推动校园文化建设为目标的服务活动。通过图书馆策划、组织、实施一系列有针对性的阅读推广活动，引导学生积极参与阅读，拓宽知识视野，增强阅读能力和兴趣，进而为学校的教学和人才培养提供有支力持。本书采用"提出问题→分析问题→解决问题"的逻辑框架，从理论到实践，深入探讨高职院校图书馆如何更有效地开展面向教学的阅读推广活动。全书分为三个部分：

第一部分：理论基础与概念阐释。本部分致力于构建高职院校图书馆阅读推广的理论框架，涵盖核心概念、基础理念、关键要素以及实施策略。本部分的目的是阐释面向教学的阅读推广在高职教育中的核心地位，以及其对于提升教育质量和学生素养的重要性。通过理论的深入探讨，希望帮助读者理解阅读推广的深远意义，并掌握有效的推广方法。

第二部分：实践案例与策略提炼。本部分聚焦于重庆工商职业学院图书馆的实践案例，通过具体实例展示如何根据教学需求和学生特性，创造性地设计和执行阅读推广计划。这些案例分析不仅揭示了图书馆在推广阅读方面的创新实践，而且提供了可复制的策略与方法，供其他高职院校参考应用。

第三部分：宏观研究与趋势分析。本部分通过文献计量法，对高职院校图书馆在阅读推广领域的发展历程、当前研究状态和未来趋势进行宏观梳理。定量分析揭示了该领域的研究热点和前沿问题，为图书馆制定和优化阅读推广策略提供参考借鉴。这一部分的研究不仅帮助图书馆明确自身在阅读推广领域的位置，而且为图书馆的持续发展和策略调整提供了方向性参照。

本书的写作基于作者作为一线图书馆员的亲身实践与持续探索。在长期的阅读推广工作中积累的宝贵素材与经验，构成了本书编写的坚实基础。虽然本书的出版标志着作者在高职院校阅读推广领域研究的新起点，但研究本身仍处于初级探索阶段。由于资料获取、研究时间与个人水平等方面的限制，本书的内容尚显稚嫩，部分结论仍需进一步的实践检验与理论深化。

本书的编写得到了众多领域专家和同行们的大力支持与帮助，他们的智慧、贡献与建议为本书增添了丰富内涵，是本书得以完成的重要基石。对他们的无私帮助与大力支持，表示衷心的感谢！

本书的出版旨在激发业界的深入思考与广泛讨论，启发图书馆员与教育工作者在阅读推广领域持续探索前行。期望本书能够为高职院校图书馆的转型升级与创新发展提供洞见，助力图书馆在阅读推广方面实现持续的进步与发展。

期待与广大读者携手，共同促进高职院校图书馆阅读推广事业的繁荣兴盛，实现高质量发展，为培养新时代高素质技术技能型人才贡献力量。

王景文

2024 年 3 月

目　录

第一章 绪 论

中华民族自古崇尚读书，有"耕读传家"的优良传统。近年来，在党和政府的高度重视下，全民阅读更上升为国家发展战略。自 2014 年以来，全民阅读已连续 11 年被写入政府工作报告；2021 年，"十四五"规划和 2035 年远景目标纲要明确提出"深入推进全民阅读，建设书香中国"①。伴随着国家全民阅读的深入推进，研究全民阅读和高校图书馆阅读推广的著作也纷纷出现，其中不乏优秀的阅读推广理论著作和案例集，但针对高职院校图书馆，特别是结合其教学支持功能，将阅读推广理论与高职院校图书馆的实际工作紧密结合的实证研究相对较少。

本书拟通过案例分析、数据调查、文献计量分析等实证研究方法，深入探究阅读推广在高职院校教学支持中的实际效果与存在问题，弥补本领域研究的不足，推动阅读推广理论与实践的双促进、双提升。在数字化、网络化的时代背景下，图书馆面临着服务转型与创新发展的实际需求。本书的研究成果可为高职院校图书馆阅读推广服务创新提供有益的借鉴和参考，对推动高职院校图书馆服务的现代化和专业化、实现高质量发展具有现实价值与长远意义。

第一节 研究背景与意义

面向教学支持的高职院校图书馆阅读推广是一种以教学需求为导向，以学生为中心，以图书馆资源为基础，以创新阅读推广方式为手段的阅读推广实践模式。通过开展一系列结合教学需求的、有针对性的阅读推广活动，旨在激发学生的阅读兴趣，培养学生的阅读习惯，提高学生的阅读能力，以吸

---

① "十四五"规划和 2035 年远景目标纲要 _ 共产党员网 .https://www.12371.cn/special/ssw2035/.

引更多的学生深入阅读中来，进而提高图书馆资源利用率，提升教学质量和学生的学习效果。

在这种模式下，高职院校图书馆不仅是文献的收藏与借阅场所，更是为师生提供教学支持的重要平台。图书馆员可以与教师紧密合作，共同设计阅读推广活动，提供针对性较强的阅读材料、资源与服务，指导学生进行有效的阅读和学习。

一、研究背景

（一）适应国家全民阅读战略实施的需要

首先，面向教学支持的高职院校图书馆阅读推广研究有助于推动全民阅读战略的实施。2014 年，"倡导全民阅读"首次被写入政府工作报告，至今"全民阅读"已连续 11 次被写入政府工作报告。"十三五"规划纲要也明确提出，要将全民阅读工程列为"十三五"时期的文化重大工程之一，从此将全民阅读提升到了国家战略的高度[①]。高职学生作为未来社会建设的中坚力量，他们的阅读习惯和阅读素养对于国家文化传承与创新意义重大。高职院校图书馆通过开展阅读推广活动，能够培养学生的阅读习惯、阅读兴趣和爱好，提高其阅读素养和人文素质，这有助于国家全民阅读战略的实施。开展高职院校图书馆阅读推广研究，正是响应国家全民阅读政策的具体体现。

其次，有利于提高人才培养质量，提升学生的综合素质。国家全民阅读战略的核心目标是提高国民素质，而高等职业教育作为我国高等教育的重要组成部分，肩负着培养高素质技能型人才的重要使命。阅读是获取知识、提升个人素质的重要途径。阅读推广是图书馆永恒的主题，也是高校图书馆服务人才培养的重要手段。通过开展面向教学支持的阅读推广研究，能够激发学生的阅读兴趣，培养学生的阅读习惯，能够引导学生积极参与阅读，提高其阅读能力、思辨能力和创新能力，促使学生全面发展，增强综合素质，实现大学人才培养目标[②]。

最后，有助于推动书香校园、书香中国建设。面向教学支持的阅读推广研究有助于书香校园建设，有助于营造良好的校园文化氛围，使阅读成为校园生活的重要组成部分。而书香校园建设作为书香中国建设的重要组成部分，

---

① 余丽. 互联网＋时代高职院校图书馆服务转型研究——以湖北职业技术学院为例 [J]. 湖北职业技术学院学报，2023（2）：102–106.

② 陈扬芳，谢小军. 基于人才培养的高职院校图书馆阅读推广服务的创新与拓展探析——以湖南理工职业技术学院《理工书单》推广实践为例 [J]. 兰台内外，2021（14）：70–72.

对于促进全民阅读和提升国家文化软实力具有重要意义。一个充满书香气息的校园可以为社会培养出更多具备良好阅读素养的人才，从而推动全民阅读的发展。同时，书香校园建设也有助于传承和弘扬中华优秀传统文化，提升国家的文化软实力。

综上所述，面向教学支持的高职院校图书馆阅读推广研究是国家全民阅读研究的重要组成部分。通过推动全民阅读战略的实施、提升学生的综合素质及推动校园文化建设等方面的研究和实践，可以更好地服务于全民阅读战略的实施，为构建书香社会、推动文化传承与创新作出贡献。

（二）适应我国高等职业教育改革与发展的需要

在高职院校教育教学与人才培养过程中，学生不仅要进行专业课程学习、参加专业实习，还要通过阅读来进一步拓宽视野、提升综合素质，对学生开展人文与科技素养教育是重要一环。据统计，成才者整体知识储备量的60% ～ 80% 是通过阅读来获得的。但目前高职学生的阅读现状不容乐观，表现在课外阅读的兴趣与动力不足，阅读内容取向失衡，休闲娱乐性阅读占据了大量时间，阅读方法不当，且阅读计划性缺失。这种状况给高职院校的教育教学与人才培养带来了消极影响[1]。2006 年颁布的《关于全面提高高等职业教育教学质量的若干意见》中指出，高职教育要面向生产、建设、服务与管理第一线，培养高素质技能型专门人才[2]。2015 年颁布的《关于深化职业教育教学改革 全面提高人才培养质量的若干意见》中提出了要加强学生文化素养教育，鼓励高职院校开展内容丰富的校园文化活动，其中包括阅读推广活动。在高职教育中开展阅读推广，适应我国高等职业教育改革与发展的需要，具体体现在下述方面。

首先，阅读推广与高等职业教育人才培养目标的契合性。高等职业教育旨在培养应用型、技能型、复合型人才。而图书馆作为高职院校的重要教辅部门，其阅读推广活动能够紧密围绕教学目标，为学生提供与专业相关、实用性较强的阅读资源，帮助学生更好地掌握专业知识和技能，成为应用型、技能型人才。此外，通过阅读推广，图书馆可以引导学生涉猎更广泛的领域，拓宽视野，提升人文素养和审美能力，这有助于培养学生的综合素质使之成为复合型人才，并养成终身学习的习惯。

其次，面向教学支持的阅读推广助力教学改革与创新。在阅读推广工作中，高职院校图书馆与教师合作，将教师的教学当作学校的中心工作，将助

---

① 石继华 . 从入门、入行到入职：基于高职院校特质的校园阅读推广 [J]. 山东图书馆学刊，2014（1）：108–110.

② 陈寿根 . 高职人才的素质结构与技能特征 [J]. 黑龙江高教研究，2009（8）：119–121.

力学生成长成才当作根本任务，使阅读推广活动能够融入课堂教学，促进教学模式改革和教学方法创新，有利于提高教学效果。同时，图书馆还可以根据学生的反馈和需求，不断调整和优化阅读推广策略，使之更加符合教学需求和学生学习特点，真正地参与到教书育人的中心工作中来。

最后，阅读推广助力高等职业教育迎接信息化教学挑战。随着数字化、网络化的发展，高等职业教育面临信息化教学的挑战。河南农业职业学院图书馆基于信息素养视角，制订图书馆阅读推广工作的长期计划，进行了阅读推广的路径探索，借助信息网络手段定期组织开展信息素养知识的阅读推广活动，为学生普及和宣教相关专业知识，打造具有高职特色的教育战略路线，实现了阅读推广与信息素养教育相结合[1]。通过开展融入信息素养教育的阅读推广，可以引导学生利用数字化资源进行学习和研究，提高学生的信息素养和数字化技能，为未来的职业发展做好准备。

总之，开展面向教学支持的阅读推广研究对高等职业教育改革与发展具有重要意义。阅读推广研究有助于高等职业教育人才培养目标的实现，有助于高等职业教育的改革创新及教学质量的提升，有助于高等职业教育迎接信息化教学的挑战。因此，应当高度重视面向教学支持的阅读推广研究，加大投入力度，加强实践探索和创新研究，为高等职业教育的改革与发展提供有力支持。

（三）适应信息化、网络化时代高职学生阅读需求新变化的需要

信息化、网络化时代不仅对高职学生的阅读需求产生了深刻影响，同时也为面向教学支持的阅读推广带来了新机遇、新挑战。随着科技的发展，学生越来越依赖数字化技术进行学习、交流和获取信息。网络、移动平台、社交媒体等已经成为学生生活中不可或缺的一部分。在这种背景下，高职学生的阅读习惯和需求也发生了显著变化。他们更加倾向于数字化阅读，追求信息的即时性、便捷性和互动性。不仅如此，高职教育以应用型、技能型人才培养为目标的特点，也决定了高职学生需要更多的实践材料和案例来辅助专业学习。数字化阅读恰好为高职学生提供了丰富的在线教学资源、模拟软件和互动平台，有助于增强他们的实践能力。在这种背景下，传统的纸质书籍在满足高职学生快速获取知识、方便携带及随时随地进行阅读等方面的优势逐渐减弱。

高职学生阅读需求的新变化及高职教育的特点，都决定了开展面向教学支持的阅读推广的重要性。开展面向教学支持的阅读推广研究，将为图书馆

---

① 吴帅.信息素养教育视域下阅读推广实践探析——以高职院校图书馆为例[J].中国报业，2021，（12）：84-85.

数字化阅读平台建设、移动阅读[①]、在线学习与交互平台开发、网络信息素养教育、数字化资源采购、传统纸质阅读推广创新等阅读推广活动的实施提供参考信息，使面向教学支持的阅读推广思路、理念、方法、方案、计划、措施及路径等更加切合高职院校教育教学实际，更加切合图书馆为师生读者服务、为教学科研服务的任务目标。

总之，面对信息化、网络化时代的新形势，开展面向教学支持的阅读推广研究对于满足高职学生阅读需求新变化具有重要意义。通过深入了解高职学生需求、整合优质教学资源、提升信息素养和网络素养等方面的研究和实践，可以更好地适应高职学生阅读需求的变化，提高阅读推广的针对性和实效性，为高职教育的发展提供有力支持。

（四）适应高职院校图书馆建设与发展的需要

首先，阅读推广研究有助于提高图书馆的教学支持能力。高职院校图书馆是为学校教学科研提供服务的学术性机构，有责任、有义务为教学提供必要的阅读材料与资源支持。借由阅读推广研究，图书馆能更深入、全面地了解师生的教学与阅读需求，提供更贴合教学需要的阅读材料和服务，从而提高图书馆在教学中的地位和作用。此外，图书馆通过与任课教师、教务处、学生处及各教学院系等部门密切合作，实现阅读推广与专业课程教学、实践技能教学与职业生涯规划指导相融合，共同开展课程资源建设、实践教学支持等活动，能够极大地提高图书馆的教学支持能力与服务质量[②]。

其次，阅读推广研究有助于推动图书馆的数字化转型与技术升级。随着信息网络技术、数字技术与数字化阅读的普及，高职院校图书馆需要不断更新技术设备和网络基础设施。通过开展阅读推广研究，图书馆可以发现学生在数字化阅读方面的需求与期望，进而加强数字化资源与数字阅读平台建设，提供更加便捷、个性化的数字阅读服务。国内许多图书馆在大数据赋能下，通过数据采集和管理打造"数字集市"，构建抵达知识的云端新场景，精准为读者提供个性化阅读书单与知识图谱[③]。数字化建设不仅可以满足学生的阅读需求，提高图书馆的利用率与服务质量，还可以推动图书馆的数字化转型与技术升级，为图书馆的未来发展奠定坚实的基础。

---

① 赵春桃.“互联网+”背景下职业院校图书馆阅读推广促进策略 [J]. 科学咨询（教育科研），2022（4）：47–49.

② 莫杏梅.高职院校图书馆基于阅教融合积分模式的阅读推广研究与实践 [J]. 河南图书馆学刊，2022，42（1）：66–69；75.

③ 余丽.互联网+时代高职院校图书馆服务转型研究——以湖北职业技术学院为例 [J]. 湖北职业技术学院学报，2023（2）：102–106.

最后，图书馆事业的发展是需要依靠人才的推动得以实现的。阅读推广研究有助于提升图书馆员的服务意识、专业素质和业务能力，提高服务质量和效率。这有助于提升图书馆的整体服务水平，更好地满足师生的服务需求。

综上所述，开展面向教学支持的阅读推广研究有助于提高图书馆的教学支持能力、推动图书馆数字化转型与技术升级、提升馆员的专业素质和服务意识，进而提升图书馆的服务质量、影响力和竞争力，更好地发挥图书馆在高职院校中的作用，满足图书馆的建设与发展的需要。

二、研究意义

（一）理论意义

1. 为阅读推广研究提供新的思维视角

该研究引入了教学支持的新视角，将图书馆阅读推广与高职教育教学紧密结合，突破了传统图书馆服务的局限，为图书馆在阅读推广中的角色定位和功能发挥提供了新的思考方向。从思维视角来看，实证研究强调以事实为依据，通过实际观察和数据来分析并解决问题。这种研究不仅关注阅读推广活动的策划和实施，还将阅读推广作为教学的一部分，强调二者相结合，为提高教学质量和学生的综合素质提供了新的思路和方法。这种思维视角的引入有助于提高研究的客观性和科学性，避免主观臆断和理论空想，有助于推动阅读推广研究的深入化与精细化。例如，某高职院校图书馆开展了一项面向教学支持的阅读推广活动。活动采取了多种形式，包括诗词大会、经典诵读、读书征文比赛等。该活动的目的是提高学生的阅读能力和综合素质，同时为教师的教学提供支持。

2. 丰富阅读推广研究的学术思想

从学术思想来看，本研究通过深入探讨高职院校图书馆阅读推广的理念、方法、策略等，丰富了阅读推广领域的学术思想，为相关研究提供了新的理论支撑和分析框架。这种学术思想有助于推动学术研究的进步与发展，推动学术研究的共同进步，提高学术研究的水平和质量。

3. 对阅读推广理论体系的完善作出学术贡献

本研究有助于完善阅读推广的理论体系，特别是在面向教学支持的高职院校图书馆这一特定领域，填补了相关研究的不足甚至缺失；本研究还可以为心理学、教育学、社会学等相关学科提供借鉴和参考，促进学科之间的交叉融合和创新发展，为构建更加全面、系统的阅读推广理论奠定了基础。此外，通过对高职院校图书馆阅读推广的深入研究，本研究不仅贡献了新的知识，还推动了相关领域知识体系的更新和发展，为后续研究提供了更多的切入点和研究方向。

4. 促进阅读推广理论体系框架的构建

本研究为高职院校图书馆阅读推广构建了理论框架，包括推广目标、推广内容、推广方式、评价机制等，为实践提供了科学的理论框架。实证研究在构建理论框架方面具有重要作用。实证研究的结果可以检验理论框架的可行性和有效性，为理论框架的完善提供反馈和修正。通过实证研究，可以深入了解高职院校图书馆阅读推广的内在规律和机制，为理论框架的构建提供更为具体和针对性的建议。

5. 推动阅读疗法相关学科的共同发展

阅读疗法是图书馆学、心理学、医学等多学科交叉学科①。面向教学支持的高职院校图书馆阅读推广研究促进了图书馆学、心理学、医学等多学科的交叉融合，推动了相关学科的共同发展。本研究的结果可以促进学术交流和合作，推动相关学科的共同进步和创新发展。

6. 发挥对其他阅读推广机构的参考启示作用

本研究对于其他类型的图书馆和阅读推广机构也具有一定的参考和启示作用。通过借鉴高职院校图书馆阅读推广的成功经验和做法，可以推动全民阅读事业的持续发展。

（二）实践价值

1. 推动图书馆服务创新，促进图书馆高质量发展

首先，从服务创新的角度来看，阅读推广研究有助于图书馆更加精准地了解师生的阅读需求和阅读习惯。通过深入研究和分析，图书馆可以获取宝贵的用户数据，进而根据这些数据优化和创新服务方式。例如，图书馆可以根据学生的阅读偏好，提供个性化的图书推荐服务；或者根据学生的学习进度和课程要求，主动推送相关的阅读资料。这些创新的服务方式不仅能更好地满足师生的需求，还能提升图书馆的服务效率和服务质量。其次，阅读推广研究对于实现图书馆高质量发展具有重要价值。通过阅读推广，图书馆可以吸引更多的师生走进图书馆、利用图书馆资源，从而提升图书馆的利用率和影响力，这有助于提升图书馆的社会形象和文化地位。最后，阅读推广研究还可以促进图书馆与其他部门的合作与交流。例如，图书馆可以与教学部门合作，共同设计和实施阅读推广项目，参与大学课程建设②。这些合作与交

---

① 杜宇. 对大学图书馆阅读疗法的研究 [J]. 南昌教育学院学报，2013，28（10）：41；47.

② 智静雯. 浅论高职图书馆资源服务嵌入"大学语文"教学活动的路径与方法 [J]. 泰州职业技术学院学报，2021，21（6）：13-15.

流不仅能拓展图书馆的服务领域和合作空间，还能提升图书馆的综合实力和服务水平。

2. 促进教学方法创新，提高教育教学质量

图书馆阅读推广研究可以推动教师教学方法的创新。例如，教师可以利用图书馆资源设计翻转课堂、小组讨论等互动式教学模式，激发学生的学习兴趣和主动性。此外，高职院校图书馆通过与教师合作，针对特定课程或专业提供相关的阅读材料，有助于丰富教学内容，提高教学质量。这种有针对性的阅读推广能确保学生接触到与课程紧密相关的资料，加深对专业知识的理解。

3. 发挥图书馆教育职能，增强图书馆与教育教学的融合

面向教学支持的阅读推广研究使图书馆更加深入地参与到学校的教育教学中，与教师和学生建立更加紧密的联系。这种合作模式使图书馆服务更加贴近教学实际，实现了图书馆服务与教学的有机融合。这种融合有助于提升图书馆在学校中的地位和价值，发挥图书馆教育职能；同时也促进了教育教学与图书馆服务的协同发展。图书馆不再仅仅是提供书籍和资料的场所，而是成为学生学习和教师教学的重要支持机构。

4. 提升专业能力与服务水平，发挥全民阅读主阵地的作用

面向教学支持的阅读推广研究不仅关注在校学生的阅读需求，还致力于将阅读推广拓展到更广泛的群体，包括社区成员、成年人和其他社会群体。高职院校图书馆具有藏书众多与数字资源丰富的优势。通过开展阅读推广研究，助力实现全民阅读的快速普及，打造学习型社会，真正发挥图书馆在促进全民阅读中的重要作用。阅读推广研究要求图书馆具备高度的专业性和创新性。图书馆通过深入研究读者的阅读需求和阅读习惯，不仅提升了自身的专业能力和服务水平；而且通过积极推广优秀的阅读材料和阅读方法，图书馆能引导公众形成良好的阅读风尚。这种引领作用不仅有助于培养全社会的阅读氛围，提高全民的阅读素养，而且也扩大了图书馆的社会影响力，使之成为全民阅读的重要推动力量。

第二节　研究内容

科学研究，皆源于对现象或问题的探求。其内涵在于针对具体的研究对象，进行深入剖析，以寻找规律或答案。研究内容，源自研究课题所指引的

方向与目的，既具有现实的针对性，又带有一定的预见性与前瞻性，形成一种全面的、服务于问题解决或现象探求的研究框架与范围。因此，研究内容的确定至关重要，需要我们认真对待。我们应该以规范的方式，进行研究内容的确定和阐述，以确保研究内容清晰明确、逻辑严谨。同时，这也有助于我们更好地理解研究内容，提高本研究的针对性、理论性与应用性。

确定阅读推广研究的内容十分重要。它有助于研究者明确研究方向和目标，使研究工作更加聚焦，提高研究效率和成果的质量；有助于针对特定学科领域的问题进行研究；有助于解决实际问题，推动相关领域的发展和应用；有助于研究者与其他学者进行有效的交流和合作，促进学术的共同进步；有助于推动本领域理论和实践发展，丰富学科知识体系。因此，在开展本研究之前，应当仔细思考和确定研究内容，确保研究方向和目标的明确性和可行性。

一、确定本书研究内容的主要依据

一是理论依据。①教育教学理论。教育教学理论强调教学过程中的学生阅读能力和阅读习惯的培养，认为阅读是提高学生综合素质和终身学习能力的重要途径。因此，高职院校图书馆阅读推广实证研究应以教育教学理论为指导，注重学生的阅读需求和阅读素养的提升。②图书馆学理论。图书馆学理论关注图书馆在阅读推广中的角色和功能，认为图书馆是阅读推广的重要阵地。图书馆学理论强调图书馆应提供丰富的阅读资源、舒适的阅读环境和专业的阅读指导，以满足读者的多样化需求。因此，高职院校图书馆阅读推广实证研究应以图书馆学理论为基础，充分发挥图书馆在阅读推广中的主体作用。

二是实践依据。①高职院校阅读推广实践经验。高职院校在阅读推广方面积累了丰富的实践经验，包括阅读推广活动的策划、组织、实施和评估等。这些实践经验可以为高职院校图书馆阅读推广实证研究提供重要的参考和借鉴，帮助研究者了解阅读推广的实际运作情况和存在的问题。②对高职学生阅读需求、阅读习惯与阅读特点的调查。通过对学生阅读需求和阅读习惯的调查，可以了解高职院校学生的阅读现状和需求，以及他们在阅读方面存在的问题和困难。这些调查结果可以为本研究提供重要的数据和信息支持，帮助研究者制定更加符合学生实际的阅读推广策略。

二、研究内容框架

概括来讲，面向教学支持的高职院校阅读推广实证研究的内容包括三大部分其内容框架如图 1-2-1 所示。

第一部分：基本理论问题研究。基本理论问题研究是阅读推广实证研究的基石，它涉及对阅读推广、高职院校图书馆阅读推广、面向教学支持的高职院校图书馆阅读推广等核心概念的界定；阅读推广的理念、原则、功能、任务目标；阅读推广策略、类型与方法等。这部分研究的目的在于解决本研究的基本理论问题，为本书的研究奠定理论基础。

第二部分：阅读推广案例研究。案例研究是实证研究的重要组成部分，它通过对具体案例的深入分析，揭示阅读推广的实际效果和经验教训。具体包括：面向教师的阅读推广服务，分专业阅读推广服务，面向师生的阅读展览服务，教、训、赛一体化信息素养教育，团体阅读疗法服务案例等。通过深入分析实际案例，能够提炼出阅读推广的成功经验和有效策略，为其他阅读推广活动的实施提供有益的借鉴和参考，从而推动阅读推广工作的不断创新与发展。

第三部分：阅读推广研究现状与趋势。选取国内权威的学术数据库作为数据源，收集 2001—2023 年间的学术论文，通过文献计量法，对统计时域内的研究成果进行量的统计与质的分析，旨在揭示该领域的发展历程、研究热点及潜在的发展趋势，为高职院校图书馆的阅读推广服务提供全面的理论支撑和实践指导。

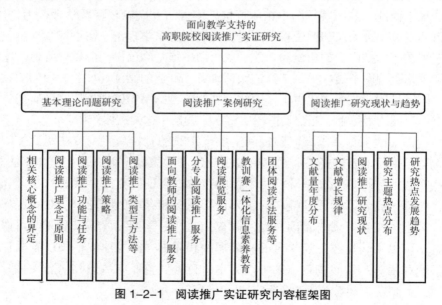

图 1-2-1　阅读推广实证研究内容框架图

三、研究内容解读

（一）阅读推广实证研究的基本理论问题

从学科发展的角度来看，某学科领域的基本理论问题研究是推动该学科健康发展的基础与前提。在科学理论指导下并结合案例进行的阅读推广实证研究，可以避免高职院校图书馆阅读推广活动的盲目性、随意性，提升科学性。相关的学科理论作为支撑本研究的主要研究思想与原理，将为本研究提供深度支持。基本理论问题研究是高职院校图书馆阅读推广实证研究的理论基础与逻辑起点。其主要研究内容包括以下 5 个方面。

1. 相关核心概念的界定

明确高职院校图书馆阅读推广、全民阅读等核心概念的界定，为后续研究提供清晰的概念基础。高职院校阅读推广的概念是面向教学支持的阅读推广实践研究的理论起点，也是本研究的重点、难点之一。目前，国内外在阅读推广理论研究方面取得了一定的进展，但是我国高职院校阅读推广大部分仍停留在全民阅读推广的影响之下，相关实践与高等教育对图书馆的需求有一定的差距。尽管已有的高职院校阅读推广活动已经具备了服务高等教育教学的基本特征，但是迄今为止，在相关文献中关于"面向教学支持"的阅读推广仍不多见。业界进一步明确地提出"教学支持"这一概念，是在 2023 年中国图书馆学会学术论文和业务案例征集的通知中。因此，该概念的提出既是对高职院校阅读推广实践进一步发展方向的高度概括与总结提升，更是一种理论跃进，对高职院校阅读推广的未来发展具有重要的理论意义与现实意义。但一个新概念的提出与论证，并被业界认可需要一个过程。本研究将尝试应用概念分析法的原理与方法，对面向教学支持的阅读推广的概念进行论证，并阐释其内涵与外延。

2. 面向教学支持的阅读推广的理念与原则研究

该研究对于高职院校图书馆在阅读推广领域的创新与发展具有重要意义。通过深入研究面向教学支持的阅读推广理念与原则，可以明确图书馆在阅读推广中的角色定位，提升推广活动的针对性和有效性。同时，这也有助于促进高职院校图书馆与教学部门的紧密合作，共同推动学生的阅读素养和专业技能的提升，为高职院校的整体发展提供有力的支持。其主要内容包括：一是理念研究。其着重探讨如何将图书馆的阅读推广与教学实践相结合，以学生为中心，激发学生的阅读兴趣，培养学生的阅读习惯和阅读能力。研究还涉及如何利用现代信息技术手段创新服务方式，提高学生的阅读体验和效果。二是原则研究。其包括针对性、系统性、创新性和可持续性等原则的研究。针对性原则要求推广活动应根据学生的专业特点和学习需求进行个性化设计。系统性原则强调推广活动应涵盖阅读指导、资源推荐、活动组织等环节，形成完整的推广体系。创新性原则鼓励在阅读推广中尝试新方法、新技术。可持续性原则要求建立长效的阅读推广机制，确保推广活动的持续开展。

3.高职院校图书馆阅读推广的功能与任务研究

通过研究高职院校图书馆阅读推广的功能与任务，可以进一步明确阅读推广在教育教学中的角色和定位，促进教育教学与阅读推广的深度融合。其主要议题包括：①高职院校图书馆的阅读推广功能研究。例如教育教学支持功能：探讨高职院校图书馆如何通过阅读推广支持学校的教育教学活动，如提供与课程相关的阅读材料、设计针对性的阅读指导等，以促进学生的专业学习和知识积累；阅读素养提升功能：研究高职院校图书馆如何通过阅读推广提高学生的阅读素养，包括阅读兴趣、阅读能力、阅读习惯等方面的培养，以及如何通过阅读推广促进学生综合素质的提升；校园文化传承功能：分析高职院校图书馆在阅读推广中如何发挥校园文化传承的作用，通过推广经典文献、组织读书活动等，引导学生了解和认同学校的文化传统，形成积极向上的校园氛围。②高职院校图书馆的阅读推广任务研究。例如阅读资源建设任务：研究高职院校图书馆如何根据教学需求和学生的阅读特点，进行阅读资源的采集、整理和优化，建立符合高职特色的阅读资源体系；阅读推广活动组织与策划任务：探讨高职院校图书馆如何组织和策划多样化的阅读推广活动，如读书节、阅读分享会、主题书展等，以吸引学生的参与并激发他们的阅读兴趣；阅读推广效果评估任务：分析高职院校图书馆如何建立科学有效的阅读推广效果评估机制，对推广活动的效果进行定量和定性的评估，以便及时发现问题并进行改进。

4.高职院校图书馆阅读推广的策略研究

面向教学支持的高职院校图书馆阅读推广策略研究对于提升阅读推广效果、促进教学与阅读的融合及推动图书馆创新发展具有重要意义。其主要议题包括：①阅读推广策略的现状与问题分析：研究当前高职院校图书馆在阅读推广策略方面的实施现状，分析存在的问题和不足，为后续的策略制定提供依据。②教学与阅读需求分析：深入了解高职院校的教学特点和学生阅读需求，分析不同专业、不同年级学生的阅读特点和偏好，为制定针对性的推广策略奠定基础。③推广策略的创新与实践：探讨如何创新阅读推广策略，如利用新媒体技术、开展主题阅读活动、建立阅读激励机制等，以激发学生的阅读兴趣，提高推广效果。④推广策略的效果评估与改进：建立科学有效的评估体系，对阅读推广策略的实施效果进行评估，及时发现问题并进行改进，确保推广活动的持续性和有效性。

5.高职院校图书馆阅读推广类型与方法研究

该研究对于提升高职院校教学质量、优化图书馆资源配置、推动图书馆阅读推广创新实践和持续改进具有重要意义。可以从以下方面进行具体研究：

①推广类型研究，包括基础型推广：如图书展览、新书通报等传统推广方式的效果分析；主题型推广：针对特定学科、课程或事件的推广活动的案例研究；互动型推广：如读者交流会、线上互动平台等，强调读者参与和互动的推广方式的实效性探讨；技术辅助型推广：利用现代技术如移动应用、社交媒体、大数据分析等在阅读推广中的应用及其效果评估。②阅读推广方法研究。例如教学与推广的融合策略研究、阅读推广效果评估与反馈机制研究、阅读推广案例分析与最佳实践分享等。

（二）高职院校图书馆阅读推广案例研究

案例研究是实证研究的重要组成部分，它通过对具体案例的深入分析，揭示阅读推广的实际效果和经验教训。其具体包括：①面向教师的阅读推广服务案例。分析针对教师的阅读推广策略和实施效果，探讨如何提升教师的阅读素养和教学能力。②分专业阅读推广服务案例。根据不同专业的特点和需求，设计个性化的阅读推广方案，促进学生专业素养的提升。③面向师生的阅读展览服务。通过举办阅读展览等活动，展示阅读成果和优秀作品，激发师生的阅读兴趣和创作热情。④教、训、赛一体化信息素养教育。将信息素养教育与阅读推广相结合，通过教学、比赛和培训等方式提升学生的信息素养和阅读能力。⑤团体阅读疗法服务案例。探索阅读疗法在高职院校图书馆阅读推广中的应用，分析其对提升学生心理健康水平的作用与效果。通过面向教学支持的高职院校阅读推广实践，把重庆工商职业学院图书馆此类阅读推广工作的案例进行梳理和呈现。这部分是面向教学支持的高职院校图书馆阅读推广研究的主体。

（三）阅读推广研究现状与趋势

深入分析高职院校图书馆在阅读推广领域的研究现状与发展趋势，具有重要的学术价值和实践指导意义。通过文献计量法，系统梳理 2001—2023 年间国内高职院校图书馆阅读推广研究的文献增长规律、研究热点和未来趋势，为该领域的研究提供宏观视角和深入洞察。其具体研究内容包括：①研究现状。通过对相关论文的分析，揭示了高职院校图书馆阅读推广研究的发展历程和现状。②研究热点。基于关键词聚类分析，识别出本领域的主要研究热点，从而揭示当前高职院校图书馆阅读推广的核心关切与研究方向。③发展趋势。利用战略坐标图分析，预测高职院校图书馆阅读推广研究的未来趋势。这种分析不仅为未来的研究工作明确了方向，而且将激发新的研究思路和学术探讨问题。

第三节　研究基础

面向教学支持的阅读推广涉及诸多要素与环节，是一个复杂的系统工程，具有很强的实践性与理论性。研究者既要具备面向教学支持的阅读推广实践经验，又要具有较强的学术研究能力。只有这样，才能使面向教学支持的阅读推广研究既来源于实践，而又不囿于实践的总结描述；既有结合实际的实证研究，更有抽象概括与理论提升，从而实现本研究的预期目标，达到为业界面向教学支持的阅读推广发挥参考借鉴作用的目的。

一、实践基础：长期开展面向教学支持的阅读推广工作，积累了丰富的实践经验

本书作者长期从事面向教学支持的阅读推广工作，在面向教学支持的阅读推广领域做了大量的创新性工作。2018年9月，在重庆工商职业学院图书馆馆长彭丽教授的带领下，成立了以图书馆为主导，会计与金融学院院长刘东辉、教师张国君参与的，部门领导、馆员、教师协作配合的面向教学支持的阅读推广团队，创建了"图书馆＋学院""馆员＋教师"面向教学支持的阅读推广团队协作模式，并正式启动面向教学支持的阅读推广工作。此后，作为面向教学支持的阅读推广工作的发起者、组织管理者与业务骨干，本书作者负责实施了这项工作：建立了会计专业阅读指导活动基地、开发了相应的阅读指导内部使用材料——《会计专业阅读读本》、开展了一系列会计专业阅读指导活动、会计专业考证考级指导、会计专业求职简历制作指导、会计专业著作阅读指导等。2019年8月，由会计金融学院开始的面向会计专业教学支持的阅读指导活动，由会计与金融学院扩展到管理学院、创新学院、智能制造与汽车学院、传媒学院、学校心理健康中心等，这是国内首次将面向教学支持的阅读推广分学科、分专业系统性地引入了大学图书馆，在面向教学支持的阅读推广领域做出了可贵探索。

5年多来，本书作者作为面向教学支持的阅读推广负责人与业务骨干，全身心投入面向教学支持的阅读推广工作中，以"馆员＋专业教师"为特征，应用面向教学支持的阅读推广帮助教师解决专业教学问题，帮助学生找到专业阅读路径，掌握专业阅读技能。为15名专业教师建立了翔实的专业阅读指导活动档案，为面向教学支持的阅读推广研究与实践提供了珍贵素材。围绕

需要支持的教学问题，阅读推广成功组织开展了多项针对性强、内容丰富的面向教学支持的阅读推广活动（见表1-3-1），包括教师读书会，"阅读·悦享读"大型阅读展览，教、训、赛一体化信息素养教育，分专业阅读指导，大学生阅读疗愈服务等。重庆新女报、重庆日报等媒体曾对活动情况给予报道。各种活动的举办，活跃了面向教学支持的阅读推广氛围，深层次地宣传、推广了面向教学支持的阅读推广，产生了较大的影响力，同时也使我们积累了丰富的面向教学支持的阅读推广实践经验，这为完成本书的写作奠定了坚实的实践基础。

表 1-3-1　面向教学支持的阅读推广活动

序号	项目	方式与主要内容	作用与效果
1	教师读书会	选择学校年工作计划中对教师成长需求有帮助的"师德师风、双师资质、专业教学、文化修养"等主题，或依托三八节、教师节等开展教师读书会活动	解决教师遇到的共性问题或面临的共同困境，促进心灵成长，缓解工作压力和信息焦虑
2	"阅读·悦享读"大型阅读展览	邀请学校会展专业教师，带领学生进行大型阅读展览的设计与实施，把对阅读的解释权和展览权交给师生，让师生重新理解阅读、解释阅读、传播阅读。让阅读的文化创造，从读者中来，到读者中去	面对信息技术推动社会生产力的迅速发展，人们的阅读行为与阅读方式逐渐改变。把重新认识阅读、解释阅读、传播阅读的主动权交给读者，有利于阅读文化和阅读新技能的教育和传播
3	教、训、赛一体化信息素养教育	依托全国高职院校信息素养大赛，把高职院校大学生的信息素养教学、训练、比赛集中在一起，进行三环节融合的信息素养教育	解决高职院校图书馆自身没有信息素养教学平台、信息素养教师队伍和资源短缺等问题，提升高职院校信息素养教学质量和教学效果
4	分专业阅读指导	按照高等教育对人才的培养和教育教学的需求，以"馆员＋专业教师"为鲜明特征的分专业阅读指导，依据教师和学生教学和学习过程中对专业阅读的需要，开展分专业阅读指导活动，使阅读推广服务教学持续循环	分专业阅读指导，研究当前高校教育教学环节中对大学生阅读教育和训练的不足之处，以及对高校图书馆阅读服务的需求，进行分专业阅读指导，解决教师专业教学中学生专业文献阅读不足的问题，解决学生专业学习中，难以真正进入专业学习大门，抑或只见树木不见森林的问题
5	大学生阅读疗愈服务	服务学校心理健康中心，并合作开展大学生阅读疗愈工作，持续深入地开展针对大一新生入学后的心理建设团辅阅读活动	大学生阅读疗愈服务，通过相关文献的阅读活动，辅助解决日益严峻的大学生心理问题

二、理论基础：长期开展阅读推广研究，取得丰硕成果，奠定面向教学支持的阅读推广研究基础

本书作者在面向教学支持的阅读推广研究方面进行了多维探索，取得了丰硕的学术成果：一是公开发表了多篇高校阅读推广、教师服务、分专业阅读的研究论文。据对 CNKI 数据库的统计，截至 2023 年 12 月，本书作者公开发表了多篇高校阅读推广的相关研究论文。二是主持、参与省级、厅局级及校级阅读推广课题多项，内容涉及阅读推广、分专业阅读、大学生阅读疗愈、图书馆育人等方面。三是主持的各类阅读推广工作，参与中国图书馆学会、重庆市图书馆学会、重庆市高校图工委等图书馆专业学术委员会组织的各级各类阅读推广案例竞赛，获得相关奖项 20 余项。其中，《教师读书会》获得 2019 年重庆市高校图工委学术成果一等奖。《"馆员 + 专业教师"分专业阅读推广》获得 2020 年重庆市高校图工委学术成果二等奖。此外，《阅读·悦享读大型阅读展览》获得 2019 年高职院校馆长论坛二等奖等。《"馆员 + 专业教师"阅读推广模式探索》获得中国图书馆学会学术论文二等奖。分专业阅读指导工作，在本地兄弟院校中推广使用，为兄弟院校输出工作方法和模式，在兄弟院校阅读推广交流中发挥了重要作用。丰硕的学术研究成果为本书的写作积累了丰富的素材，奠定了扎实的理论基础。

研究者具备一定的研究基础与实践经验，能够更加深入地理解面向教学支持的阅读推广研究的内涵与外延，从多个角度对其进行分析和研究，提出有针对性的改进建议和创新思路。这不仅有助于提升阅读推广研究的效果和质量，还可以推动相关领域的理论发展。因此，研究者丰富的实践经验与研究成果积累，为开展面向教学支持的高职院校图书馆阅读推广研究提供了坚实的支撑。

第二章 高职院校图书馆阅读推广相关概念的界定

科学概念是科学研究者探索科学世界的思维工具，也是人们用来理解科学的认识工具。每一门科学都包含着大量概念，即众多事实、思想和专业词语。这些概念构成了科学知识的基本单元。在本书的研究中，阅读推广、高职院校图书馆阅读推广、面向教学支持的高职院校图书馆阅读推广均是重要的核心概念，对其内涵与外延的准确界定是开展本书研究的基础与前提。

第一节 阅读推广的概念

阅读推广是一个历史悠久且不断发展着的领域。阅读推广这一概念的形成经历了一个由孕育萌芽到逐步明确和深化的过程。在阅读推广概念的形成与发展过程中，有多位学者作出了重要的学术贡献。阅读推广概念的形成过程经过了以下四个阶段。

一、孕育萌芽阶段

阅读推广伴随着人类阅读文化活动始终存在。在早期，尽管"阅读推广"这一概念尚未被明确提出，但已经存在一系列与阅读紧密相关的实践与研究。这些实践与研究不仅为阅读推广这一概念的提出与形成奠定了基础，还为后来的阅读推广理论的形成与发展提供了重要的思路与启示。

1. 早期的阅读实践活动已具备阅读推广的基本要素与特征

随着印刷术的普及，书籍从少数人的专属变成了社会的共享资源。中国近现代图书馆的演变，从古代藏书楼到现代图书馆，见证了从服务少数精英到面向广大民众的转变，这一过程本身就是阅读推广的生动实践。20世纪80年代，上海的"振兴中华"读书活动，经国家肯定后，迅速在全国范围内推广，成为推动阅读的重要力量。各地通过举办读书活动、知识竞赛、演讲和征文等，满足了人们对知识学习的迫切需求。图书馆的导读服务、推荐书目，学校的课堂与课外指导，社区的阅读角和亲子阅读活动，虽未明确标榜"阅读推广"，却实质上具备了其要素。这些活动不仅普及了知识，还培养了公众的阅读兴趣和习惯，为营造全民阅读氛围奠定了基础，成为推动社会进步和文化繁荣的重要力量。

2. 早期的阅读研究也取得了一系列重要成果

学者从多元视角深入探讨了阅读的本质、价值与方法，凸显了阅读在个人成长和社会进步中的关键作用。王龙将社会学视角引入阅读活动研究，为图书馆学研究开辟了新领域[1]。曾祥芹与韩雪屏在《阅读学原理》中提出的四体合一学说，标志着我国阅读理论的重大突破[2]。王余光教授的《中国阅读文化史论》全面梳理了阅读文化和历史，成为研究阅读的集大成之作[3]。这些研究不仅丰富了阅读推广的理论基础，也为实践提供了科学指导。原广东省立中山图书馆少儿部主任宋玲，通过策划如"21天阅读挑战书"等活动，成功吸引了大量少儿读者，展现了图书馆在阅读推广中的积极作用。她注重创新与实效，激发了孩子们的阅读兴趣，培养了其阅读习惯，她的工作在本地乃至全国产生了广泛影响，为其他图书馆提供了借鉴。

尽管早期的阅读实践和研究未明确提出"阅读推广"概念，但已蕴含了其基本理念和精神。这些工作不仅关注阅读本身，更强调阅读与社会、文化、教育的紧密联系，以及在提升个人素质、传承文化、推动社会进步中的重要作用。这种全面、多维度的阅读观念，为阅读推广理论的形成和发展奠定了基础。

二、明确提出概念阶段

进入 21 世纪，信息技术的迅猛发展与人们对精神文化生活的追求，使阅读推广日益成为社会关注的焦点。学者开始明确提出并界定"阅读推广"的概念，深入探讨其内涵与外延。多位学者从不同视角出发，强调了阅读推广在培养阅读兴趣、习惯和能力方面的关键作用。

胡庆连教授提出，社会阅读推广的目标是让阅读成为生活的一部分，强调了阅读推广的实践性，并结合案例分析，揭示了其内在规律和有效方法[4]。

① 王龙. 阅读社会学初论 [J]. 图书馆理论与实践，1991（3）：6-9.

② 曾祥芹，韩雪屏. 阅读学原理 [M]. 郑州：大象出版社，2002：221.

③ 王余光. 中国阅读文化史论 [M]. 北京：北京图书馆出版社，2007：3-8.

④ 胡庆连. 公共图书馆致力"社会阅读"推广的逻辑起点 [J]. 河南图书馆学刊，2009，29（2）：83-84.

闻德峰教授则侧重于阅读推广的理论构建，试图构建完整的理论体系，强调了阅读推广的本质及其与其他领域的融合①。万行明与李博阳则清晰界定了阅读推广的概念，强调了图书馆及社会相关方面在培养阅读习惯、激发兴趣、提升水平和促进全民阅读中的重要角色②。

这些研究不仅为阅读推广提供了清晰的理论框架，还为后续研究与实践奠定了基础。学者们的工作主要集中在明确阅读推广的定义、内涵挖掘及外延界定，探讨了其目标、内容、方式及与其他概念的关系。

然而，现有研究在某些方面仍有待完善。一些研究可能过于侧重理论探讨，缺乏实证支持；另一些研究则可能过于侧重实践操作，缺乏理论提升。此外，对于阅读推广的多元主体，以及数字阅读、移动阅读等新兴方式在阅读推广中的应用和影响，也需要进行更深入的研究。这要求我们在阅读推广研究中，既要注重理论的深化与拓展，也要关注实践的创新与实效，以实现理论与实践的有机结合，推动阅读推广的深入发展。

三、概念深化与拓展阶段

近年来，随着阅读推广实践的深入和理论研究的不断完善，阅读推广的概念得到了进一步的深化和拓展。研究者开始关注阅读推广的多元化主体、多种形式和多重目标，以及其在构建学习型社会、提升全民文化素养方面的重要作用。这一阶段的研究者包括图书馆学、教育学、传播学等多个领域的专家学者，他们通过跨学科的研究和合作，推动了阅读推广理论和实践的创新发展。在深化与拓展阶段，阅读推广概念研究进一步深入和全面，学者在已有的理论基础上进行了更加系统和全面的研究。

在这一时期，吕学财教授是有代表性的学者之一。吕学财教授认为阅读推广是"让本地区每一位具有阅读能力的人都加入阅读行列，让阅读成为人们日常生活中不可或缺的一部分，同时培养市民图书馆意识，以促进全民综合素质的提高"。③吕学财教授在阅读推广的基本概念上进行了清晰、准确的界定，为后来的研究奠定了基础。这一阶段的其他学者也从不同角度对阅读推广进行了深入和细致的探讨。

四、稳定与创新阶段

目前，阅读推广研究已进入一个稳定与创新并重的时期。学者对阅读推

---

① 闻德峰. 论图书馆价值特征与价值实现 [J]. 图书馆建设，1993（1）：22-23.

② 万行明，李博阳. 我国图书馆阅读推广服务标准化建设研究 [J]. 图书馆论坛，2019，39（9）：100-107.

③ 吕学财. 图书馆的阅读推广活动研究 [D]. 长春：吉林大学，2011：20-21.

广的理解更为全面深入，理论体系日趋完善。在这一时期，徐雁教授、王波研究馆员、张怀涛教授、范并思教授等，成为该领域研究的代表人物。

南京大学徐雁教授在阅读推广领域取得了显著成就。他的研究广泛覆盖了阅读推广的定义、目的、意义及实践方法和策略。徐雁教授特别强调了阅读推广在提升全民阅读素养、推动社会文化进步中的关键作用，并提出了一系列创新且具有实践性的推广理念。他认为，阅读推广应通过深入了解读者需求，为目标读者群体提供专属性强、针对性强的阅读活动，以实现将最合适的读物介绍给最合适的读者的目标。徐雁教授的研究着重于阅读推广的历史背景和社会影响，深化了人们对其重要性的认识。

北京大学的王波研究馆员是阅读推广领域的重要学者。他的定义是：阅读推广就是为了推动人人阅读，以提高人类文化素质、提升各民族软实力、加快各国富强和民族振兴的进程为战略目标，而由各国的机构和个人开展的旨在培养民众的阅读兴趣、阅读习惯，提高民众的阅读质量、阅读能力、阅读效果的活动。[①] 这个定义全面、准确地概括了阅读推广的目标、主体、对象和手段，为实践提供了明确的理论指导。王波研究馆员的研究强调了图书馆在阅读推广中的重要作用，并提出了具体的策略和方法，这一定义已被广泛认可并引用。

中原工学院张怀涛教授，作为河南省图书馆事业和图书馆学研究的带头人，他的工作涉及图书馆管理和运营，也积极参与阅读推广研究与实践。张怀涛教授认为，阅读推广是社会组织或个人为促进阅读而开展的活动，目的是培养民众的阅读兴趣和习惯，提高阅读质量。他的定义明确了阅读推广的目标和多元主体，提升了阅读推广的社会认知度，促进了理论研究和实践发展。

范并思教授是国内早期关注阅读推广理论的学者之一，他在实践中提出了多种推广方式和策略，并在《阅读推广：高校图书馆服务"新常态"》中深入阐述了阅读推广的概念。范并思教授视阅读推广为图书馆服务的"新常态"，是图书馆适应社会发展、满足读者需求的重要举措，强调了其作为社会责任和文化使命的重要性。

综上所述，学者们在阅读推广的定义和实践方面取得了丰硕成果，提出了多元化和全面化的观点，注重从不同角度阐述阅读推广的内涵和外延。他们的研究推动了理论与实践的深度融合，为全民阅读事业的发展提供了科学系统的指导。然而，研究中仍存在不足，如对不同地区和文化差异下策略的适用性、新兴阅读方式的潜力和挑战认识不足等。未来的研究需更加注重跨

---

① 王波. 图书馆时尚阅读推广 [M]. 北京：朝华出版社，2015：2.

学科合作和实证研究，以促进阅读推广概念研究的持续完善和发展。

那么，阅读推广概念及未来发展怎样呢？

阅读推广作为一种社会文化活动，旨在提升公众的阅读兴趣、能力和习惯。随着时代的发展和研究的深入，阅读推广的概念研究已经走过了孕育萌芽阶段、明确提出概念阶段、深化与拓展阶段及稳定与创新阶段共四个重要的发展阶段。在这个过程中，众多研究学者从各自的角度，应用各种方式对阅读推广概念进行了深入研究，为阅读推广的理论研究与实践发展奠定了坚实的基础，并取得了明显的成绩。

在萌芽阶段，学者开始关注到阅读对于个人和社会的重要性，尝试通过各种方式鼓励人们阅读，虽然研究还不够系统和完善，但为后续的研究提供了初步的思路和方向。在明确提出概念阶段，学者对阅读推广的概念进行了明确的界定和探讨，提出了各自对于阅读推广的理解，为后续的研究提供了重要的参考。在深化与拓展阶段，学者不仅关注阅读推广的理论层面，还开始关注其实践应用，通过实证研究探讨了阅读推广在实际操作中的效果和问题，为阅读推广的实践提供了有力的支持。而在稳定与创新阶段，阅读推广的概念逐渐趋于稳定，但同时也面临着创新的挑战。学者开始关注阅读推广的创新发展，引入新的理念和方法，为阅读推广注入了新的活力。

综合以上各阶段学者的研究成果和实践经验，本书尝试给出如下阅读推广的定义。

阅读推广是图书馆、出版社、媒体、教育机构等社会各界通过组织活动、提供资源、营造氛围和指导阅读，激发人们的阅读热情，培养阅读兴趣、习惯和能力的社会文化活动。其目的在于提升全民阅读水平和社会文化素养，并注重创新以适应时代发展的需求。

这个定义汇集了学者的研究成果和实践经验，清晰界定了阅读推广的目标和策略，并强调了创新和发展的必要性。首先，阅读推广旨在提升公众的阅读兴趣、能力和习惯，满足社会发展和个人成长的双重需求。其次，推广手段多样，如组织读书活动、推荐优秀读物、提供阅读指导等，可根据不同读者的需求和环境灵活运用。最后，阅读推广注重创新，随着科技进步和社会变迁，探索新理念和方法，以更好地满足阅读需求和提高推广效果。

这一概念不仅展现了阅读推广的多元主体和多样形式，更凸显了其在推动个人成长和社会进步中的关键作用，是一个科学合理的定义，具体表现在以下四个方面。

首先，内涵明确。阅读推广是一项涵盖多领域、多手段、多层次目标的社会文化活动。通过图书馆、出版社、媒体和教育机构等的共同努力，以活动组织、资源提供、氛围营造和阅读指导为手段，激发阅读热情，培养阅读兴趣、习惯和能力。

其次，外延广泛。阅读推广的外延极为广泛，不仅包括传统图书馆阅读活动和学校教育，还涉及出版社书籍推广、媒体阅读宣传等。随着数字技术和网络的发展，阅读推广也拓展至线上阅读、电子书推广、网络阅读社区等新领域。

再次，科学性。阅读推广概念基于阅读心理学、教育学、传播学等多学科理论，采用系统方法和手段激发阅读热情，培养阅读兴趣、习惯和能力。同时，注重科学评估，通过数据收集和分析优化推广策略，提高效果。

最后，合理性。阅读推广概念符合社会发展需求和趋势。在信息爆炸时代，提升全民阅读水平和社会文化素养至关重要。阅读推广通过多方合作和多手段并用，有效激发阅读热情，提高阅读效率，推动社会进步。

总之，阅读推广概念研究的发展历程是不断探索和进步的过程。众多学者从不同角度贡献了重要理论成果和实践经验，不仅明确了阅读推广的内涵与外延，更为其未来发展指明了方向。

第二节　高职院校图书馆阅读推广的概念

高职院校图书馆作为教育科研服务的核心机构，对实现高职教育目标具有至关重要的作用。它不仅为师生提供了丰富的学术资源和高质量的信息服务，还营造了良好的学习环境，促进了学术交流与知识创新。深入研究高职院校图书馆，有助于深化对其职能的理解，推动服务创新和高质量发展，满足教育和科研服务需求。范并思教授指出，"阅读推广成为图书馆主流服务是过去二十多年来图书馆事业最大变化之一"①，这强调了阅读推广在图书馆服务中的重要地位，对高职院校图书馆同样适用。

一、高职院校图书馆阅读推广概念研究的必要性

在高职院校图书馆的阅读推广研究领域，概念研究占据重要位置，深入探讨"高职院校图书馆阅读推广"的概念至关重要。通过这一研究，我们可以界定高职院校图书馆在阅读推广中的工作性质、具体任务、服务内容及目标等核心要素。这些核心要素的明确化，为图书馆的阅读推广实践提供了理论指导和行动方针，确保活动能够精准实施，既忠于图书馆的核心使命，又能满足读者的需求和期望。

---

① 范并思. 阅读推广与图书馆学：基础理论问题分析 [J]. 中国图书馆学报，2014，40（5）：4-13.

进一步而言，对高职院校图书馆阅读推广概念的深入分析和准确界定，有助于我们更清晰地理解该领域的特殊性和价值。作为培养技术技能型人才的摇篮，高职院校图书馆在阅读推广上面临与其他类型图书馆不同的要求和挑战。概念研究使我们能更准确地定位高职院校图书馆的角色，指导其在实践中探索符合自身特色和需求的服务和发展模式。

总之，高职院校图书馆阅读推广的概念研究，既具有理论价值也具有实践指导意义，是确保阅读推广活动高效、有序、持续进行的关键。加强这一领域的研究，特别是概念研究，对发挥图书馆职能、提升教育科研水平、推动图书馆自身发展具有极其重要的影响。

二、高职院校与普通高校图书馆阅读推广比较

在我国的教育体系中，高职院校图书馆和普通高校图书馆都扮演着重要角色，它们是知识传播和阅读推广的核心机构。尽管二者在办馆任务与目标、管理体制、文献资源建设、读者服务工作、人力资源、资源共建共享等方面具有明显差异，但在阅读推广这一关键领域，它们却有着许多共通之处。通过对这两类图书馆在阅读推广方面的比较研究（见表 2-2-1），可以为高职院校图书馆阅读推广的概念研究提供重要的参考信息。

表 2-2-1　高职院校图书馆阅读推广与普通高校图书馆阅读推广的比较

类别	高职院校图书馆阅读推广	普通高校图书馆阅读推广
目标与定位	目标：提升学生的职业素养和实际应用能力，培养与行业需求紧密对接的阅读习惯；定位：以实用性、职业导向为核心，注重与专业课程、职业技能的结合	目标：培养学生的研究能力、学术素养和批判性思维，促进学术交流和知识创新；定位：以学术性、研究导向为主，强调学术著作、研究成果的推广和学术活动的组织
读者群特点	学生：主要关注职业技能和就业前景，对阅读的需求更加实际和具体。教师：注重教学实用性和行业发展趋势，对专业书籍和行业报告有较高需求	学生：包括本科生、研究生等，对阅读的需求广泛且深入，涉及多个学科领域。教师：注重学术研究和学术交流，对学术著作和期刊有较高需求
推广内容与策略	内容：推广与专业课程、职业技能相关的书籍、行业报告和技术手册等。策略：采用灵活多样的推广方式，如工作坊、技能培训、专题讲座等，注重与企业和行业的合作	内容：推广学术研究成果、经典著作、学术期刊等，注重学术性和研究价值。策略：组织学术讲座、研讨会、读书会等活动，搭建学术交流平台，促进知识共享和创新
文献资源建设	资源类型：注重实用性书籍、行业报告、技术手册等资源的收藏和建设。建设策略：与企业和行业合作，共建共享资源，注重资源的更新和实用性	资源类型：收藏丰富的学术著作、期刊、学位论文等资源，注重学术性和研究价值。建设策略：与出版社、学术机构等合作，建立完善的资源采购和更新机制，保障学术研究的需要
服务需求	学生服务：提供与专业课程、职业技能相关的阅读指导和咨询服务。教师服务：提供教学参考资料、行业发展趋势分析等支持服务	学生服务：提供学术著作推荐、阅读指导、学位论文撰写等支持服务。教师服务：提供学术研究成果查询、学术交流平台等支持服务，促进学术交流和合作

通过以上多维度的比较分析，我们可以发现，在高职院校图书馆阅读推广概念研究中要注意以下 3 个方面。

1. 高职院校图书馆概念的基础

要重视高职院校图书馆与普通高校图书馆在阅读推广上存在的共性，如提高读者阅读素养、培养阅读习惯等，这是高职院校阅读推广概念研究的基础。同时，高职院校图书馆在阅读推广中的特性，如注重职业技能、实践应用等内容的推广，也是其概念研究的重要组成部分。

2. 注重实践性与创新性要素的融入

高职院校图书馆在阅读推广中应注重实践性和创新性[1]。实践性是指通过阅读推广引导学生将所学知识应用于实际生活和工作中，提高学生的实践能力和解决问题的能力。创新性则是指在阅读推广中不断探索新方法、新手段，以激发学生的阅读兴趣和创新精神。在阅读推广概念研究中，应注重融入实践性与创新性要素。

3. 注意凸显合作与交流理念

高职院校图书馆在阅读推广中应加强与普通高校图书馆、职业教育机构、行业协会等的合作与交流，这是扩大阅读推广影响力的关键。在阅读推广概念研究中，应强化这种合作与交流的理念和实践。

综上所述，高职院校图书馆与普通高校图书馆在阅读推广方面的比较研究，对高职院校图书馆阅读推广概念研究具有重要的启示意义。这些启示有助于深化对高职院校阅读推广特点的理解，明确目标和方向，借鉴并创新策略和方法，强化角色和地位及注重效果评估与反馈等方面的工作，促进高职院校图书馆阅读推广研究的发展。

三、高职院校图书馆阅读推广的概念与内涵

1. 高职院校图书馆阅读推广的概念

高职院校阅读推广的概念是建立在"阅读推广"概念研究、相关文献分析及与普通高校图书馆阅读推广进行比较研究之基础上的。以下，结合本章第一节给出的阅读推广定义、相关学者的研究成果及高职院校图书馆阅读推广与普通高校图书馆阅读推广的比较分析，尝试提出如下高职院校图书馆阅读推广的定义。

高职院校图书馆阅读推广的概念：高职院校图书馆利用其资源和专业优

---

① 张弦. 高校图书馆阅读推广的创新性与实践性研究 [J]. 课程教育研究（学法教法研究），2020（9）：251.

势，通过组织多样化的活动、提供丰富的阅读资源、营造良好的阅读氛围及给予有效的阅读指导，旨在激发高职院校师生的阅读热情，培养他们的阅读兴趣、习惯和能力的一系列有针对性的社会文化活动。这种推广不仅注重提升高职院校师生的阅读素养和综合素质，还强调活动的创新性、实用性和职业性，以适应高职教育的特点与时代需求。

2. 高职院校图书馆阅读推广的内涵

高职院校图书馆阅读推广的内涵十分丰富，涵盖了以下 7 个方面的内容。①推广主体。高职院校图书馆是阅读推广主体，负责策划、组织和实施推广活动，利用丰富的馆藏资源、专业的馆员队伍和先进的技术设备，为高职院校师生提供优质的阅读服务。②推广对象。高职院校师生是阅读推广的主要对象。他们是学校的主体，也是未来社会的建设者。通过阅读推广，可以激发他们的阅读热情，提高他们的阅读素养和综合素质，为他们的职业发展和社会参与打下坚实的基础。③推广内容。高职院校图书馆阅读推广的内容涵盖多个方面，包括各类图书、期刊、报纸等纸质文献资源，以及电子图书、电子期刊、学位论文等数字资源。这些资源应具有实用性、应用性和职业性，以满足高职院校师生的特定需求。④推广方式。高职院校图书馆阅读推广的方式应多样化，既包括传统的线下推广，如图书展览、读书沙龙、讲座报告等；也包括线上推广，如社交媒体宣传、网络直播、微课程等。这些推广方式可以相互补充，形成线上线下相结合的全方位推广格局。⑤推广目标。高职院校图书馆阅读推广的目标是提升高职院校师生的阅读素养和阅读兴趣，培养他们的自主学习能力和终身学习习惯。同时，通过阅读推广，还可以传播校园文化，提升学校的社会影响力。⑥创新性。高职院校图书馆阅读推广应创新推广方式，注重活动的创新性。随着科技的进步和时代的发展，人们的阅读方式和习惯也在不断变化。高职院校图书馆需要不断创新推广方式和方法，以适应时代的需求和高职院校师生的特点。⑦实用性和职业性。高职院校图书馆阅读推广还应强调活动的实用性和职业性。高职教育注重职业技能和实践能力的培养，因此，在阅读推广中应更加注重与职业技能和职业发展相关的阅读资源和活动的推广。

综上所述，高职院校图书馆阅读推广概念研究不容忽视。明确这一概念是开展相关理论研究和实践工作的前提和基础。只有对概念有了清晰、准确的理解，才能确保后续研究和实践的方向正确、目标明确；才能更好地把握高职院校图书馆在阅读推广中的定位和作用，设计出更加符合师生需求的阅读推广活动。然而，需要指出的是，任何概念都只是具有相对的合理性，都不是一成不变的，高职院校图书馆阅读推广的概念也不例外。随着时代的发展和高职教育改革的推进，高职院校图书馆阅读推广的内涵和外延也在不断扩展和深化。因此，我们应保持开放心态，开展后续研究，不断完善和丰富高职院校图书馆阅读推广的概念体系，为高职院校图书馆阅读推广理论研究与实务的开展提供更加坚实的支撑和更加广阔的视野。

第三节　面向教学支持的高职院校图书馆阅读推广的概念

面向教学支持的高职院校图书馆阅读推广作为一个相对复杂的实践活动，涉及多个主体、多种资源、多样方式及多层次的目标。因此，对其核心概念进行深入研究，有助于明确研究对象、研究范围和研究重点，为后续的理论研究和实践工作提供坚实的基础。

面向教学支持的高职院校图书馆阅读推广概念研究是开展相关理论研究与实践工作的基础与逻辑起点。通过对这一概念的深入剖析和理解，我们可以更加清晰地认识到图书馆在阅读推广中的重要地位和作用，进而为高职院校图书馆的创新发展和服务提升提供有力的理论支撑和实践指导。

一、面向教学支持的高职院校图书馆阅读推广概念研究的价值与作用

1. 为高职院校图书馆的阅读推广提供清晰的方向与目标

通过对"面向教学支持的高职院校图书馆阅读推广"这一核心概念的深入剖析，图书馆能更准确地把握自身在阅读推广中的角色和职责，进而制定出更加符合教学需求和学生发展的推广策略。

2. 有助于各方统一思想认识，在为教学支持服务方面达成共识

面向教学支持的高职院校图书馆阅读推广是一个相对新颖的领域，对其进行概念研究有助于丰富和发展图书馆学、教育学及阅读推广等相关理论体系。这种研究不仅能揭示阅读推广与教学支持之间的内在联系，还能为其他类似研究提供理论借鉴和参考。当前，在高职院校图书馆界内部，对于"面向教学支持的高职院校图书馆阅读推广"概念可能存在不同的理解和认识。通过概念研究，可以统一各方的思想认识，形成共识，为后续的推广实践奠定坚实的基础。

3. 为面向教学支持的高职院校图书馆阅读推广提供决策支持

图书馆作为教辅部门，具有资源、技术、人员、场所、服务等诸多优势，

对于教学工作能"直接支撑",融入一线、融入过程。对于高职院校图书馆而言,如何有效地开展面向教学支持的阅读推广是一项重要的决策问题。概念研究可以为这一决策提供科学的依据和支撑。通过对相关概念的深入分析和研究,图书馆能更加准确地把握学生的阅读需求和教师的教学需求,从而制订更加科学合理的推广方案。

4. 促进高职院校图书馆阅读推广实践创新

明确的概念框架可以为高职院校图书馆在阅读推广实践中的创新提供有力的指导。通过对概念的深入理解和把握,图书馆能更加灵活地运用各种推广手段和方法,创造性地开展面向教学支持的阅读推广活动,从而不断提升服务质量和效果。

二、面向教学支持的高职院校图书馆阅读推广及其概念的相关研究

随着高等教育改革的不断深化,图书馆在支持教学改革和人才培养中的作用越来越被重视。众多学者就图书馆的阅读推广、资源建设、读者服务、空间布局及信息素养教育等方面,对如何支持教学和人才培养进行了深入且富有成效的研究。

冉娜在其研究中对双一流高校图书馆的科研和教育支持服务进行了分析,特别指出了阅读推广服务在学科资源交叉、个性化服务以及与教学科研的结合度方面存在不足[1]。陈靖的研究表明,教师对创新展览和分专业阅读推广服务表现出浓厚的兴趣[2]。赵苹则从智慧化场景构建的角度出发,认为高校图书馆在推进服务与学科教学融合、强化教学支持力度方面具有独特优势[3]。柴源和郑东红提出,教学支持服务是高校图书馆利用文献信息资源,提供改善教学过程、提高教学质量的服务,是图书馆的基本职能之一,并构建了由资源基础、环境支撑、服务内容和制度保障组成的教学支持服务体系[4]。刘凡儒等人以工程教育专业认证为例,提出了图书馆嵌入本科专业教学支持服务的体系构建[5]。龙彦辰研究了疫情背景下高校图书馆线上教学支

① 冉娜.新文科建设下"双一流"高校图书馆的服务创新研究 [J].江苏科技信息,2023,40(22):58-61.

② 陈靖,唐承秀.实践理论视角下高校图书馆青年教师服务策略研究——以重庆工商职业学院图书馆为例 [J].图书馆工作与研究,2022(10):83-90.

③ 赵苹.基于智慧化场景构建的高校图书馆教学支持服务研究 [J].晋图学刊,2022(02):28-33.

④ 柴源,郑东红.新建本科院校图书馆教学支持服务的实践研究 [J].内蒙古科技与经济,2021(15):152-154.

⑤ 刘凡儒,张承伟,朱梦茹.高校图书馆深度嵌入本科专业教学支持服务体系构建——以工程教育专业认证支持服务为例 [J].图书情报工作,2021,65(11):71-79.

撑服务的方法与体系构建 ①。刘珂誌则从图书馆教学支持服务的评价指标体系构建角度进行了研究 ②。

这些研究反映了图书馆在教学支持服务方面的研究现状，尤其是针对高职院校图书馆的相关研究。尽管已有研究对图书馆在阅读推广、资源建设、读者服务等方面的作用进行了有益探讨，但面向教学支持服务的图书馆服务研究，特别是高职院校图书馆的相关研究仍然不足，阅读推广概念的研究更是有待加强。

图书馆作为高校不可或缺的一部分，在支持教学改革和人才培养方面扮演着重要角色。然而，现有研究对图书馆如何更有效地支持教学的探讨尚显不足，特别是在高职院校这一特殊领域。高职院校的教学特点和需求与普通高校存在某些差异，图书馆在提供教学支持服务时必须考虑这些差异。

阅读推广作为图书馆的核心职能之一，在支持教学方面的作用不容忽视。目前，面向教学支持服务的图书馆阅读推广概念研究相对较少。阅读推广不仅能提升学生的阅读兴趣和能力，还能与课程教学相结合，为学生提供更丰富的学习资源和服务。因此，加强这方面的研究对提升图书馆教学支持服务水平至关重要。

综上所述，面向教学支持的高职院校图书馆阅读推广研究是一个具有重要价值和广阔前景的领域。深入探索这一概念，对推动图书馆阅读推广服务的创新与发展，提升图书馆在教学支持体系中的地位和作用，具有深远的理论意义和实践意义。

三、面向教学支持的高职院校图书馆阅读推广的概念与内涵

在综合了国内学者对图书馆教学支持服务领域的研究成果，以及本书对阅读推广及高职院校图书馆阅读推广概念的深入分析基础上，本书提出以下关于"面向教学支持的高职院校图书馆阅读推广"的概念：面向教学支持的高职院校图书馆阅读推广是指图书馆为了提升教学质量、满足学生学习需求及推动校园文化建设，通过策划、组织、实施一系列有针对性的阅读推广活动，来引导学生积极参与阅读、拓宽知识视野、增强阅读能力和兴趣，进而为学校的教学和人才培养提供有效支持的服务活动。

该概念内涵丰富，科学合理，主要体现在以下六个方面：第一，明确教学服务目标。面向教学支持的阅读推广以教学服务为核心，通过深入理解教学计划和课程需求，设计和实施与教学目标紧密结合的阅读推广活动，为教学提供有力的辅助和支持。第二，强调提升学生的阅读素养。这类阅读推广

---

① 龙彦辰.高校图书馆线上教学支撑服务策略研究 [D].四川大学，2021：77-86.

② 刘珂誌.高校图书馆教学支持服务评价指标体系构建 [D].华中科技大学，2023：10.

活动致力于提高学生的阅读理解能力、批判性思维和信息检索能力，通过多样化的阅读活动激发学生的阅读兴趣，提高阅读速度和理解深度，从而提升他们的综合学习能力和学术表现。第三，注重活动内容与形式的创新。面向教学支持的阅读推广在内容和形式上追求创新，结合学生特点设计有吸引力和互动性的活动，如主题书展、读书分享会、阅读挑战赛等，以提高学生的参与度和阅读热情。第四，强调资源与服务的整合利用。有效的阅读推广要求图书馆充分利用馆藏资源、数字资源平台、专业馆员团队等，构建便捷的资源获取渠道，提供个性化阅读指导服务，确保学生高效利用图书馆资源，提高阅读推广效果。第五，突出过程性特点。面向教学支持的阅读推广是一个持续改进的过程，图书馆通过收集反馈、跟踪效果、评估活动，及时进行调整和优化，以适应教学需求和学生阅读需求的变化。第六，指出对营造校园文化环境的作用。阅读推广不仅是教学的直接支持，也是营造积极向上、崇尚学术的校园文化氛围的重要手段，为学生提供良好的学习和成长环境，促进其全面发展。

高等教育的核心在于教学，而图书馆的"面向教学支持"意味着全面服务高校教学工作。[①] 随着我国高等教育模式的创新和技术发展，面向教学支持的高职院校图书馆阅读推广服务将更受重视。持续开展相关概念研究，有助于图书馆在清晰概念指导下，实现与高职教育的整合发展，促进教育质量提升和学生综合素质培养。

---

① 李玥. 高校图书馆教育服务支持体系的构建 [J]. 教育现代化，2020，7（7）：107–108；125.

第三章　面向教学支持的高职院校图书馆
阅读推广概述

随着高职教育的不断发展，图书馆作为学校的文献信息中心和学生自主学习的第二课堂，其阅读推广服务的重要性日益凸显。特别是面向教学支持的高职院校图书馆阅读推广，更是成为提升教学质量、培养学生综合素养的关键环节。

在本章中，笔者将对高职院校图书馆阅读推广的理念、原则、功能、任务、策略、类型、方法等进行深入讨论。首先，通过阐述阅读推广的基本理念，明确其在学校教育中的定位和作用。其次，探讨阅读推广应遵循的原则，以确保阅读推广活动的科学性、规范性和有效性。再次，本章也对高职院校图书馆阅读推广的功能、任务、策略进行了阐述。最后，本章将详细介绍阅读推广的类型和方法，包括传统的推广方式及基于现代信息技术的创新手段。通过对上述内容的深入讨论，期望能构建一个全面、系统的面向教学支持的高职院校图书馆阅读推广体系。这个体系将以学生为中心，以教学需求为导向，充分利用图书馆的资源和优势，创新服务模式和方法，提升学生的阅读能力和素养，为高职教育的质量提升和人才培养作出积极贡献。

第一节　高职院校图书馆阅读推广的理念与原则

在高职院校图书馆阅读推广活动中，理念与原则发挥着统领作用。确定理念与原则十分重要，它们能够为阅读推广提供明确的方向和目标，帮助活动组织者根据学生的需求、教学目标和时代背景，设计出具有吸引力和实效性的推广活动，并确保活动在实施过程中不偏离既定轨道。此外，正确的理念与原则还能保障阅读推广活动的科学性和规范性，增强活动的影响力和持续性，促进图书馆与教学的深度融合。总之，确定理念与原则在面向教学支持的高职院校图书馆阅读推广中具有至关重要的意义。

一、高职院校图书馆阅读推广的理念

1. 高职院校图书馆阅读推广理念

理念通常是指一种指导思想或核心价值观念，它指引着实践活动的方向和策略。对于面向教学支持的高职院校图书馆阅读推广来说，其理念主要包括：首先，树立教学辅助理念。图书馆阅读推广应以服务教学为核心，作为课堂教学的延伸和补充，帮助学生深化对专业知识的理解。其次，树立以学生为中心理念。阅读推广活动应以学生为中心，满足他们的阅读需求，培养他们的阅读兴趣和习惯，提升他们的综合素质。最后，树立合作共享理念。图书馆应与其他教学部门、学生组织及外部机构合作，共同推动阅读推广活动的开展，实现资源共享和互利共赢。

2. 确定阅读推广理念的依据

首先，教育目标。高职教育的总体目标是为国家培养更多高素质复合型技能人才[1]。高职院校图书馆作为高职教育的重要组成部分，应通过提供丰富的文献资源、先进的信息技术和专业的阅读推广服务，支持学生获取专业知识、提升技能水平，助力高职教育目标的实现。在图书馆阅读推广工作中，需要明确目标，确定推广工作的方向和重点。目标的制定要具体、可行，并与学校教育目标保持一致，提供有助于学生专业成长和全面发展的阅读资源和服务。其次，学生需求。高职院校学生的阅读需求具有专业性、实用性、娱乐性等特点。图书馆阅读推广活动应充分考虑学生的年龄、兴趣、专业背景等因素，提供符合他们需求的阅读材料和推广方式。再次，教学要求。高职院校的教学注重实践性和应用性。阅读推广活动应与课程内容相结合，提供有助于学生理解和掌握专业知识的阅读资源，同时辅助教师进行教学。最后，时代发展。随着高职教育改革、科技的进步和时代的发展，高职学生的阅读方式和习惯也在不断变化。高职院校图书馆需要紧跟时代步伐，利用现代科技手段进行阅读推广，以满足学生的新需求和新期待。

二、高职院校图书馆阅读推广的原则

1. 服务教学原则

高职院校图书馆的阅读推广应与教学紧密结合，服务于学校的教学目标

---

① 李田. 如何科学确立高职院校人才培养目标 [J]. 四川劳动保障，2023（5）：57.

和课程要求。高职院校的核心任务是培养人才，而教学是实现这一目标的重要途径。图书馆作为高职院校的重要组成部分，其阅读推广活动理应紧密围绕教学展开，服务于学校的教学目标和课程要求。通过提供与课程内容相关的阅读材料和活动，图书馆可以帮助学生更好地理解和掌握所学知识，提升教学质量。服务于教学，与教学融合为高职院校改革提供了平台，有利于推动学校教学内容、方式、模式、理念的全面发展革新，促进高职院校教学工作的蓬勃开展。高职院校要深化教育教学改革，探索"课堂教学传授基础知识和基本方法，图书馆充实完善知识结构"的课堂教学新模式，将阅读推广融入课堂教学过程。服务教学原则是高职院校图书馆在阅读推广活动中应遵循的首要原则。通过服务于教学、与教师合作、关注学生需求等措施，图书馆可以充分发挥其在阅读推广中的作用，为高职院校的教学质量和人才培养水平的提升作出积极贡献。

2. 以学生为中心原则

阅读推广活动应以学生为中心，关注学生的需求、兴趣和发展阶段。某高职院校图书馆开展了"新生阅读计划"，针对新生，编选一批符合他们心理特点和发展要求、针对性和操作性较强的素质拓展书目就显得尤为必要。高职院校图书馆可针对新生提供一系列入门级的阅读材料，这些材料包括校园文化、职业规划、心理健康等方面的书籍，帮助新生更快地适应大学生活。此外，图书馆还可通过设置"阅读导师"制度，由资深学生或教师担任阅读导师，为新生提供阅读指导和建议。[①]

3. 倡导终身学习原则

阅读推广活动应引导学生树立终身学习的理念，培养他们的持续学习和自我发展能力。活动可以包括各类主题讲座、读书分享会等，鼓励学生将阅读作为一种生活方式，不断提升个人素养和专业知识。高职院校图书馆应积极主动寻求对策，多途径开展阅读推广，激发读者阅读兴趣，加强阅读引导与信息教育，引导学生树立正确的阅读观，培养学生养成终身学习、终身阅读的良好习惯。

4. 规划性原则

规划性原则是指在进行阅读推广活动时，需要遵循的一系列具有前瞻性、系统性和可操作性的规划准则。这一原则要求图书馆将阅读推广活动视为一个系统工程来规划，包括活动策划、资源准备、宣传推广、组织实施、效果评估等环节。阅读推广工作只有具备长期计划、科学的规划才能做出更

---

① 覃珍.高校"双导师制"阅读指导体系研究[J].哈尔滨职业技术学院学报，2018（6）：19–21.

好的成绩。否则，阅读推广工作就不能发挥其长效作用，从而使整个阅读推广工作的效果大打折扣。规划性原则能确保阅读推广活动有条不紊地进行，并形成阅读推广活动的长期效应，形成长效机制，从而达到预期的阅读推广效果。

5. 灵活性原则

阅读推广活动应保持灵活性，以便提高阅读推广活动的效率，优化活动效果，适应学生的阅读需求和兴趣变化。在阅读推广活动管理中应打破传统的部门单独管理或层级控制的管理方式，减少管理层次，实现阅读推广管理组织的扁平化，即根据阅读推广活动的性质和目的，组织相关的推广主体，消除部门间、职能间、身份间的障碍，充分调动工作人员、读者的积极性和主动性。扁平化阅读推广层次可以使阅读推广活动根据实际活动的需要动态调整，保持阅读推广活动的灵活性，提升阅读推广活动的效果。[①]

6. 针对性与整体性协调原则

阅读推广活动应关注不同学生群体的需求，同时考虑整个学生群体的整体性。山东城市建设职业学院图书馆基于该校主干专业，依托特色馆藏资源、结合学校专业特色，开展专业阅读推广，提高了阅读推广活动的针对性。高职院校图书馆可针对不同专业的学生群体，开展"专业阅读周"活动。每周聚焦一个专业，提供与该专业相关的阅读材料和活动。同时，图书馆还可设置"通识阅读区"，提供多样化的通识教育书籍，满足不同专业学生的共同需求。这种针对性的推广方式既满足了不同专业学生的需求，又考虑了整个学生群体的整体性。

7. 合作性原则

阅读推广活动应注重与其他机构和部门的合作，或是开展图书馆员与教师的合作，实现资源共享和互利共赢。海南经贸职业技术学院图书馆在历年来的阅读推广服务中，重视馆员与教师的协同合作，建立起馆员与教师协同合作可持续发展的运行机制，制订了具体的、可操作性强的阅读推广协同合作方案，有力地促进了阅读推广的转型升级，提升了阅读推广活动的质量与活动成效。湖南城建职业技术学院李明认为，高职院校图书馆在深入开展产教融合、校企合作服务的同时，应深入开展阅读推广工作[②]。在阅读推广活动中，高职院校图书馆可与当地公共图书馆和书店合作，共同开展"城市阅读

---

① 李海燕. 新媒体时代阅读推广活动实证研究——以大连外国语大学图书馆为例 [J]. 图书馆工作与研究，2018（3）：102-105；128.

② 李明. 高职图书馆产教融合、校企合作的服务改革与创新探索 [J]. 就业与保障，2020（7）：120-121.

节"活动。通过合作，图书馆将获得更多的阅读资源和推广渠道，极大地提高了阅读推广活动的影响力和参与度。同时，这种合作模式也促进了校园文化与社区文化的交流与融合，有利于培养学生的社会责任感和公民意识。

三、阅读推广理念与原则的关系

1. 阅读推广理念是阅读推广活动中所秉持的核心思想和价值观念

它反映了图书馆对于阅读推广活动的认识和态度，是指导阅读推广活动开展的灵魂和纲领。在阅读推广活动中，理念起着引领和导向的作用，它决定了推广活动的方向、目标和策略。假设某高职院校图书馆的阅读推广理念是"以教学为中心，促进学生的全面发展"，而相应的阅读推广原则则可包括服务教学、以学生为中心等。在这个例子中，阅读推广理念是高职院校图书馆开展阅读推广活动的指导思想和核心价值观念。它强调了阅读推广活动应紧密围绕教学展开，旨在培养学生的综合阅读能力和促进其全面发展。这一理念体现了图书馆对于阅读推广活动重要性的认识，以及对于阅读推广活动目标和方向具有的明确性。

2. 阅读推广原则是在阅读推广活动中应遵循的基本准则和行为规范

这些原则是根据阅读推广的理念和目标制定的，是推广活动具体实施的指导方针。它们确保了推广活动能够按照既定的理念和目标进行，保证了活动的有效性和针对性。例如，服务教学原则要求图书馆在阅读推广活动中始终以教学需求为导向，为教师教学和学生学习提供有力的支持；以学生为中心原则强调在阅读推广活动中应充分尊重学生的主体地位，关注学生的阅读需求和兴趣，激发学生的阅读热情。

3. 阅读推广理念和原则相互依存、相互促进

一方面，理念通过原则得以体现和落实。图书馆在阅读推广活动中遵循一定的原则，就是在践行其阅读推广理念，将理念转化为具体的行动和实践。另一方面，原则的制定和实施也需要理念的引导和支持。只有明确了阅读推广的理念，才能制定出符合这种理念的推广原则，从而确保推广活动的正确方向和有效实施。

综上所述，面向教学支持的高职院校图书馆阅读推广理念与原则之间存在密切关系。理念是推广活动的灵魂与纲领，原则是推广活动的基本准则和行为规范。理念引导着原则的制定和实施，而原则则具体体现了理念的要求和价值观。二者相辅相成，共同构成了高职院校图书馆阅读推广活动的核心内容与基础框架。

第二节　高职院校图书馆阅读推广的功能与任务

阅读推广工作是高职院校图书馆工作的重要组成部分，是实现图书馆功能和任务的重要手段之一。要做好高职院校图书馆阅读推广工作，首先必须清晰地界定并理解高职院校图书馆阅读推广工作的功能和任务。只有明确了其功能和任务，图书馆才能更有针对性地制定阅读推广策略，设计有效的活动方案，进而提升阅读推广工作的质量与效果。

一、高职院校图书馆阅读推广的功能

（一）辅助教学功能

将阅读推广融入课程教学，发挥阅读推广的辅助教学功能已经成为许多高职院校的通行做法。安徽电气工程职业技术学院的《大学语文》教育不只局限于课堂教学内容，而是将经典名著的阅读与赏析融入教学中，引领学生深刻认识与理解中华传统文化的精髓、中国人的独特精神品质。借由《大学语文》课程教学在高职院校中进行经典阅读推广成为培养学生良好阅读习惯的重要抓手与主渠道。《大学语文》教师开列经典阅读书目已经成为推广阅读极为成功、有效的方法①。高职院校图书馆可以将资源服务嵌入相关课程的教学活动中。例如，协助任课教师检索图书馆数据库中与课程相关的书目，推荐给学生在课堂中配合教学进行阅读或课后阅读；或是汇集教师的意见与建议，制作人文经典书目数据库，开展"开卷有益"专项阅读推广活动等；或是协助任课教师运用考试库进行相关职业技能的线上考试与技能测评等。高职院校图书馆可与专业教师紧密合作，共同设计一系列与课程内容相关的阅读推广活动。例如，在市场营销专业中，图书馆可与专业教师合作，推荐一系列与市场营销理论、案例分析相关的图书和期刊。同时，图书馆还可以组织市场营销专业的读书会，邀请专业教师担任指导，引导学生深入阅读、讨论相关书籍，加深对市场营销知识的理解。这种合作模式不仅提高了学生的阅读兴趣和阅读能力，还有效地辅助了专业课程的教学实施。

总之，高职院校图书馆阅读推广的辅助教学功能可通过与专业教师的合作及推广课外阅读资源等方式来实现。这些实例充分证明了图书馆阅读推广在辅助教学方面的重要作用和价值。

---

① 朱靖.《大学语文》教学与高职院校经典阅读推广 [J]. 现代职业教育，2019（20）：80-81.

（二）培养学生阅读兴趣与习惯

高职院校图书馆阅读推广在培养学生阅读兴趣与习惯方面具有显著功能。北京青年政治学院图书馆秉持"大阅读"理念，将读书和其他相关技能、机会相结合，本着立体化的"阅读＋"思路，全方位整合阅读相关的行为、媒介、内容，持续性地培养学生的阅读兴趣与阅读习惯，传授阅读方法，指导阅读行为，努力让所有读者成为"关系利益人"，让更多的学生参与到读书活动中，享受阅读乐趣，养成终身阅读的良好习惯。[①] 湖南城建职业技术学院通过践行"阅风习来"领读计划来培养高职院校学生的阅读习惯与阅读兴趣。特别是对有充足的阅读时间、良好的阅读能力和明确的阅读意向的高职院校学生举办"阅风习来""泛读"阶段系列活动，逐步培养高职院校学生的阅读兴趣，养成基本阅读习惯。[②] 北京农业职业学院图书馆针对高职院校学生缺乏阅读兴趣，没有养成良好的阅读习惯、亲近功利阅读等问题，通过采取专业教师参与学生阅读指导、开设阅读选修课等方式进行高职院校学生阅读教育，激发其阅读兴趣，培养其养成良好的阅读习惯。广东机电职业技术学院等10所广东高职院校联合举行"21天打卡，职场领航"阅读活动，旨在培养学生的良好阅读习惯，提高学生的阅读能力，拓展学生的知识面，提升学生的思维能力等。

总之，高职院校图书馆阅读推广在培养学生的阅读兴趣与习惯方面具有重要作用。通过多样化的阅读推广活动，高职院校图书馆能够激发学生的阅读兴趣，引导他们养成良好的阅读习惯，提高学生的阅读能力和素质，为学生的全面发展打下坚实的基础。

（三）提高资源利用率

图书馆拥有丰富的馆藏资源，包括纸质图书、电子资源等。阅读推广工作可以向学生推广这些资源，并提供有效的检索和利用指导，帮助学生充分利用图书馆的资源进行学习。高职院校图书馆阅读推广在提高图书馆资源利用率方面扮演着重要角色。通过有效的阅读推广策略，图书馆能够吸引更多的学生走进图书馆，利用图书馆的丰富资源，从而提高资源的利用率。

首先，高职院校图书馆阅读推广能够扩大学生对图书馆的认知和了解，引导他们主动利用图书馆资源。高职院校图书馆可通过开展新生入馆教育活

---

① 穆青，王玉霞.基于学生特点的高职院校图书馆阅读推广对策研究[J].北京青年研究，2023，32（4）：79–86.

② 李明.基于湖南城建职业技术学院图书馆"阅风习来"领读计划的高职生深阅读习惯培养模式的研究[J].兰台内外，2020（29）：61–63.

动，向新生介绍图书馆的藏书结构、借阅规则、数字资源使用方法等，使新生对图书馆有了初步的认识和了解。例如沈阳职业技术学院图书馆创新服务方法，将馆藏文献资源、借阅服务规程、图书馆读者服务理念及读书活动等内容制作成微视频，推荐给各学院在新生主题班会上播放，实现新生入馆教育培训的全覆盖，大大提高了馆藏资源的利用率。

其次，高职院校图书馆阅读推广能够激发学生的阅读热情，提高他们的借阅量。例如，有的高职院校图书馆举办"阅读马拉松"活动，鼓励学生连续一周每天阅读一定时间的图书，并在活动结束后进行借阅量统计和奖励。这一活动激发了学生的阅读热情，许多学生为了获得更好的成绩，纷纷到图书馆借阅图书，从而提高了图书馆资源的利用率。皖西卫生职业学院高度重视阅读活动，针对图书借阅量不足的现状，立足学院层面成立"阅读推广工作委员会"，制订《阅读推广工作实施方案》，由系部、辅导员、图书馆三方联动，设置学生年借阅量达标数值，并将相关阅读指标纳入评奖评优之列，从而大大提高了图书借阅量①。

最后，高职院校图书馆通过创新阅读推广方式，为学生提供更加便捷的资源获取途径。宜宾职业技术学院图书馆推出了"移动图书馆"服务，一方面，图书资源中既包括类型多样的电子图书，也包括有声图书、电子杂志及慕课资源等，学生可以充分享受到利用移动图书馆所带来的资源优势；另一方面，学生可以通过手机等移动设备随时随地访问图书馆的电子资源，如电子图书、期刊论文等。这一服务方式打破了时间和空间的限制，使学生能够更加方便地利用图书馆的资源，从而提高了资源的利用率。

综上所述，高职院校图书馆阅读推广在提高图书馆资源利用率方面具有重要作用。通过扩大学生的认知和了解、激发学生的阅读兴趣及创新服务方式等手段，高职院校图书馆能够引导学生主动利用图书馆资源，提高资源的利用率，为学生的学习和成长提供更好的支持。

二、高职院校图书馆阅读推广的主要任务

面向教学支持的高职院校图书馆阅读推广的主要任务，是阅读推广功能的具体体现，主要表现在如下 5 个方面。

1.策划和组织阅读活动

图书馆需要精心策划和组织各种形式的阅读活动，如读书会、阅读分享会、作者见面会等，以吸引学生的参与，激发他们的阅读兴趣。基于数

---

① 张大玲，胡静 . 对一体推进高职院校学生阅读问题的探讨 [J]. 淮北职业技术学院学报，2020，19（6）：113–116.

字时代背景，高职院校图书馆、学校和相关读书活动策划者可以以信息平台为支撑，将传统模式下的线下阅读纸质书，转变为线上阅读电子书及线上阅读交流等形式。在线上阅读活动模式下，参与者可以更加自由地选择读书时间，阅读活动能够突破时空局限，阅读吸引力也由此得到提升，阅读活动的价值也最大限度地得以体现，阅读推广活动的教育目标也能够更好地实现。

2. 推广优质阅读资源

图书馆应定期向学生推荐优秀的图书、期刊等资源，这些资源可以是与课程内容相关的，也可以是拓展性、趣味性的。同时，图书馆还可以通过设立专题书架、展览等方式，向学生展示馆藏资源的丰富性和多样性。鄂州职业大学图书馆基于文献资源薄弱且利用率低等情况，通过加强宣传等措施，如开展新书推荐、专题图书展览、读书交流会，以及图书馆网、橱窗、黑板报等多种形式进行优质阅读资源的宣传推广工作，调动读者的阅读积极性，使图书馆优质的阅读资源得以充分利用，发挥出应有价值。

3. 提供阅读指导服务

图书馆需要为学生提供专业的阅读指导，包括阅读方法、阅读技巧等。阅读指导是高职院校图书馆开展读者培训与阅读推广的重要内容。针对高职学生阅读兴趣与习得能力不平衡等问题，从阅读的精度、深度、广度三个维度开展阅读指导尤为必要。研究中发现，高质量的阅读指导是由图书馆员主导的多维度服务，能够有效提高学生阅读能力与文化素养，使之养成良好的阅读习惯，充分发挥图书馆的教育功能与服务优势。

4. 加强与教师的合作

图书馆应与教师保持密切联系，了解教学计划和需求，以便为教师提供有针对性的阅读推广支持。同时，图书馆还可以邀请教师参与阅读活动的策划和组织，共同推动学生的阅读发展。山东城市建设职业学院图书馆在开展专业阅读推广过程中，注重与专业教师合作，重视学生专业学习的实际需求，将阅读推广方式与学科专业相协调，制订全方位阅读推广计划，提升高职学生的专业阅读能力，习得更多专业知识[①]。

5. 营造良好的阅读氛围

图书馆应努力提供一个安静、舒适、优雅的阅读环境，为学生营造良好的学习氛围。这包括改善阅读设施、美化阅读空间等。山东特殊教育职业学院通过开设相应的兴趣阅读类选修课，开展以社团为依托的文化阅读活动，

---

① 王妍旻. 高职图书馆开展专业阅读推广的实践研究 [J]. 文化产业，2022（17）：102-104.

如摄影大赛、话剧表演、征文及影视赏析活动等形式多样、各具特色的阅读推广活动，营造良好的阅读氛围。

综上所述，这些功能与任务共同构成了图书馆阅读推广工作的核心内容和目标。

三、阅读推广功能与任务的关系

高职院校图书馆阅读推广的功能与任务之间存在着密切的关系。阅读推广功能是指图书馆在阅读推广方面所扮演的角色和发挥的作用，而任务则是实现这些功能的具体行动和计划。

首先，高职院校图书馆的阅读推广功能旨在辅助教学活动、为读者提供丰富的阅读资源、提升读者的阅读素养和阅读能力，同时营造浓厚的阅读氛围，促进图书馆与教师间在阅读推广方面的交流与合作。

其次，为了实现上述功能，图书馆需要制定并执行相应的阅读推广任务。例如，策划和组织相关的读书活动、阅读资源的宣传推介、开展读者阅读指导、与教师合作开展阅读推广，以及通过定期举办读书会、阅读分享会等活动，营造浓厚的阅读氛围，吸引更多的学生参与其中等。因此可以说，高职院校图书馆的阅读推广功能是任务制定的依据和目标，而任务则是实现这些功能的具体手段和行动计划。功能为任务提供了方向和目的，任务则通过具体的实施来达成功能的目标。两者相互依存、相互促进，共同推动高职院校图书馆阅读推广工作的有效开展。

第三节　高职院校图书馆阅读推广策略

制定高职院校图书馆阅读推广策略十分重要，因为这有助于更加有效地开展推广阅读并实现阅读推广的功能与任务目标，提高师生的阅读兴趣和综合素养，促进校园文化建设。高职院校图书馆必须基于职业教育目标和图书馆功能任务，并结合图书馆实际，制定出一系列明确的、有针对性的阅读推广策略，以便培养师生的人文素养和综合素质，增强学校的文化软实力。

一、制定高职院校图书馆阅读推广策略的依据

高职院校图书馆在阅读推广中扮演着重要角色，它在支持教学与科研、读者服务及提升学生综合素养等方面具有巨大价值。一套科学、有效的阅读推广策略的制定需要综合考虑多方面因素，这些因素构成了阅读推广策略制

定的基础和指导原则，并确保阅读推广活动能够针对性地满足目标群体的需求，并在实际操作中取得预期效果。以下是制定阅读推广策略时需要考虑的主要依据。

（一）高等职业教育的核心目标与特点

职业性、实用性与实践性是高等职业教育的本质属性，彰显职业院校的本质属性是高职院校办学定位的核心所在。高等职业教育作为我国教育体系的重要组成部分，其核心目标在于培养学生的职业技能和实践能力，以满足社会对高素质技术技能型人才的需求。在这一背景下，图书馆作为高职院校的重要资源平台，其阅读推广策略应紧密围绕职业教育的核心目标展开，与职业教育注重职业性、实用性与实践性的特点保持高度契合，以更好地服务于学生的全面发展。

图书馆在制定阅读推广策略时，应充分考虑职业教育的核心目标与特点，注重职业性、实用性和实践性的内容选择。例如，图书馆可以与专业教师合作，根据专业课程的需求，为学生推荐相关领域的优秀图书和资料，帮助他们更好地理解和掌握专业知识。同时，图书馆还可以与行业企业合作，引入企业实际案例和一线实践经验，为学生提供更加贴近实际的学习资源。图书馆还可以邀请行业专家或优秀毕业生分享他们的经验和见解，帮助学生了解行业动态和职业发展前景。此外，图书馆还可以设立实践操作区或创客空间，为学生提供实际操作的机会，培养他们的动手能力和创新思维。

（二）高职学生的特点与阅读需求

阅读推广策略的制定尤其要充分考虑高职学生的特点与实际阅读需求。高职学生作为一个独特的群体，他们在学习动机、兴趣爱好及阅读习惯等方面具有自身的特点。在制定阅读推广策略时，首先要深入了解这些特点，以便为他们提供更有针对性的服务。这些特点表现在：一是学习动机明确。高职学生的学习动机往往更加明确，他们更倾向于学习与职业发展直接相关的知识和技能。因此，图书馆在选择阅读资源时，应注重选择那些与职业技能和行业动态紧密相关的书籍和资料。二是兴趣爱好多元化。高职学生往往有着更为多元化的兴趣爱好，他们不仅满足于专业知识的学习，还渴望涉猎更广泛的领域。图书馆可以针对这一特点，开展多元化的阅读推广活动，如文学沙龙、艺术展览等，以满足他们多样化的阅读需求。三是阅读习惯的数字化。数字资源是数字化阅读推广阵地建立的基石①。图书馆在制定策略时，应

① 张凤娟. 融媒体时代高职大学生有声阅读推广策略研究 [J]. 文化创新比较研究，2023，7（36）：132-137.

加强数字化资源建设，提供电子书籍、在线课程等资源，以满足他们数字化的阅读习惯。其次，高职教育注重实践操作能力的培养，因此，图书馆在阅读推广中应注重引入实际操作的内容。例如，可以组织模拟操作、实践演练等活动，让学生在实践中学习和掌握知识等。

总之，为了更好地满足高职学生的阅读需求，图书馆在制定阅读推广策略时，应充分考虑学生的特点与需求。通过深入了解学生的需求，提供有针对性的服务，图书馆可以更好地服务于高职教育的发展，促进学生职业素养和实践能力的提升。

（三）图书馆馆藏资源与基础条件

图书馆应对馆藏资源进行全面评估，了解现有图书、期刊、电子资源等各类文献的种类、数量和质量。明确哪些资源与高职院校的教学目标和学生需求相匹配，哪些资源尚需补充和完善。图书馆要将图书馆的资源与高职院校的教学计划和课程设置进行整合，形成与各专业、各课程相配套的教学资源体系，确保学生在学习过程中能够方便地获取到相关的图书资料。此外，还要评估图书馆的技术设施条件，并对图书馆的物理空间进行合理规划，确保学生能够拥有舒适、便捷的阅读和学习环境。尤为关键的是，应对图书馆员的数量、专业能力和服务意识等进行评估，确保有足够馆员为学生提供服务，且能够有效地参与到阅读推广工作中。

总之，高职院校图书馆在制定阅读推广策略时，应充分考虑馆藏教学资源与基础条件。只有结合实际情况进行决策和规划，才能制定出切实可行的阅读推广策略，更好地服务于学生的阅读和学习需求。

（四）政策环境与资金支持

图书馆要充分了解国家和地方关于高职教育、图书馆建设和阅读推广的相关政策，确保策略的制定符合政策导向，并且能够得到政策和资金的支持。这样不仅可以提高阅读推广工作的效率，还可以更好地服务于高职教育的发展。图书馆还要关注国家和地方关于图书馆建设的政策，如图书馆的定位、功能要求、资源建设标准等。要更好地开展阅读推广工作，图书馆还要了解国家和地方关于阅读推广的政策，如阅读推广活动的组织、经费支持、激励机制等。这些政策可以为图书馆开展阅读推广活动提供指导和支持，提高阅读推广活动的效果和质量。此外，阅读推广活动的开展离不开必要的经费支持，为此，图书馆还要关注国家和地方关于高职教育和图书馆建设的资金支持政策，如财政拨款、专项资金、社会捐赠等。了解这些政策可以为图书馆争取更多的资金支持，促进阅读推广工作的开展。

（五）信息技术发展新趋势

高职院校图书馆在制定阅读推广策略时，应密切关注信息技术的发展趋势。特别是与图书馆和阅读相关的技术，如数字图书馆、移动阅读、社交媒体、数字化阅读工具等。这些技术的发展为阅读推广提供了新的机遇和挑战，图书馆应充分利用这些技术手段，提高阅读推广的效率和影响力，更好地满足学生的阅读需求，更好地服务于高职教育的发展。张凤娟认为，多元化的信息技术将成为图书馆事业发展的主要推动力。运用多媒体信息技术，可搭建媒体活动平台、创新阅读服务模式、扩大阅读品牌推广效应。通过采取线上线下互动的方法，可以增加阅读推广的效能，更好地提升大学生综合素养，提升校园文明建设水平①。服务是图书馆工作永恒的主题。在信息技术支撑下，数字图书馆的建立，不仅可以方便地实现资源的共享和远程访问，还可以为学生提供更加便捷的阅读和学习服务。

综上所述，制定一套科学、有效的，面向教学支持的高职院校图书馆阅读推广策略，需要综合考虑高等职业教育的核心目标与特点、学生特点与阅读需求、图书馆馆藏资源与基础条件、政策环境及信息技术发展新趋势等方面的因素。这些依据共同构成了策略制定的基础，确保了策略能够紧密地结合高职院校的实际情况和教学目标，有效地推动学生的阅读发展和提升教学质量。

二、高职院校图书馆的阅读推广策略

（一）以教学科研需求为导向的馆藏资源建设

高职院校图书馆的馆藏资源建设应以教学科研需求为核心导向，旨在满足不同专业和课程对阅读资源的特定需求。首先，图书馆需深入调研，精准把握不同专业和课程的阅读资源需求，理解教学科研部门对图书资料的特定要求，并据此科学规划文献资源，确保馆藏与教学科研紧密相连。特别是，图书馆应重视专业书籍和教学参考资料的收藏，保证馆藏资源的时效性和相关性。其次，图书馆应加强数字化资源建设，以适应信息化教学的需求。这包括增加电子图书、专业数据库等数字化资源的投入，为师生提供丰富的电子教学资源。图书馆可通过网站提供重点学科导航服务，广泛搜集并链接专业文献信息资料，实时报道各重点学科的发展动态，满足师生对专业知识的获取需求。再次，图书馆需与学校教学部门建立紧密的合作关系，及时掌握

---

① 张凤娟.融媒体时代高职大学生有声阅读推广策略研究 [J]. 文化创新比较研究，2023，7（36）：132–137.

教学动态和需求。通过与教务处、各院系等的协作，为教学提供更为精准的阅读支持。最后，图书馆应定期对馆藏资源进行评估和更新，根据教学需求和评估结果，调整馆藏结构，淘汰过时资源，引入新的教学材料。

（二）以满足读者服务需求为基本遵循

图书馆开展的阅读推广活动是基于读者需求而发动的。为读者提供满意的服务与阅读推广的目标是一致的，都是为了促进读者的阅读兴趣、参与度和个人成长。为读者提供满意的服务有助于提升图书馆的读者满意度和忠诚度，有助于提高读者的阅读兴趣和参与度，有助于促进读者的个人成长和全面发展。因此，高职院校图书馆在开展阅读推广活动时，应始终将读者需求放在首位，以提供满意的服务为宗旨，不断创新服务方式、优化资源结构、加强合作与交流等方面的工作，提高阅读推广的整体效果。通过满足读者的服务需求，高职院校图书馆可以更好地履行其教育使命，培养更多具有综合素质的人才。

（三）开展馆际合作、跨界合作扩大影响力

图书馆阅读推广是促进阅读和提升读者素养的重要活动。为了更广泛地推广阅读，高职院校图书馆需要采取多种合作方式，包括馆内合作、跨界合作等。馆内合作是指图书馆与图书馆之间的合作。通过馆内合作，图书馆可以共享资源、交流经验，共同开展阅读推广活动，提高阅读推广的整体效果。例如，高职院校图书馆可以与其他图书馆建立合作关系，共同策划读书节、阅读分享会等活动，吸引更多的读者参与。此外，高职院校图书馆还要加强与外部机构的合作，联合开展阅读推广项目，如与出版社、文化机构等合作举办讲座、展览等活动，提高学生的参与度和兴趣。在高职院校图书馆阅读推广中，既可以与电子书厂商开展合作，引进、推广电子书，丰富本馆数字资源库，也可以开展线上讲座、研讨会等，为师生提供良好的阅读体验。此外，高职院校图书馆还可与在线教育平台及网络学习机构合作，共同开发在线阅读课程，提高学生的阅读兴趣。[①]

（四）打造特色化的阅读推广项目——阅读疗法

当前，源于传统阅读推广方式的单一性、缺乏针对性及与学生实际需求的脱节等，高职院校图书馆阅读推广的发展遭遇瓶颈。此外，由于心理辅导资源有限、学生对心理健康问题的认识不够深入及缺乏有效的自我调适方法等原因，都使高职院校心理健康教育远远不能满足高职学生的心理需求。阅

---

① 佟智 .“互联网 +”助力高职院校图书馆阅读推广 [J]. 文化产业，2023（36）：73-75.

读疗法通过个性化的阅读计划和指导，不仅能提供符合学生需求的阅读材料，还能在阅读过程中引导学生进行深入思考，达到放松心情、调整心态、增强自信等心理健康方面的积极效果，可以被视为深化阅读推广的一种创新举措，尤其在高职院校的环境中，依靠单纯的心理健康课程已不能完全有效地解决高职院校学生的心理健康问题，在"心理健康教育"课程中加入"阅读疗法"内容，在图书馆成立"阅读推广与阅读疗法"工作室，不仅能深化图书馆阅读推广服务，还能鼓励学生更深入地阅读和理解文本，通过治疗性的阅读体验来促进学生的精神成长。[1]通过阅读疗法推进学生心理健康教育，打造特色化、深入化的阅读推广项目——阅读疗法，已成为深化高职院校图书馆阅读推广的重要抓手。推广"阅读疗法"不仅是化解高职院校学生心理障碍的现实需要，也是拓展图书馆功能的重要举措。

（五）创新多元化的阅读推广模式

高职院校阅读推广模式是高职院校图书馆为了提高学生的阅读兴趣、阅读能力和阅读效果，根据本校学生的实际情况而采用的一系列有创意的、系统的阅读推广方式和方法。这些模式通常包括组织各种阅读活动、提供多元化的阅读资源、建立阅读社团或小组等，旨在营造积极的阅读氛围，并促进学生的全面发展。赵子漩提出了高职院校"图书馆＋技能空间"的阅读推广模式，并从活动目标、准备工作、方案设计三方面阐述了该模式的构建过程，并阐述了该模式在提高图书馆服务效能、提高技能实训效果、开发学生潜能及传承职业精神等方面的突出优势。[2]马萍论述了高职"图书馆＋书院"传统文化阅读推广模式，在传承中华优秀传统文化、加强图书馆文献信息资源建设与地方特色文化建设等方面的突出优势。[3]程大立以广州工程技术职业学院为实例，提出了"读－思－行"一体化的阅读推广模式，该模式是在分校阅读理论指导下，对高职院校图书馆阅读推广工作的创新探索。[4]

高职院校阅读推广模式是阅读推广在高职院校这一特定环境下的具体应用和体现，是结合高职院校的特点和学生的实际需求形成的一种具有针对性的阅读推广方式。在高职院校中，由于学生的专业背景、学习方式和兴趣爱

---

① 赵雅丽 . 高职院校图书馆阅读推广文化育人的实践探讨 [J]. 太原城市职业技术学院学报，2019（12）：117–119.

② 赵子漩 . 高职院校"图书馆＋技能空间"阅读推广模式研究 [J]. 科技传播，2023（14）：40–42；47.

③ 马萍 . 高职"图书馆＋书院"传统文化阅读推广模式的思考 [J]. 产业与科技论坛，2022（6）：275–276.

④ 程大立 . "读－思－行"一体化阅读推广模式探究——以广州工程技术职业学院为例 [J]. 新世纪图书馆，2020（5）：9–13.

好等方面存在差异，因此需要采用更加多元化、个性化的阅读推广模式来满足他们的需求。通过有效地运用这些模式，可以更好地激发学生的阅读兴趣，提高他们的阅读能力和素养，进而促进他们的全面发展。同时，高职院校阅读推广模式也是阅读推广理论在实践中的重要应用和发展，它为阅读推广在其他领域的推广和应用提供了有益的借鉴和参考。

第四节　高职院校图书馆阅读推广类型与方法

一、高职院校图书馆阅读推广类型

1. 主题式阅读推广

主题式阅读推广是一种常见的阅读推广方式，它通常围绕一个特定的主题展开，旨在引导学生深入了解某个领域的知识和思想。主题式阅读推广的特点是主题明确、内容丰富、形式多样。在形式上，主题式阅读推广通常包括讲座、研讨会、展览、读书竞赛等形式。在内容上，它通常涉及文学、历史、哲学、艺术等多个领域，通过引导学生阅读经典著作、研究前沿学术成果等方式，提高学生的综合素质和文化修养。例如，某高校图书馆在"一带一路"主题下，开展了"丝路文化进校园"系列活动。该活动通过讲座、展览、读书竞赛等形式，引导学生了解"一带一路"国家的文化、历史和现状，加深学生对国际合作和跨文化交流的理解。广东碧桂园职业学院图书馆抓住毕业季这一关键节点，围绕"致青春·向未来"这一主题，举办了"碧"业寄——线上留言征集、"碧"阅享——碧职书友阅读分享会等线上线下融合的系列阅读推广活动，取得了良好的效果。围绕特定主题或话题组织的阅读推广活动，旨在引导学生深入探索和理解该主题。

2. 学术型阅读推广

学术型阅读推广是专为特定学术领域或主题研究设计的，目的在于提升师生的学术素养和研究技能。它涵盖讲座、研讨会、学术论坛等多种形式，常邀请领域内的专家学者进行深入讨论和交流。此类推广活动以高专业度和深度内容为特点，通过让学生接触学术前沿，增强其研究和创新能力。例如，高校图书馆针对优势学科，定期组织学术论坛和讲座，为学生提供深入了解学科的机会，促进与专家学者的互动。某高职院校图书馆针对机械工程专业学生推出"机械工程前沿技术"阅读计划，提供精选学术资源，并组织研讨会，邀请行业专家，以激发学生的研究兴趣。高职院校图书馆需优化资源配置，争取更多的经费支持，以完善教育教学、学术科研和人才培养的资源服务①。

3. 通识型阅读推广

通识型阅读推广是面向全校师生，注重普及阅读知识和技巧的阅读推广方式。它通常包括一系列的讲座、培训、工作坊等，旨在提高学生的阅读能力和文化素养。这种阅读推广方式的特点是普及性强、覆盖面广，旨在让更多的学生受益。通过介绍阅读方法、技巧和经验，帮助学生掌握正确的阅读方法和技巧，提高他们的阅读效率和质量。例如，某高校图书馆定期举办阅读方法讲座和工作坊，针对学生的不同需求进行个性化的指导和帮助。这些活动不仅提高了学生的阅读能力和文化素养，也为他们提供了更多元化的阅读体验。高职教育偏重实践技能和实际工作能力的教育培养，对通识教育开展不够重视。高职院校图书馆作为大学生的"第二课堂"，开展通识教育服务具有很多优势。苏州市职业大学图书馆通过积极探索空间改造，设置了研讨、乐器体验、影视欣赏、创客空间等诸多功能区，为学生打造了通识教育新平台。在开展通识教育方面，图书馆责无旁贷。②

4. 交流讨论型阅读推广

交流讨论型阅读推广是一种注重学生参与和互动的阅读推广方式。它通常包括一系列的读书分享会、读书沙龙、读书竞赛等，旨在提高学生的阅读兴趣和阅读能力，以及批判性思维能力和沟通能力。这种阅读推广方式的特点是互动性强、学生参与度高，旨在让学生在交流和互动中提高阅读能力和文化素养。通过引导学生分享自己的阅读心得和体验，与同学和老师进行交流和讨论，增强他们的阅读体验和语言表达能力。黄河水利职业技术学院图书馆针对学生阅读率持续走低的现状，开展了"真人图书馆"读书分享会、新书阅览室的开放等读书活动，以提升学生的文化素养，推动校园文化建设。③

5. 数字型阅读推广

数字型阅读推广是利用数字技术和互联网平台进行阅读的推广方式。它通常包括电子书、在线期刊、网络课程等资源和服务，旨在满足学生对不同领域的需求。它具有方便快捷、随时随地、互动性强等特点，可以满足学生

① 何胜辉. 新时代一流高职院校的学术科研与文献资源服务保障研究 [J]. 教育现代化，2019，6（47）：255—256.

② 曹慧芳. 基于通识教育的高职院校图书馆创新服务研究——以苏州市职业大学为例 [J]. 兰台内外，2020（8）：49—50.

③ 马键. 黄河水院图书馆阅读推广活动的实践与思考 [J]. 黄河水利职业技术学院学报，2016，28（2）：75—77.

对阅读的需求和期望。这种阅读推广方式的特点是技术性强、便捷度高，旨在让学生随时随地都能进行高效阅读和学习。通过提供数字化阅读资源和服务，既满足学生对不同领域的需求，也方便学生随时随地获取所需资源。例如，某高校图书馆建立了数字化阅读平台，提供电子书、在线期刊、网络课程等多种资源和服务。学生可以通过手机、平板电脑等设备随时随地阅读电子书和在线期刊，参加网络课程的学习。这些资源和服务不仅满足了学生的需求，也提高了他们的学习效率和质量。

6. 课程整合型阅读推广

课程整合型阅读推广是将阅读资源与课程内容紧密结合的推广方式，旨在提高学生的阅读理解和应用能力。河北建材职业技术学院图书馆阅读推广馆员主动深入各个专业教学和实习中去，结合专业的具体培养方案和课程教学内容，提供嵌入课堂的阅读推广服务。[①] 高职院校图书馆阅读推广服务应当嵌入人才培养过程与教育教学活动中，助力提高高职教育人才培养质量，提升学生综合素质。通过将阅读资源与课程内容紧密结合，课程整合型阅读推广能为学生提供更加丰富、多样化的学习材料，从而增强课程的吸引力和趣味性。课程整合型阅读推广在提升教学质量、培养学生综合素质、推动教学改革和营造校园文化氛围等方面都具有重要意义。

7. 学科服务型阅读推广

学科服务型阅读推广专注于特定学科或专业领域的学生需求，致力于提高他们的专业素养。此类推广通过提供与学科紧密相关的阅读材料，辅助学生深化对学科知识的理解，增进学习成效。它通过与课程内容紧密结合，为学生带来更全面和深入的学习体验，助力教学质量的提高。深圳职业技术学院在高职院校中率先建立了专业服务馆员制度，通过与教学系部的有效沟通，实施了馆员嵌入式教学服务[②]。然而，目前高职院校图书馆在学科服务型阅读推广方面尚有提升空间。调查显示，仅有25%的高职院校图书馆开展了学科服务，大多数图书馆未能有效结合阅读推广与学科服务，未能为学院的教学和科研提供深层次的信息服务与支持。[③] 学科服务型阅读推广对于提高教学质量、培养学生的学科素养、促进学科交叉融合及服务学科的建设与发展至关重要。因此，高职院校图书馆应加大学科服务型阅读推广的力度，积极探索

① 刘海涛. "双高计划"背景下高职院校图书馆"阅读推广+"服务策略与范式研究 [J]. 图书馆学刊，2022，44（8）：75-80.

② 刘旭晖. 泛在知识环境下高职图书馆阅读推广模式构建 [J]. 品牌研究，2018（4）：212；214.

③ 孙晓凤、卢玉红、徐晓娜. 高职院校图书馆延伸服务调查与研究——以山东省"双高"院校图书馆为例 [J]. 青岛远洋船员职业学院学报，2021，42（3）：68-73.

实践，为师生的学科学习和研究提供坚实的支持。

8. 素养提升型阅读推广

素养提升型阅读推广致力于通过阅读活动丰富学生的文化内涵、提升审美力和情感态度，全面培养学生的综合素质，涵盖人文素养、科学素养、信息素养等多维度能力。通过推荐多样化书籍和材料，此类推广活动旨在拓宽学生视野，激发学生的思维能力与创新精神，推动学生全面发展。图书馆在此类推广中扮演文化传播者的角色，通过好书推荐、经典导读等形式，将优秀文化作品呈现给学生，实现文化育人的目标。在数字化时代背景下，"互联网＋阅读推广"模式在提升学生的文化素养和综合素质方面扮演着关键角色。它不仅为高职学生提供专业学习的文献资源和信息咨询服务，还提供了丰富的人文社科阅读材料，帮助学生在阅读中寻找心灵的宁静，促进精神境界和人格的完善，满足高职教育对学生全面发展的要求。

作为学校的知识中心和教育平台，高职院校图书馆承载着重要的教育使命。通过开展素养提升型阅读推广活动，图书馆能吸引更多学生参与阅读，提高他们的文化素养和综合能力，强化图书馆的教育职能。图书馆应积极推进此类阅读推广实践，为学生的个人成长和学校教育事业的进步作出积极贡献。

二、高职院校图书馆阅读推广方法

阅读推广方法是推广活动的具体实现途径，阅读推广方法的选择、运用和创新直接影响着阅读推广的效果和影响力。因此，在阅读推广实践中，需要注重方法的选择与运用，以确保推广活动的成功和有效。

1. 读书会

读书会是一种非常重要且常见的阅读推广方法。它以其独特的形式和内涵，在阅读推广中发挥着重要作用。读书会是高职院校图书馆阅读推广的重要载体。它既是校园阅读推广的一种重要形式，也可成为学校专业人才培养、工匠精神培育和通识教育的有效方式。高职院校图书馆要将"阅读推广＋读书会"服务形式发展成为引导、服务和推动校园阅读推广的活动品牌，充分发挥其在校园全民阅读中的重要作用。举办读书会对于高职院校文化育人意义重大，不仅起到辅助高职语文教学的作用，而且有助于端正学生的学习态度，形成尊重知识、热爱阅读的良好氛围，推进学生养成终身学习的习惯。此外，一个高效的高职读书会框架对于校园文化育人、传播优秀传统文化、培养高职院校学生工匠精神均意义重大。读书会作为一种重要且常见的阅读推广方法，对于激发读者阅读兴趣、培养读者阅读习惯、提高读者阅读素养和促进社交互动等方面都具有积极的作用。因此，在阅读推广实践中，应充分重视并发挥读书会的优势与作用。

2. 阅读展览

阅读展览是一种结合重要节日、纪念日或文化事件，通过特定主题展示相关书籍、期刊和多媒体资源的活动。它旨在引导师生深入了解各领域的知识与文化，拓宽视野，丰富思维，增强文化体验，并激发阅读兴趣，促进校园文化氛围的构建。阅读展览包含线上与线下两种形式：一是线上虚拟展览。线上虚拟展览利用数字技术将实体展览呈现于虚拟空间，观众可通过电子设备浏览多媒体内容。图书馆常通过在线展览展示珍贵馆藏，配以详尽解说和互动功能，使观众便捷地接触和了解。二是线下展览，包括实体图书馆展览和流动展览。前者在图书馆内特定区域展出与主题相关的物品，通过解说和视觉设计辅助理解；后者通过移动展箱或展板，将展览带到更广泛的场所，增加展览的可达性。阅读推广服务与展览服务紧密相连，展览成为图书馆推广阅读的重要方式。它不仅使大学生在观看展览的同时阅读相关文字，直观获取知识，还通过推荐相关书刊文献，激发和引导大学生深入阅读，提升展览服务效果。

3. 信息素养教育

阅读推广方法中的信息素养教育是一种以提升个体在信息时代中的信息处理能力、应用能力和创新思维为目标的教育活动。《普通高等学校图书馆规程》中明确规定，高职高专院校要开展多种形式的信息素质教育，培养读者的信息意识，提高读者有效获取、准确评价、合理利用信息的能力。图书馆员要与各系部相关领导、老师对接，通过图书馆员或借助第三方开展资源利用讲座、信息素养技能大赛等形式，分专业、分层次地传授相关知识，提升学生的信息素养。[1]高职院校图书馆要加强信息素养教育研究，整合信息素养教育模式，面向用户的个性化需求，构建多层次、多角度、多渠道、立体化的信息素养教育体系。在阅读推广中，信息素养教育可以帮助读者更广泛地获取各类阅读材料，提高信息辨识能力，培养深度阅读习惯，并帮助读者树立正确的阅读观念和价值观，培养良好的阅读习惯和道德品质，从而提升个人的综合素质。

4. 分专业阅读推广

分专业阅读推广是指高职院校图书馆根据学校所设专业的特点和学生需求，有针对性地开展阅读推广活动，包括推荐专业书籍、组织专业讲座、提

---

① 陈丽莲. 浅议体育高职院校图书馆服务升级 [J]. 兰台内外，2023（31）：76-78.

供专业咨询等，以引导学生深入阅读、理解并掌握本专业的知识和技能。高职院校图书馆专业阅读推广既有别于普通本科院校的阅读推广，又有别于高职院校的非专业类图书的阅读推广，故应基于高职院校主干专业，根据高职院校的特点，结合图书馆馆藏实际，制定相应的策略。其具体形式包括专业图书推荐和专业阅读导读，邀请校内外专业教师、专家开展专业知识讲座活动等。高职院校图书馆不仅要重视大众性的阅读推广，还要重视开展专业阅读推广活动，引领科技前沿的专业理论的学习阅读。高职院校图书馆通过开展分专业阅读推广，不仅可以使学生更加系统地了解和掌握本专业的知识体系，提高专业素养和综合能力；还能激发学生的阅读兴趣，使其更加积极地参与阅读和学习，形成良好的学习氛围。对于图书馆来说，分专业阅读推广有助于图书馆更加合理地配置资源，提高资源的利用率，确保学术资源能够充分发挥其应有的价值。此外，分专业阅读推广作为教学支持的一种手段，可以推动高职院校的教学改革与创新，促进教学质量和效果的提升，实现教学与学习的良性互动。

5. 阅读疗法

高职院校图书馆采用的阅读疗法是一种教学支持型阅读推广方法，它在教师引导下，有目的地推荐学生阅读特定书籍或资料，有助于缓解负面情绪、解决心理难题、提升学习效率，促进学生身心健康。这种策略融合了心理学、教育学与图书馆学的理论，通过阅读帮助学生克服情感、心理和学习障碍，推动其全面发展。在高职院校学生心理健康教育领域，阅读疗法的作用至关重要。图书馆通过此方法推进心理健康教育和文化育人，为学生提供新的支持途径。当前高职院校学生面临自我认知和人际交往等挑战，承受着不小的心理压力。图书馆通过阅读疗法的介入，成为解决学生心理健康问题的有效手段。社会节奏的加快使心理问题在大学生中愈发普遍。调查表明，约三分之一的高职院校学生遭遇心理障碍，且这一比例还在上升。[①] 因此，将阅读疗法纳入高职院校图书馆的阅读推广工作中，不仅是深化服务的需要，也是应对心理健康挑战的有效策略。这不仅能增强学生的心理韧性，促进其全面成长，也为校园心理健康教育贡献力量。

三、阅读推广类型与方法的关系

高职院校图书馆阅读推广类型与方法之间存在着密切的关系。阅读推广类型是对阅读推广活动的一种分类，它反映了不同类型的阅读推广在目标、内容、方式等方面的差异性。而阅读推广方法则是在具体的阅读推广活动中

---

① 金洁洁. 高职高专院校阅读文化建设策略研究 [J]. 科技创新导报，2015，12（1）：197–199.

所采用的方式和手段，是实现阅读推广目标的具体途径。阅读推广类型决定了阅读推广方法的选择。不同类型的阅读推广有不同的目标和特点，需要采用不同的方法进行推广。例如，主题式阅读推广可能需要通过举办主题讲座、展览等方式来引导学生深入探索和理解特定主题；而交流讨论型阅读推广则可能需要通过组织读书会、研讨会等方式来促进学生之间的阅读分享和讨论。同时，阅读推广方法也会影响阅读推广类型的效果。合适的方法能够更好地实现阅读推广的目标，提高推广效果。例如，在数字型阅读推广中，利用社交媒体和短视频平台等数字化手段进行推广，可以更加便捷地接触到目标群体，提高阅读推广的覆盖率和参与度。总之，高职院校图书馆阅读推广类型与方法之间存在着密切的关系，二者共同成为面向教学支持的高职院校图书馆阅读推广研究的重要组成部分。

第四章 面向高校教师的阅读推广服务

人才培养，关键在教师。教师队伍素质直接决定着大学的办学能力和水平。建设社会主义现代化强国，需要一大批各方面各领域的优秀人才。同时，随着信息化的不断发展，知识获取方式和传授方式、"教"和"学"关系都发生了革命性的变化。这对教师队伍能力和水平提出了新的、更高的要求。

当前，高校教师在进行学术研究、教学准备及个人专业发展过程中，对高质量学术资源的需求日益增长。图书馆作为高校重要的学术资源中心，其提供的阅读服务质量直接影响教师的工作效率和学术成果的产出。然而，信息过载、资源获取难度、阅读技能提升需求等问题，成为制约高校教师阅读效率和质量的主要因素。因此，针对上述问题，系统地阐述面向高校教师阅读推广的概念、背景、意义、原则，分析发展现状与存在的问题，探索面向高校教师的阅读推广策略就成为优化教师的学术研究环境、提升高等教育质量的关键。

第一节 面向高校教师的阅读推广服务概述

在面向高校教师的阅读推广服务中，厘清概念、明确目的与意义及遵循必要原则，是确保面向高校教师的阅读推广服务成功的三个基石。首先，清晰界定面向高校教师阅读推广的概念，是开展阅读推广的基础，它为阅读推广提供了明确的方向和定位，有助于图书馆员准确理解阅读推广服务的对象、内容和方式，从而设计出更符合高校教师需求的阅读推广活动；其次，明确面向高校教师阅读推广的目的与意义，有助于图书馆员制定更具针对性的推广策略，为阅读推广服务注入了动力和活力，对于激发图书馆员的积极性和教师的参与热情至关重要；最后，遵循必要原则是确保推广活动顺利进行并取得预期效果的关键。在面向高校教师阅读推广中，这三个方面相互关联、相辅相成，三者共同构成了面向高校教师阅读推广的坚实基础。

一、面向高校教师的阅读推广服务的定义

随着信息时代的到来和知识的不断更新，阅读在高校教师的教学和科研活动中扮演着越来越重要的角色。面向高校教师的阅读推广服务逐渐成为近年来图书馆学和信息科学领域的一个研究热点。然而，关于面向高校教师的阅读推广服务并没有形成一个统一、明确的定义。这主要是因为阅读推广服务本身是一个广泛而灵活的概念，可以根据不同的目标群体、服务内容和实施方式进行个性化的定义。本书结合有关学者的研究及个人的相关研究与实践，给出以下关于面向高校教师阅读推广服务的描述性定义。

所谓图书馆面向高校教师的阅读推广服务，是指高校图书馆利用其丰富的馆藏资源、专业的服务团队及先进的信息技术，针对高校教师这一特定群体所设计和实施的一系列活动和措施，如教师读书会、教师专业阅读荐购、信息素养或专业阅读技能培训讲座、嵌入式学科服务[①]、新书推荐、个性化阅读推荐等，旨在引导和促进教师进行深入、广泛和系统的阅读，从而提升他们的专业素养、教学水平和科研能力。

这个定义既内涵丰富，又切合实际。

1. 内涵丰富

该定义指出了面向教师阅读推广服务的丰富内容：①多元的资源与服务。概念中提到了高校图书馆的"丰富的馆藏资源、专业的服务团队及先进的信息技术"，这些构成了阅读推广服务的坚实基础。馆藏资源的丰富性保证了教师能够接触到多样化的文献和信息，专业的服务团队能够提供精准、高效的服务，而先进的信息技术则使服务更加便捷、智能。②多样的活动与措施。针对高校教师，图书馆设计了多种活动和措施，如教师读书会、教师专业阅读荐购、信息素养或专业阅读技能培训讲座等。这些活动和措施涵盖了教师的不同阅读需求和阅读层次，既有集体的共读和讨论，也有个人的荐购和技能培训，还有针对特定学科或主题的嵌入式服务。③全面提升目标。阅读推广服务的目标不仅是促进教师的阅读行为，更重要的是通过阅读提升教师的专业素养、教学水平和科研能力。这一目标涵盖了教师的专业成长和学术发展的多个方面，体现了图书馆在高等教育中的重要作用。

2. 切合实际

切合实际主要体现在阅读推广服务的 3 个特性上：①针对性。概念中明

---

① 陈靖. 国家开放大学图书馆面向教师的服务框架研究——以全国 45 所开放大学分部图书馆为样本 [J]. 重庆开放大学学报，2022，34（6）：32-40.

确指出服务对象为高校教师，这是一个具有特定需求和特点的群体。针对这一群体进行服务设计，能更好地满足教师的实际需求，提高服务的针对性和有效性。②可操作性。概念中列举的多种活动和措施，都是在实际操作中易于实施和管理的。例如，教师读书会可以定期举办，教师专业阅读荐购可以通过线上平台实现，信息素养或专业阅读技能培训讲座可以邀请专家学者进行授课等。这些活动和措施都具有很强的可操作性，便于图书馆在实际工作中进行推广和实施。③适应性。随着信息技术的发展和高等教育环境的变化，高校教师的阅读需求和阅读习惯也在不断变化。概念中提到的"先进的信息技术"和"专业的服务团队"，保证了图书馆能及时适应这些变化，不断创新和优化阅读推广服务的内容和形式。

二、面向高校教师阅读推广服务的背景、目的与意义

（一）面向高校教师的阅读推广服务的背景

1. 高等教育的新挑战与阅读推广的重要性

随着全球化和信息化进程的加速，高等教育迎来了新的挑战和机遇。培养具有创新精神、批判性思维和终身学习能力的高素质人才，已成为当今高等教育的核心目标。在这一背景下，阅读推广作为提升师生综合素质、拓宽知识视野、促进学术交流与文化传承的重要途径，其重要性日益凸显。高校教师作为高等教育的主体，他们的阅读状况直接影响到教学质量、科研水平和文化传承的能力。因此，开展面向高校教师的阅读推广服务，不仅是提升教师个体素质的需要，也是推动高等教育内涵式发展的必然要求。

2. 高校教师阅读现状及其面临的挑战

尽管阅读对于高校教师而言至关重要，但当前他们的阅读状况却面临多重挑战。信息技术的迅猛发展虽然为教师提供了更加便捷的学术资料获取方式，但信息的爆炸式增长也带来了筛选难题和时间压力。教师在海量信息中难以快速定位高质量资源，同时繁重的教学和科研任务又挤压了他们的专业阅读时间。此外，部分教师在阅读技巧和方法上的欠缺也影响了他们的阅读效率和质量。

3. 阅读推广服务的不足与高校图书馆的角色

造成高校教师阅读困境的原因是多方面的，其中阅读推广服务的不足是一个重要因素。针对高校教师的特定需求，当前的阅读推广服务还显得不够精准和个性化。高校图书馆作为高校的文献信息中心和校园文化的重要载体，在阅读推广方面具有独特的优势。因此，如何结合时代背景和信息技术手段，

为教师提供更加有效的阅读推广服务，已成为高校图书馆和相关部门亟待解决的问题。

综上所述，面向高校教师的阅读推广服务不仅关乎教师个体的发展，更是推动高等教育整体进步和文化传承的重要举措。面对当前的挑战和不足，我们需要深入研究教师的阅读需求和服务模式，创新阅读推广策略，以更好地服务于高等教育的发展。

（二）面向高校教师阅读推广服务的目的与意义

面向高校教师的阅读推广服务，其主要目的在于激发教师的阅读兴趣，提升其阅读素养和学术水平，推动教学质量和科研能力的提升。图书馆通过推广活动，引导教师培养阅读习惯，接触多元学术观点，拓宽视野，促进创新思维。同时，为教师提供知识交流平台，推动学术交流，助力学术繁荣。阅读推广服务的意义体现在以下4个方面：①提升专业素养。阅读是教师获取新知、更新教育理念的重要途径。推广服务帮助教师接触前沿学术成果，完善知识结构，提高教学水平。②推动教学和科研创新。推广服务激发教师创新思维，为教学和科研提供新思路，推动创新发展。③营造学术氛围。推广服务在校园内营造积极健康的学术氛围，鼓励教师交流合作，提升学术热情，促进成果产出。④增强图书馆服务功能。图书馆通过推广服务，了解教师需求，提供精准的个性化服务，提高服务质效。高校图书馆应积极开展面向教师的阅读推广服务，为教师专业发展和学术创新提供支持，对提升教师素养、促进教学科研创新、营造学术氛围、增强图书馆功能具有重要意义。

三、面向高校教师阅读推广服务的原则

高校教师作为图书馆的重要用户群体，在信息化和现代化进程中，面临知识与能力结构的挑战。他们对信息的渴求日益增长，阅读心理呈现复杂多变的趋势。图书馆需深入分析教师的阅读需求，加强服务建设。以下是指导高校图书馆和教育机构有效推广教师阅读活动的6个关键原则：①教师中心原则。以教师需求和偏好为核心，考虑其忙碌的工作和生活节奏，设计符合他们实际情况和兴趣的阅读活动。这包括提供涵盖教学科研、专业发展、心理健康、休闲娱乐等方面的阅读材料。②灵活性与多样性原则。鉴于教师的时间和精力限制，阅读活动应灵活多样。图书馆应结合线上线下方式，提供多种形式的阅读活动，如线上书展、读书会、专题讲座等，满足不同教师的需求。③交流与分享原则。促进教师间的阅读交流和分享，深化阅读理解，增强体验。图书馆应建立平台和机制，鼓励教师分享心得、讨论感悟，形成积极的阅读文化。④支持与激励原则。为提高教师参与度，图书馆和学校应

提供支持和激励措施，包括便捷的资源获取、政策支持，以及物质和精神上的奖励。⑤持续性与发展性原则。阅读推广应成为文化的一部分，持续开展。图书馆需不断评估活动效果，根据反馈和需求，优化和创新服务。⑥专业发展与个人成长并重原则。活动应平衡教师的专业发展和个人成长，提供专业文献和关注心理健康、个人兴趣的书籍。遵循这些原则，高校图书馆和教育机构能更有效地推广阅读，促进教师的专业与个人成长，为高校教学和科研贡献力量。

　　面向高校教师的阅读推广服务，不仅关乎教师的个人发展，更与整个高等教育的质量与水平息息相关。以上通过对面向高校教师阅读推广服务进行了全面而深入的探讨之后，我们不难发现，这一服务不仅是提升教师个体素养与推动高等教育内涵式发展的重要途径，更是图书馆在现代教育中发挥其独特作用的关键所在。通过对阅读推广服务概念的厘清、目的与意义的明确，以及必要原则的遵循，高校图书馆能为教师群体提供更加精准、个性化的服务，从而助力他们的专业成长与学术创新。

第二节　面向高校教师阅读推广服务的现状、问题与对策

　　在当今这个信息爆炸的时代，阅读已不仅是知识的获取方式，更是心灵的滋养和思维的激荡。高校教师，作为知识的引领者和创新者，其阅读习惯及推广实践对学生甚至整个社会的影响都不可小觑。然而，当前针对高校教师的阅读推广服务在实际运作中遭遇了多重困境。为此，以下将系统梳理高校教师阅读推广服务的现状，深入剖析其面临的挑战与问题，并在此基础上提出具有针对性的改进策略。这些研究对于提升高校教师的阅读素养、助推其教学科研水平的提升，乃至推动学校整体教育质量和科研实力的跃升，都具有不可估量的重要价值。

一、面向高校教师的阅读推广服务的现状

（一）教师阅读现状调查 ①

　　在 2023 年 4 月 23 日世界读书日前夕，现代教育报发起了一项针对首都中小学教师的"教师阅读"问卷调查，以深入了解教师的阅读现状、心理和

---

① 现代教育报 . 首都教师阅读现状调查 [EB/OL].（2023-04-23）[2024-02-07].https://www.Sohu.com/a/669551778_100908.

需求。共收集到有效问卷 898 份。调查发现，97.43% 的教师有自主阅读的意愿，69.60% 的学校曾组织教师阅读活动。尽管教师普遍有良好的阅读习惯，但也面临一些问题，如缺乏阅读计划、数字阅读比例过高等。工作压力、家庭责任及多样化的娱乐方式，都是影响教师阅读时间的因素。

调查指出，工作压力、家庭与工作的平衡，以及手机短视频等信息载体分散了教师的注意力，导致他们阅读时间有限。尽管七成学校通过组织阅读活动为教师提供了交流分享的平台，但教师仍期待更深入的集体阅读氛围。

在促进教师阅读的建议中，近半数教师希望学校能组织阅读活动分享，超过八成的教师认为需要减轻工作负担以获得更多的阅读时间。超过四成的教师期望教育部门或学校建立激励机制，以激发教师的阅读热情。

被调查者庞孝瑾指出，当前教师往往只能进行快速阅读，难以深入阅读提升素养。教师的阅读应围绕专业发展目标，进行有计划的阅读，并在阅读中积极思考，与文本深度对话，形成阅读成果。

教师建议学校应创造有利的阅读条件，如建立机制定期举行阅读活动，帮助教师购买书籍，或成立阅读社团以促进交流。阅读机制的建设是学校构建阅读氛围的关键，通过探索阅读共同体建设，为教师提供专业的阅读交流平台。教师也认识到，即使在忙碌中，也应挤出时间阅读。减少微信、电视等时间消耗，坚持阅读，长期下来将带来显著效果。

被调查者郝保伟强调，学校应建设学习型组织，有计划地开展多样化的阅读活动，明确活动的主题、内容、形式和激励机制。例如，通过读书分享、共读、沙龙、打卡、师生共读、撰写笔记、知识竞赛等形式，充分利用各年级组、学科组、教研组的作用，围绕教学主题和研究课题设计阅读内容。同时，学校应建立激励机制，给予教师物质和精神上的适当奖励，以促进教师的阅读和专业发展。

（二）苏南地区部分高校教师阅读现状调查 ①

为了精确地知悉高校教师阅读的相关信息，学者冯天宇、蒋永福、沈玮楠，面向苏南多个地区的高校教师的阅读行为习惯，及其对于阅读引导活动的偏好展开问卷调查。2019 年 9 月至 2020 年 1 月，共回收问卷 2 938 份，有效答卷率为 89.17%。问卷由课题组各位老师广泛发动包括苏州科技大学、苏州大学、常熟理工学院、常州大学、常州工学院、江南大学、苏州市职业大学、苏州经贸职业技术学院、无锡职业技术学院、常州工程职业技术学院等在内的 10 余所苏南地区高校教师填写。

---

① 冯天宇，蒋永福，沈玮楠 . 新媒体视阈下高校教师阅读行为引导全民深度阅读策略研究——以苏南高校为调查对象 [J]. 图书馆理论与实践，2021（1）：91-94.

从阅读时间和数量方面来看，高校教师阅读状况良好。平均每日阅读时间超过两小时的高校教师有一半以上，超过70%的高校教师每天至少有1个小时以上的阅读时间，仅有不到三成的高校教师平均每天的阅读时间少于60分钟。超过58%的高校教师平均每年的阅读数量超过15本，仅有不到5%的教师阅读量不足5本。高校教师有良好的阅读习惯和有效的阅读方法。新媒体环境下高校教师有自主选择读物的能力和条件，同时高校教师的阅读体验是很丰富的，对经典名著广泛阅读，可以帮助大学生形成良好的世界观、人生观、价值观，提升思维能力。

笔者基于问卷调查的数据分析认为，高校教师是深度阅读群体。同时针对性地提出，高校教师群体引导全民深度阅读的策略：①做深度阅读的示范者、引领者和推广者；②强化价值供给，引导经典阅读；③提倡知识能力做到智慧阅读；④增强深度阅读用户黏性，拓展产业链等。

（三）高校教师阅读推广实践现状

1. 提升教师心理健康的阅读推广

美国精神病专家高尔特（Galt）将图书馆比作心智的药房，强调了阅读在心理调适中的作用。高校教师面临教学、科研、职称晋升、人际关系及家庭生活等多方面压力，这些压力导致一些教师心理亚健康，甚至出现心理疾病。通过阅读具有疗愈性的文献，可以有效缓解不良情绪，放松心情，预防心理问题。这种阅读方式既能保护个人隐私，又不会伤害自尊，没有精神压力，易于被教师接受。

面对高校教师日益增长的心理健康需求，吉林医药学院图书馆开展了一系列创新服务，旨在通过阅读疗愈性文献提升教师的心理健康素质。针对女教师情绪化倾向及心理问题，图书馆在三八妇女节举办"悦读悦美"书展，精选 B844.5 女性心理学类书籍，为女教师提供心理健康教育。4 月 23 日世界读书日，举办"一起悦读"书展，展出 B 类心理学书籍，营造书香校园氛围。9 月 10 日教师节，开展"悦读不倦"书展，展出大学教师通识教育著作。10 月 10 日世界心理健康日，举办"走近心理"经典心理学书展，展出心理学名著。11 月，推荐"悦读导航"心理学网站，提供高质量的心理健康教育资源。此外，图书馆还转载《人民日报》微信平台"夜读"栏目的经典励志文章，供教师阅读。

吉林医药学院图书馆的这一专项服务，以其新颖主题、多样化形式、科学资源推荐和常态化运作，为教师提供了心理健康教育的新途径。服务突破了图书馆的传统功能，不仅提供专业文献，更大力推广心理健康阅读，营造了关注心理健康和书香阅读的校园文化，有效促进了教师心理健康和阅读推广。

2. 提升教师信息素养的阅读推广

高校教师需具备敏锐的信息意识、坚实的信息知识、强大的信息能力和良好的信息道德。信息素养涵盖科研和教学两大方面。王立柱、孟宪涛针对辽宁省高校现状，采用分层次分析法，建立了一套全面规范的教师信息素养评价体系。①

当前，高校教师信息素养有待提升。许多教师信息意识不强，对图书馆知识了解不足，信息检索技能薄弱，信息道德意识需加强。高校图书馆应积极推动教师信息素养教育，通过多形式宣传、专题讲座、培训班、优化信息资源、信息咨询服务等途径，提高教师的信息意识和利用能力。徐州师范大学图书馆的问卷调查显示，教师、学生、馆员在信息素养方面各有特点。建议全校营造良好的信息素养教育环境，加强三者间的交流，将教师和馆员的信息素养培养融入教育工作，打破图书馆单一培养模式，实现信息素养教育与专业课程教育的整合。中山大学图书馆的实证研究显示，信息素养教学效果有待提高。研究认为，图书馆并非信息素养教学的主体，未来应与院系专业老师开展多样化合作。

美国高校图书馆的跨学科合作研究表明，图书馆员在科学教师的学术与教育工作中扮演重要角色。专业教师与图书馆员的合作框架、合作关系、图书馆与数据库商的合作、信息素养教育效果评价是关键因素。

高校图书馆在进行学生信息素养教学时，需与专业教师合作。同样，在提升教师信息素养的阅读推广中，馆员也需与教师、数据库商、专家学者等合作，提高服务质量和效率。赵节昌、唐建凤提出高校教师现代信息素养提升模式，包括开展专业进修班，创新"研训一体"的教师培训模式，加强研修培训基地建设，与重点院校合作，拓展异地培训，利用新媒体技术促进网络教师信息素养培训。② 这些措施有助于构建教师信息素养的全面提升体系。

二、面向高校教师阅读推广服务存在的问题与原因

（一）面向高校教师阅读推广服务存在的主要问题

面向高校教师阅读推广服务，作为提升教师阅读素养、促进教学科研水平提升的重要途径，本应受到广泛关注和积极参与。然而，在实际推行过程中，我们不难发现，这一服务却遭遇了诸多问题和挑战。这些问题和挑战不

---

① 王立柱，孟宪涛. 普通高校教师信息素养综合评价体系研究 [J]. 沈阳师范大学学报（自然科学版），2016，34（3）：325–328.

② 赵节昌，唐建凤. 高校教师现代信息素养提升模式构建研究 [J]. 黑龙江科学，2018，9（23）：52–53.

仅影响了阅读推广服务的效果,也制约了高校教师阅读素养和教学科研水平的提升。这些问题和挑战主要表现在以下 4 个方面。

1. 教师参与度不高

教师专业阅读对于教师个人专业发展是必需的,对于学生与家长,有积极的示范作用。尽管多数教师表达了愿意参与阅读的初衷,但真正投入阅读推广活动中的教师比例并不高。这主要归因于教师繁重的教学、科研任务及管理职责,使他们难以匀出额外的时间和精力参与阅读。

2. 实际阅读效果欠佳

由于工作压力、家庭与事业的平衡考量,以及新媒体信息碎片化带来的注意力分散,教师的实际阅读时间和阅读量均未能达到预期目标。即便有七成学校组织了阅读活动,这一状况仍未得到显著改善。

3. 教师间阅读分享机制不畅

教师之间的阅读交流和分享对于深化阅读理解和促进思维碰撞至关重要。然而,当前教师间的阅读分享活动组织起来较为困难,这既与教师的工作忙碌有关,也与缺乏便捷、高效的交流平台及机制密不可分。

4. 图书馆利用率低

尽管图书馆拥有丰富的阅读资源和多样化的活动,但教师访问图书馆的频率并不高。这在一定程度上反映了图书馆在高校中的地位和影响力有限,以及教师对图书馆服务和资源的了解不足。

(二)主要原因分析

1. 时间分配与工作负荷的挑战

高校教师身兼教学、科研和管理等多重职责,日常工作量大,时间分配紧张。在繁重的工作负荷下,他们往往难以腾出足够的时间参与图书馆的阅读推广活动。此外,教师还需要在家庭与事业之间寻求平衡,这也进一步压缩了他们的个人阅读时间。

2. 对图书馆地位与服务的认知不足

图书馆在高校中的地位和影响力相对较弱,以及图书馆的服务内容和方式未能充分满足教师的需求,导致教师对图书馆的阅读推广活动缺乏了解和兴趣。高校图书馆在推广阅读活动时,除了聚焦学生读者,还应关注教师读者的特点和需求,吸引更多教师的关注和参与。

3. 缺乏有效的交流与分享机制

教师之间的阅读交流和分享对于推动深度阅读和理解至关重要,但目前缺乏一个便捷、高效的平台或机制来促进教师间的阅读互动。图书馆可以积极搭建线上或线下的交流平台，为教师提供分享阅读心得、讨论学术问题的机会，从而激发教师的阅读热情。

4. 阅读推广活动缺乏吸引力与针对性

图书馆组织的阅读推广活动可能缺乏创意和新颖性，难以吸引教师的兴趣。同时，活动可能未能充分考虑教师的实际需求和兴趣点，缺乏针对性和个性化服务。图书馆需要深入了解教师的阅读偏好和需求，设计更具吸引力和针对性的推广活动。

5. 现实条件与组织资源的限制

线下书展等阅读推广活动的开展受到场地、资金、人力等现实条件的制约，以及组织资源的限制。这些因素可能导致活动规模受限、频次减少或质量下降。图书馆需要积极争取校方和相关部门的支持，拓展资金来源和合作渠道，以克服现实条件的限制，提升阅读推广活动的质量和影响力。

总之，图书馆面向高校教师阅读推广服务遇阻，主要因为教师时间紧张、对图书馆地位认知不足、缺乏有效交流机制、活动缺乏吸引力及现实资源限制。为改善这种状况，图书馆需提升服务、加强沟通并创新阅读推广方式。

三、面向高校教师阅读推广服务的主要对策

针对上述问题及其原因分析，图书馆在未来的工作中需要采取一系列改进措施。

1. 优化推广策略与时间安排

图书馆作为知识与文化的宝库，肩负着推广阅读文化、提高公众阅读素养的重要使命。为了实现这一目标，图书馆需要不断地优化其推广策略和时间安排，以更高效、灵活地满足读者和教师的需求。

在阅读推广策略的优化方面，图书馆除开展传统的图书展览、讲座等形式外，还可以利用社交媒体、线上直播等现代科技手段进行阅读推广，将线上活动与线下活动充分融合，打造多样化的阅读推广模式，以全方位、多角度地推动阅读的普及与深入。此外，图书馆可以结合当前的时事热点或节日主题，推出相应的阅读推广活动。例如，在国庆节期间推出与爱国主题相关的书籍推荐和展览。此外，图书馆可以与学校合作，将阅读推广纳入课程体系，或者组织学生进行阅读实践活动，从而培养学生的阅读习惯和兴趣。

在阅读推广时间安排方面，应提升灵活性。图书馆可以充分利用学生的课余时间，如午休、放学后等时间段，组织一些简短而有趣的阅读活动，吸

引学生参与。图书馆也可以在寒暑假等长假期间，组织一些主题鲜明、内容丰富的阅读推广活动，吸引更多的学生和公众参与。此外，图书馆可以考虑实行弹性工作时间，根据读者的需求和参与度来调整工作时间，以更好地满足读者的阅读需求。

2. 加强与学校其他部门的合作，提升图书馆的地位与影响力

图书馆作为学校的知识中心和学习资源提供者，对学术氛围和学生学习成效起着至关重要的作用。为了提高图书馆在学校中的地位和影响力，加强与其他部门的合作至关重要。①建立跨部门合作机制。图书馆需与团委、学生处、辅导员及任课教师建立协同合作关系，以确保阅读推广活动的成功。通过定期联席会议和共同工作计划，确保图书馆资源与学校教学、科研和学生活动紧密结合。②实行资源共享与互利共赢。图书馆应与其他部门共享教学资料、文献支持等资源，同时利用其他部门的宣传渠道，如官方网站和社交媒体，提升图书馆的知名度和影响力。③为教师提供嵌入式学科服务。图书馆应利用其馆藏资源、信息检索技能和技术工具，为教师的教学、科研和专业发展提供定制化、高效的学科支持，实现与教学系部的紧密对接和服务。通过这些措施，图书馆不仅能提升自身地位，还能为学校的教学和科研贡献更大价值，实现共同发展。

3. 创建在线交流平台，促进教师阅读分享与讨论

在信息技术迅猛发展的今天，传统的交流方式已不足以满足教师的需求，尤其是在阅读推广方面。建立在线教师阅读交流平台，可以超越时空限制，让教师随时分享和讨论阅读体验，增进知识交流与合作，提升图书馆在学校中的作用和影响力。首先，平台的构建。选择稳定、易用、互动性强的平台技术，如论坛或社交媒体，确保用户体验。设计简洁明了的界面，布局合理的功能，包括发帖、回复、点赞等，并支持多媒体内容。重视数据安全和隐私保护，采取加密和备份措施，保障信息安全。其次，平台的推广与使用。组织培训，介绍平台使用，通过官方网站和社交媒体宣传，提高知名度。建立积分系统和优秀帖子评选，激励教师积极参与，给予奖励和认可。定期举办阅读分享会、主题讨论、在线讲座等活动，吸引教师参与，增强平台凝聚力。最后，加强平台的维护与发展。根据教师反馈，定期更新优化平台，提升用户体验。加强内容监控管理，确保交流健康积极，防止不良信息传播。与其他学校、机构或专家合作，丰富平台内容，提升资源质量。

通过建立如校园网、教师研修网、教师成长博客等在线交流平台，图书馆的服务将更便捷高效，有助于提升图书馆在学校中的地位，让更多教师了解和利用图书馆资源，共同促进教师专业成长和学术交流。

4. 改进图书馆服务，满足教师多元化阅读需求

图书馆作为学校的知识宝库和学习资源中心，其服务质量直接关系到教师的阅读体验和积极性。为了满足教师的多样化阅读需求，图书馆需不断优化服务：①定期推送最新图书信息。图书馆应定期通过电子邮件或短信向教师推送最新图书和阅读活动信息，同时利用社交媒体和官方网站提高信息传播效率，确保教师及时了解图书馆资源。②提供个性化图书推荐。根据教师的教学计划和借阅历史，图书馆应提供个性化的图书推荐服务，通过分析借阅记录和搜索关键词，为教师推荐合适的图书，提升阅读满意度。①③加强与教师的互动沟通。通过设置咨询台、在线客服，以及通过问卷调查和座谈会收集教师意见，图书馆可以更好地了解教师需求，持续提升服务质量。④提供多样化阅读方式。图书馆不仅要提供纸质图书，还应引入电子图书、有声读物等数字化资源，适应教师移动阅读和碎片化学习的需求。此外，提供打印、复印、扫描服务，支持教师的学术研究。通过这些措施，图书馆能为教师创造更加个性化、便捷的阅读环境，激发教师的阅读热情，促进知识传播和学术发展。

5. 创新阅读推广活动形式，实行线上与线下的融合

在数字化时代，图书馆需融合线上与线下活动，创新阅读推广形式，以提升教师参与度和推广效果。①线上书展。利用数字平台举办线上书展，打破传统时空限制。通过官网、社交媒体等展示藏书和新书，加入互动元素如评论和分享，提高教师的参与度。②虚拟阅读空间。运用虚拟现实技术创建沉浸式阅读环境，让教师在虚拟空间中自由浏览、选择图书，并与他人互动，提供全新阅读体验。③线上线下融合。结合线上便捷与线下互动优势，如线下书展设置二维码引导至线上讨论，或线上书展提供线下活动预约，打造全方位推广。④持续创新与迭代。图书馆应紧跟新技术趋势，不断探索创新推广形式，同时对现有活动进行优化，根据教师反馈进行调整，以满足需求。通过这些创新措施，图书馆能吸引更多教师参与阅读活动，提升阅读体验，增强图书馆的吸引力和影响力。

6. 加强与教师的沟通，满足教师的阅读需求

加强与教师的沟通是图书馆提升服务质量和满足教师阅读需求的关键环节。通过定期与教师进行交流，图书馆不仅可以更深入地了解他们的专业需求、阅读兴趣和学术动向，还能获得教师对现有服务内容的直接反馈和建议。

---

① 海蕊. 基于知识关联分析的高职院校图书馆图书推送服务研究 [J]. 佳木斯职业学院学报，2015 (6)：383–384.

这样的沟通机制有助于图书馆在阅读推广方面做出更加精准和有效的决策。例如，图书馆可以根据教师的反馈调整书籍采购计划，确保馆藏更加贴近教师的实际需要；还可以根据教师的建议改进阅读推广活动，使其更具吸引力和针对性。此外，通过与教师的沟通，图书馆还能更好地了解不同学科领域的发展趋势和热点话题，从而在阅读推广中融入更多前沿性和专业性的内容。这不仅有助于提升教师的专业素养，还能进一步巩固图书馆作为学术资源中心的地位。

第三节　教师读书会阅读推广服务的实证研究

在当今信息海量、知识更新迅速的时代背景下，阅读推广对于提升教师专业素养和教学质量至关重要。教师读书会作为推广阅读、交流思想的重要平台，在高等教育机构中扮演着日益重要的角色。本节以重庆工商职业学院教师读书会为例，通过实证研究方法，深入探讨教师读书会在阅读推广服务方面的实践效果、存在问题及优化策略，旨在为相关研究和实践提供有益的参考和借鉴，以促进教师群体内的阅读氛围和知识共享，为提升教育教学水平贡献一份力量。

一、成立教师读书会的原因与目的

教师要求学生读书，首先自己应该读书。教师在书香校园活动中要起主导作用，教师要以主人翁的责任感积极带领、指导学生读书与进步。我国著名教育家朱永新在《给教师的信——阅读与人生》中说："教师的读书不仅是学生读书的前提，而且是整个教育的前提。"苏联著名教育实践家和教育理论家苏霍姆林斯基在《给教师的建议》中说："一些优秀教师的教育技巧的提高，正是由于他们持之以恒地读书，不断地补充他们知识的大海。"

读书会对高校阅读推广有着积极深远的影响[1]。鉴于此，重庆工商职业学院图书馆自 2016 年尝试开展了"教师读书会"，希望通过教师读书会进行教师阅读推广，促进教师的自我成长，促进学生的阅读推广。通过对重庆工商职业学院图书馆已经开展的教师读书会实践进行回顾与反思，从而对该校图书馆开展教师读书会的经验和存在的问题进行总结和分析，为其他学校开展活动提供一些借鉴。

---

① 吴惠茹. 阅读推广视角下的高校图书馆读书会实践研究 [J]. 图书与情报，2014（6）：76-81.

二、重庆工商职业学院教师读书会部分案例简介

重庆工商职业学院教师读书会，是该校图书馆运用馆资源（图书、场地、制度等）组织教师，以定期或不定期的阅读分享、交流、讲座、沙龙为形式开展的，以促进教师专业发展、文化娱乐、学习和交流为目的，进而促进学校教师培养、促进教育教学、促进学校文化氛围形成的活动。

（一）案例一：教师读书分享会

2015 年 5 月 4 日，在重庆工商职业学院石桥铺校区开展了"教师读书分享会——对我影响较大的一本书介绍"。这是由学校一位老教师创建的"远研工作室"发起的，该校图书馆参与和支持了这次读书分享活动，这也算是该校"教师读书会"的历史起源。活动前，安排了专门的活动策划人、活动召集人、后勤服务人员等，进行了活动的宣传和参与人数调研，安排了大小合适的场地，制作了专门的条幅。活动上，每位老师专门就自己要进行分享和介绍的图书制作了 PPT 和发言稿，服务人员进行了会前场地布置和会中拍照、记录。第一次教师读书会，就有 40 余位教师参加。读书会给参与的教师留下了深刻的印象，会后大家在 QQ 群里纷纷表示通过这样一个平台增强了同事之间的文化和学术交流，短短的时间内吸收到了很多新知识，期望能再次参与这样的活动。

（二）案例二："书香园丁"教师读书会

2017 年 6 月 14 日，在重庆工商职业学院合川校区图书馆教师阅览室开展了"书香园丁——教师读书会"。这次读书会是由图书馆主办，学校各部门协办的。会前的策划、宣传、经费预算、会场布置，会中的服务、视频记录、技术服务，会后的总结、新闻等都由图书馆承担，落实到图书馆工作人员负责。在读书分享交流环节，杨家俊老师给我们带来的分享——《读书人是幸福人》，洪瑶老师给我们带来宫泽贤治的诗《不畏风雨》，彭夷老师给大家推荐《中国共产党的九十年》，粟健老师分享台湾知名画家、诗人与作家蒋勋老师的《汉字书法之美》，郭宏亮老师分享了个人读书心得，张兵副教授给大家分享读书心得和推荐著名作家沈从文的作品《边城》。赵帮华老师很想参与这次的教师读书会，但由于公务在身正出差在外，不能到场。出差临走前，他专程录制了一段视频，跨时空参与分享。视频里赵老师落落大方地简短分享了他的专业阅读经历，他建议讲授中西方文化和外语类课程的同事一起读《西方哲学史》。

会后参与者通过各种渠道给图书馆留言："教师读书会能够做到一个人的

精读，一群人的吸收"；"在这个信息繁杂冗余的时代，通过这样一种方式可以完成经典著作、流行作品、专业资料的快速入门和吸收"；"原来我们身边的同事，其实很有才"；"希望教师读书会，能够分门别类展开来，不但有文学文献品读，还应该有专业文献品读"。另外，读书会良好的效果和影响也赢得了校领导的赞誉和支持。

（三）案例三：教师读书沙龙

2017年9月16日，以"阅读""悦读"为主题的教师读书沙龙活动，在合川校区修德楼教师阅览室举行。张万仪教授以"我与书的故事"为题，将自己的青春与阅读的故事娓娓道来。第三军医大学的杨春丽老师，从幸福指数、身心健康的角度引入话题，经过互动与交流，告诉大家阅读是一种健康的生活方式。创新学院朱勋春教授，给大家推荐了"修身、齐家、治国、平天下"的无价宝典《钱氏家训》。校党委组织部刘波老师，回顾了个人的阅读历程，谈了《月亮与六便士》的阅读感悟。管理学院的赵帮华老师，从生活中的"隐喻"哲学艺术谈起，给大家推荐了当代语言学经典著作《我们赖以生存的隐喻》。电子信息工程学院周士凯老师就当下网络阅读现象进行了分析和探讨。智能制造与工程学院李晓峰老师就现代阅读效率与焦虑进行了阐述与讨论。管理学院郭宏亮老师以兰州为起点，从丝绸之路上的小城诗词文化出发，带领大家阅读和感悟了我国西部丰富的文化和美丽的风景。

这次文化沙龙活动让老师逐步意识到了图书馆在倡导阅读和服务阅读中的重要作用，改变了以往教师认为图书馆只是一个借还书场所的看法，提升了教师对阅读的关注度和重视度，活跃了学校的文化氛围。嘉宾杨春丽老师表示："能够持续稳定组织文化沙龙活动，将对学校文化氛围的形成和提升起到良好推动作用。"创新学院彭飞霞老师说："今天的活动，收获丰厚，都装在了心间。"电子信息工程学院李巨老师和张艳等年轻老师表示："这类活动正是我们年轻教师需要的，希望图书馆能持续定期地举办这类活动。"

（四）案例四："阅读越美丽"教师读书会

2018年4月19日学校图书馆"阅读越美丽"教师读书会举办。读书会上，鲁绪芝老师朗诵《题桃树》，张兵老师朗诵《春江花月夜》，方慧老师朗诵《再别康桥》，刘岁梅老师朗诵《时代》节选，刘胡敏老师朗诵《活着》节选，彭丽馆长朗诵《余生，请带上自己的阳光》，张燕老师朗诵《当我真正开始爱自己》，江晶鑫老师朗诵《Hope》，肖峰老师朗诵莎士比亚《十四行诗第十八首》，彭夷老师朗诵《卜算子·咏梅》，万久玲老师朗诵大型音乐舞蹈史诗《东方红》解说词，汪洋老师朗诵林清玄的《掌中宝玉》。

活动结束后，作为分享者的鲁绪芝老师表示：从教几十年，本校才有这类教师文化活动，很喜欢这样的教师阅读活动。活动参与学生说："老师们的读书活动氛围好，这给我们开启了一扇学习智慧之门。"没有能赶上参与这次教师阅读活动的蒋妮老师说："我也喜欢阅读，下次活动我一定争取参加。"教师读书活动已经在不少老师的心中种下了一颗阅读的种子。这次教师读书会时间虽短，但影响较长。让参与的老师深有感触，没参与的老师心生向往，引起了很多老师的心灵共鸣，也继续点燃了老师的读书热情，营造了浓厚的读书氛围。

（五）案例五：师德师风主题教师读书会

2018年11月28日，"师德师风主题教师读书会"在华岩校区创业中心召开。来自直属学院的9位教师与大家分享经典文学、天文科技学、医学、史学、教育等类名著及电影的探究成果。施旭老师分享了美国天文学家卡尔·萨根（Carl Sagan）的故事，余平老师分享了《大秦帝国》的阅读感悟，王自贵老师分享了王阳明的心学，黄月婷老师分享了一部电影《地球上的星星》的观后感，杨书萍老师分享了《只有医生知道》的阅读心得，杨睿端老师分享了严歌苓著作《陆犯焉识》，胡珊老师分享了电影《一个都不能少》，表达了自己作为辅导员对工作和学生的执念。参加此次教师阅读活动的老教授还和年轻教师分享了人生的阅历和感悟。重庆工程学院原党委副书记彭晓玲教授寄语年轻教师：多读书，提高各方面的修养，留给学生美的形象。退休教授张万仪、余善云老师分别介绍了自己的阅读方式，勉励年轻老师充分利用现代信息技术，拓宽学习途径，阅读经典，丰富人生。

这次活动结束环节，馆长表示老师的分享让她回味和感动，这些分享贴近工作和生活，又很精彩。馆长也给老师介绍了图书馆最近几年开展的教师阅读推广工作。馆长表示图书馆愿为老师做好阅读、学习、研究的服务，老师有新的学习阅读的需要就跟图书馆提出来。参与活动的老师纷纷表示希望图书馆多多举办这样的教师读书活动，让他们有交流学习的机会和平台。

三、教师读书会的案例效果及优点

（一）活动参与者视角的案例成效

从教师读书会收到的效果评价来看，教师读书会可以：改变读者的阅读行为，变潜在读者为读者；改变读者的阅读态度和动机；改变读者阅读感受。回顾这几年的教师读书会，可以发现教师读书会在阅读推广中的作用明显，主要表现在以下4个方面。

1. 教师读书会促使参与者深入阅读内容之中

读书会的主题一旦确定，读书会的内容也随着确定，每次读书会主题只有一个，内容不会太多。参与者在有效的时间内品读或讨论特定的内容，这在短时间内能够把参与者的注意力迅速集中在特定信息内容上来，从而提高信息的吸收效果。还能让参与者在特定时间内修身养性、平心静气地阅读。笔者从组织"教师阅读分享会"活动工作中了解到，参与者表达的体会是："一个人的阅读，一群人的吸收。"此外，读书会对习惯了网络信息获取和碎片阅读的人们来说，更是一种有效的线下学习方式。

2. 教师读书会促进经典阅读质量的提高

随着互联网、信息技术、移动通信设备的迅速发展和普及，其便利性满足了人们的通信需求，逐渐成为人们主要的信息交流和获取渠道。但是互联网、移动设备带来的变化是碎化片阅读，随意的、散漫的、娱乐化的、浅阅读等逐渐占据了人们越来越多的时间，而经典文献的深阅读却越来越少。经典著作中一本小说、一篇短文、一首诗词、一本教材等，都可以在读书会上研讨。参与者一起研读讨论，或者邀请研究这些经典文献的读者对这些经典进行分析解释，或者让参与者进行阅读感悟的分享，都可以提高读者对经典文献的研读效率，从而促进经典文献的阅读。

3. 教师读书会促进教师分专业阅读活动的开展

专业文献的阅读，比文学作品的阅读更需要阅读的引领人，特别是在校的大学生处在专业知识学习的黄金阶段，如果没有良好的专业阅读基础做铺垫，其专业技能的提升会大打折扣。专业阅读读书会，可以由专业行家或者专业教师来组织和召集，指导和引领教师或者学生进行专业阅读、交流、讨论。这样的读书会，无论是对活动的组织者，还是对活动的参与者都会有很好的专业素养提升作用。通过前期教师读书会的开展，图书馆与教师之间的交流互动不断增多，已有专业教师逐渐萌生了自己带学生进行分专业阅读指导活动的念头。

4. 教师读书会促使阅读推广活动组织便利

教师读书会对阅读活动的开展的确具有良好的普适性。教师读书会的规模可大可小，灵活自由，易于开展，几个人可以组成一个读书会，几十人、百人或数百人，甚至更多人都可以组成规模大小不一的教师读书会。可以在室内开展，也可以在室外开展；可以在实体空间开展，也可以在网络空间开展。利用网络信息技术、工具和平台，处在不同地域或不同国家、具有相同阅读兴趣的人，在网络上也可以组织进行某一主题的"网络读书会"。据文献调研，可以看到读书会从幼儿读书会、亲子读书会、中老年人读书会、党员干部读书会、单位部门读书会、班级读书会等应有尽有，也说明读书会具有便利性，适合面较广，几乎所有单位、所有人群、所有地域等都能开展读书会活动。

（二）实践组织者视角的案例成效

或许有很多人还对教师读书会持怀疑态度：学校会支持图书馆举办这类活动吗？教师还需要图书馆来督促阅读吗？教师会愿意付出辛劳参与图书馆举办的活动吗？图书馆有没有能力主办持续性的教师读书会？对于这些问题，就目前开展的教师读书会实践来看，可以给出确定的回答，而且随着读书会实践经验的积累和理论研究的跟进，能得到更好的答案。教师读书会能让教师在集中的读书活动中相互了解、促进交流，增加学习机会，能促使参与者在规定的时间内对阅读内容的吸收，促进阅读推广活动从形式推广走向内容推广。

四、关于教师读书会案例的思考与启示

（一）重新审视教师读书会的重要性：认知提升与实践促进

一提到"教师读书会"，很多人都会觉得教师不需要参与这类活动，为教师提供这类活动是多余的。最终的结果是：一些单位对读书会活动的开展重视和支持的程度不深、力度不大，图书馆人员对组织读书会热情不高。据教师读书会案例实践证明，教师读书会确有必要，并且可以有效促进教师、学生、学校发展。孙炳海、叶志雄、李伟健等研究者认为，学校读书会是促进教师专业发展的"校本教师教育"活动，是引领教师成长，实现学校治理的有效途径之一。[①] 国家与阅读推广相关的工作单位和个人，应该重新审视读书会的研究价值、应用价值，加强对读书会、教师读书会等活动开展引导和支持。

（二）亟待加强的研究领域：教师读书会案例研究的不足与反思

截至 2024 年 8 月 1 日，在中国知网中按照题名"阅读推广"，进行模糊匹配检索到 11 761 篇文献，按照题名"读书会"，进行模糊匹配检索到 1 819 篇文献，按照题名"教师读书会"，进行模糊匹配检索到 33 篇文献。这说明读书会的研究远远少于阅读推广，教师读书会的研究初见端倪。从文献的调研情况来看，读书会研究的增多是在 2009 年以后，这跟阅读推广活动发展研

---

① 孙炳海，叶志雄，李伟健，等．读书会与学校读书会：对教师专业发展的意义 [J]．教师教育研究，2010（6）：48-52．

究呈现出来的年份分布状况类似。这一现象说明,读书会是在阅读推广发展的前提下逐渐被重视的,以读书会为研究对象申报的研究项目较少,以教师读书会为研究对象的项目更少。因此,加强对我国现行读书会和教师读书会活动的支持,是值得阅读推广相关单位和工作人员关注思考的问题。

(三)多方协同与"图书馆+"思维:对教师读书会支持系统的重新审视与构建

无论哪一次教师读书会,有活动主办单位和工作人员的支持和策划,还离不开学校各个部门的支持和协助。首先,活动前需要调研教师需求、场地及其所需物品准备;其次,活动后案例总结,经费报销,活动效果的评价收集,都需要学校各个部门的支持和协助。即便是校内的教师读书会,活动的支持也是一个"图书馆+"的模式。图书馆应该借鉴"互联网+"思维模式,把"图书馆+"的思维把握好,这不仅有利于教师读书会活动的顺利开展和发展,也有利于图书馆各类工作的开展。

(四)提升承办馆员能力:教师读书会质量提升的迫切需求与实现路径

图书馆主办教师读书会,图书馆工作人员要承担一切会务工作,这对传统意义上的图书馆常规工作提出了较大的挑战。它不仅需要一次活动的策划,还需要根据活动的开展,进行需求调查,甚至是活动的升级策划。因此,教师读书会对工作人员的素质要求很高,既要熟悉高校图书情报领域的阅读推广工作,又要掌握读书会开展的历史和现状;既要具有良好的专业素养,又要具有良好的沟通能力、协调能力。当前从事开展教师读书会的工作人员很少,缺乏行业规范和指导,馆员自发学习组织举办教师读书会相关活动,往往根据个人的思考和设想,工作起来比较吃力。

(五)构建长效机制,推动教师读书会持续发展:制度保障与实践探索

在教师读书会实践中,很多喜欢读书的师生都已经明确提出对教师读书会的拓展需求。教师读书会作为提升教师专业素养、促进学术交流与知识创新的重要平台,其持续、健康发展对于学校及教师个人成长具有深远意义。然而,在实践中,教师读书会往往面临着活动短暂、效果不持久等问题。因此,构建长效机制,从制度层面为教师读书会提供持续支持与保障,同时结合实践探索有效的活动模式与策略,成为推动教师读书会持续发展的关键。

1. 建立教师读书会制度

教师读书会可以作为辅助学校学生人才培养目标和双师型教师培养目标的功能性活动,作为图书馆的一项常规工作进行,制定相应的工作要求和制

度。图书馆的教师读书会有两种类型：一是教师作为被服务对象的读书会活动；二是教师作为服务者，学生作为被服务对象的分专业阅读指导类型的读书会活动。在这两种类型的促生和推动下，教师读书会的数量和规模将不断增多和扩大。如果没有良好的制度保障，将会导致教师读书会没有生存和发展的标杆和动力。

2. 建立教师读书会运营机制

目前，重庆工商职业学院的教师读书会，是图书馆策划和主办，由各院系教师负责召集的运行机制。在这种活动机制下，图书馆提供了活动的场地、经费、策划、会务，教师只需要运用自己的知识储备来完成读书会的内容提供即可。"图书馆搭台，教师唱戏"，目前受到院系老师的欢迎，但是也有很多需要进一步完善的地方。比如，对活动召集的主要参与教师而言，这是他们对学校工作的支持与付出，但教师付出的劳动计量，相应的劳务补偿，或者结合教师个人成长和职称晋升等方面的需求给予一定证书奖励或者材料认定，都需要明确化。

3. 建立教师读书会支持机制

教师读书会从创办之初，其主要目的就是服务学校教师和学生，辅助学校教师培养目标和学生培养目标。没有学校的支持，图书馆教师读书会的发展规划做得再好、制度再完备、运行机制再有效，也都无法长期顺利实施，因为图书馆的财力、物力、人力毕竟有限。所以图书馆必须力争教师读书会的工作得到学校和领导的大力支持。教师读书会的长期举办也需要校内资深的教授、学术新秀、教学能手等学术和业务能力较强的教师支持。

4. 建立教师读书会成果固化制度

每次教师读书会，活动组织的教师都会投入很多精力去思考、去准备，活动过程中产生的知识创新信息都是老师辛勤的劳动成果，如果不能很好地存储、保存、传播，对参与教师来说将是很大的损失和遗憾，阅读活动的历史传承、推广、参考的价值也会大打折扣。图书馆的网站宣传和微信宣传虽然有一些零散的电子记录资源，但是具有碎片化、零乱化的数字特征。因此，教师读书会活动应该以次为单位进行活动总结和反思，以年为单位形成活动总报告，电子版和纸质版年报告都应该有，报告也应该归档存储。

5. 建立教师读书会需求调研和征集制度

对教师和学生需求点的挖掘，意义相当大。任何活动的参与，都需要对参与人负责，对其有用，参与人才愿意付出辛勤劳动和汗水，才能在活动中发挥积极的作用，活动也才能取得长效发展。一方面，这需要图书馆工作人员不断调研挖掘教师和学生的需求点；另一方面，还需要有需求的教师能积极表达个人或团体的需求，只有这样活动组织者和活动对象彼此了解，活动才有群众基础和生命力。从教师和学生中来，到教师和学生中去，让教师读书会办成真正意义上的教师和学生的读书会。

通过以上对重庆工商职业学院教师读书会进行的深入探讨，我们不难发现，教师读书会在推动阅读推广服务、提升教师专业素养方面发挥着不可或缺的作用。通过实证研究，我们既见证了教师读书会所取得的显著成效，也剖析了其中存在的问题，为未来的优化策略提供了方向。教师读书会不仅促进了教师群体内的阅读氛围和知识共享，更为提升教育教学水平奠定了坚实的基础。重庆工商职业学院的实践案例，无疑为其他学校开展相关活动提供了宝贵的借鉴。展望未来，我们希望教师读书会能在阅读推广方面做得更好，让更多的教师参与进来，共同提高教育教学水平，为社会培养出更多优秀的人才。

第五章　面向教学支持的分专业阅读推广

阅读，这一历经时代洗礼而沉淀的智慧活动，始终是提升个人修养和精神境界的基石。在新时代背景下，国家对教育的愿景愈发明晰——追求从教育大国向教育强国的质的飞跃。本书强调，大学师生的专业成长需依托深度的"专业阅读"，这种阅读不仅限于知识的积累，更关乎批判性思维与专业洞察力的培养。信息技术的飞速发展，无疑为信息的获取和处理带来了前所未有的便捷，但随之而来的信息过载也给教师和学生带来了不小的挑战。在海量信息的包围下，教师和学生不仅要避免迷失方向，还要抵御由此引发的焦虑和疲惫。专业信息的筛选和整理，不仅需要付出经济上的开销，更需投入宝贵的时间和精力。

在这种背景下，快餐式阅读的兴起虽有其时代必然性，却也暴露了其局限性——它往往导致对知识的浅尝辄止，难以触及更深层次的理解。因此，如何引领教师与学生深入专业阅读，如何通过专业阅读促进师生的专业成长，成为高校图书馆及整个教育界要共同面对的课题。这不仅是图书馆工作人员的责任，也是教育者和学习者共同的探求。

第一节　分专业阅读推广的概念与背景

随着知识的不断细化和深化，分专业阅读推广作为一种新兴的阅读指导方式，逐渐受到人们的广泛关注。它通过结合读者的专业领域和兴趣，为其推荐更加精准和有价值的读物，旨在提高阅读的专业性和针对性。本节将深入探讨分专业阅读推广的基本概念、背景以及不足，以期为读者提供一个全面而深入的理解框架，引领读者进一步认识和把握这一阅读推广新趋势。

一、分专业阅读推广的概念与解读

（一）分专业阅读推广的概念

要准确界定"分专业阅读推广"的概念，我们首先需要深入理解"专业阅读"的本质含义，即特定专业领域内的系统性、深度阅读。随后，必须明晰"分专业阅读推广"这一概念的逻辑边界和核心要素，包括其针对性、专业性及推广的普适性和策略性。只有在充分探讨并明确了这些基础要素之后，我们才能构建出一个更为精确、全面的"分专业阅读推广"定义，以指导相关实践活动的有效开展。

1. 专业阅读

对教师和学生而言，专业阅读是他们专业学习和专业成长的主要门径之一，因此教师和学生需要的阅读是不同于一般意义上的阅读，本书将其定义为"专业阅读"。这跟被定位为"休闲阅读"的一般意义上的阅读，从概念上区分开。

2. 分专业阅读推广定义的逻辑限定

范并思教授认为"阅读推广"和"阅读指导"同属于阅读推广理论下的两个基础概念[①]。刘时容副研究馆员认为，阅读推广是广义的阅读指导，阅读指导是狭义的阅读推广[②]。借鉴以上定义，本书中分专业阅读服务推广工作，具体到某一个专业的或者某一次具体的阅读推广工作，可以称为分专业阅读服务指导；从图书馆阅读推广工作总视角，把不同专业、不同时间的阅读指导活动，统称为"分专业阅读服务推广"，这是分专业阅读推广定义的逻辑限定。

3. 分专业阅读推广概念

高校图书馆的"分专业阅读推广"，立足于图书馆的专业图书、数字资源、工作人员等，服务各专业教师和学生，以"引导专业阅读、指导专业阅读、服务教师教学、助力学校人才培养"为宗旨，让高校专业教师在完成教学任务之余，到图书馆来开展分专业阅读指导活动，将个人专业阅读、学习、研究方法等通过图书馆的阅读推广服务，再运用于具有专业学习需求的学生培育上，使学生在个人专业学习上具有更明确方向、更具体的方法、技巧和具体路径。图书馆以此协助教师教学，帮助学生阅读和学习，让学生更加明确专业阅读的方向和具体路径，加速师生专业发展进程，辅助学校提高人才

---

① 范并思. 阅读推广的理论自觉 [J]. 国家图书馆学刊，2014，23（6）：3-8.

② 刘时容. 且为繁华寄书香：高校图书馆阅读推广理论与实务 [M]. 北京：新华出版社，2018：121.

培养质量提升。

这个定义把图书馆以专业化的服务方式推广阅读这一本身的职能剥离出去，仅从满足"不同专业读者需求特征"和"细分读者需求的角度"来界定"分专业阅读服务推广"。"分专业阅读服务推广"最明显的特征是"馆员＋专业教师"联合和"教学支持"的作用。

（二）分专业阅读推广概念的解读

分专业阅读推广的概念主要包括以下要素。

1. 图书馆

图书馆是分专业阅读推广工作的基础，馆员是图书馆专业阅读推广的工作人员。馆员搞好文献调研、工作思考、环境考察是分专业阅读推广工作的出发点，馆员通过教师读书会等活动不断与专业教师进行交流和讨论，把图书馆的工作与教师的教学和学生的学习联系起来进行综合思考。图书馆怎样在教师、资源、学生之间架起一座桥梁，怎样参与高校育人工作或者说拓宽专业教师育人途径，这是分专业阅读推广工作的起点和归宿。所以说，图书馆是馆员服务和进行分专业阅读推广工作的场地和舞台。

2. 馆员

在图书馆分专业阅读推广工作中，馆员是运行机制和工作模式的设计者和管理者，是图书馆搞好专业阅读推广的重要因素。馆员制定明确的分专业阅读推广活动总目标、总任务、阶段性计划和年度计划，形成全面规划、有效分解、协同各学院、符合本馆现实需求、持久开展的方案。馆员进行阅读推广工作的顶层设计和工作的管理，对资源、人才、服务的管理和调整，就是执行图书馆的工作和任务。专业的图书馆阅读推广的核心是供给，图书馆分专业阅读推广工作更是如此。资源供给由图书馆提供，人才和服务的分配和使用则主要由馆员发挥人力资源的作用。

3. 专业教师

在分专业阅读服务推广工作中，教师是分专业阅读推广工作的指导者。强调"专业教师"是阅读推广的指导者，这是因为馆员不宜直接从事阅读推广工作：一是难以证明图书馆员比读者高明；二是因为阅读推广是一种教育活动，而图书馆员往往缺少进行教育活动的资质[①]；三是目前阅读推广工作遇到的瓶颈问题是：即使学生相信可以从阅读活动中获得自己需要的信息或知识，他们仍然不具有足够的动力来参加图书馆的活动。究其原因是学生不确定图书馆的阅读推广活动能带给他们多大收获。阅读活动由其专业老师来指

---

① 王波. 图书馆阅读推广如何体现专业性 [J]. 上海高校图书情报工作研究，2018，28（2）：28.

导，学生对阅读活动的价值认识确定度高、参与度高①。

4. 学生

学生是分专业阅读推广的主要受益者和活动对象。"读什么，怎么读"是目前大学生在阅读方面存在的主要困惑，大学生阅读呈现的是"放羊式"的状态。缺乏有效指导和引导也是造成大学生"浅阅读"与"伪阅读"风气盛行的主要原因。特别是在专业阅读和学习上，对于初入门的学生而言更需要教师的指导和引导。

以上详细阐述了"分专业阅读推广"的概念，并对其包含的要素进行了解读，强调了图书馆、馆员、专业教师及学生在这一过程中的角色与作用。分专业阅读推广立足于图书馆资源，由馆员设计管理，专业教师指导，主要针对学生进行，旨在满足不同专业学生的需求，提升阅读的专业性和深度，加速师生专业发展，提高学校人才培养质量。

二、分专业阅读推广的背景

（一）研究背景

在社会运行中，高校被视为社会文化艺术和科学技术的培育和发源地之一。因此，在普遍的社会共识中，高校不仅被看作引领社会文化艺术和科学技术的重要机构，同时也被视为引领社会阅读和学习风尚的机构。然而，国内图书馆行业的阅读推广却呈现出一种独特的现象：尽管高校图书馆的阅读推广是全民阅读推广的一部分，但其往往更多地受到全民阅读推广的影响，而非作为引领力量。近年来，高校图书馆的阅读推广活动常常以全民阅读推广的要求为风向标，这在一定程度上弱化了其对高等教育教学的服务效果。

考虑到高校不同专业的人才培养目标各异，师生在研究和学习过程中关注的焦点也各不相同。因此，适应不同专业的需求，有针对性地开展阅读服务，成为高校图书馆在阅读服务岗位上的重要职责和任务。为了更好地服务于高校的人才培养，高校图书馆需要审视社会发展和读者服务的新要求，对传统阅读服务工作进行转型和变革。

如果一所高校图书馆仅仅关注文献的发现、采集和整理，而不积极地寻求方法以培养读者的阅读兴趣和习惯，帮助他们掌握阅读方法和技巧，提升他们的阅读选择能力，以及提高阅读的数量和质量，那么这样的图书馆仍然局限在藏书楼或传统图书馆的理念中。图书馆与专业教师联合探索专业阅读推广的目的正是主动规划和实施分专业阅读推广服务，积极培养学生的专业

---

① 刘时容. 且为繁华寄书香：高校图书馆阅读推广理论与实务 [M]. 北京：新华出版社，2018：129.

阅读兴趣和习惯，帮助他们掌握专业阅读的方法和技巧，从而提高他们的专业阅读数量和质量，进而提升学生的专业阅读和学习能力。

（二）实践背景

在国际上，已有一些高校图书馆在阅读推广方面进行了有益的尝试。例如，密歇根大学图书馆采取与教师合作推荐书目供学生读者阅读。辛辛那提大学图书馆依据学生的需求设置服务，提供信息检索服务，帮助学生增加对专业图书的阅读兴趣。新加坡南洋理工大学图书馆建立学科屋、学科图书馆博客，通过按类编制新书目、书评和学科指导，引导读者对专业文献资料进行深层次阅读。哈佛大学图书馆设置了"Teacher Reasource"栏目，专门为教师提供教学资源。斯坦福大学图书馆指导教师将图书馆课程资源嵌入教学，为学生设置相关的课程检索作业，提高师生的信息素养教育。这些实践表明，高校图书馆可以通过与专业教师合作，更好地满足学生的专业阅读需求。

在国内，许多高校图书馆也举办了分专业阅读推广活动。北京大学图书馆举办教学类书籍阅读推广活动，将满足教学科研文化传承与创新视为其主业，把休闲消遣类图书阅读推广视为其副业[①]。清华大学图书馆针对各专业服务对象的特点，从形式、内容、途径上进行资源建设和信息整合，开展与学科专业密切联系的服务，并发展为法律图书馆、经管图书馆和建筑图书馆等6个专业图书馆。上海交通大学图书馆创建了"三元互动"阅读推广模式，对学生读者进行了阅读前、阅读中、阅读后三个阶段的专业干预。对本科生和研究生层面的阅读服务进行尝试，通过阅读活动干预读者阅读行为，探索介入帮助读者在专业阅读学习方面的指导。广州商学院图书馆根据学科专业科研教学要求，以自身的馆藏资源为主，以外部资源链接为辅，依托互联网、计算机和语义关联技术，将馆藏资源与学科专业知识进行集成与关联，发展学科专业阅读推荐数据库及管理机制，方便专业科研教学资源的检索与获取，推动了资源利用与专业阅读的共同发展。广东省海洋工程职业技术学校图书馆，为了正确引导职业院校学生阅读兴趣、培养阅读习惯和专业学习的信心，与学校课程设置和国家专业技能资格考试要求相结合，进行了"分专业阅读推广"活动，取得了良好的效果。

三、基于研究与实践背景的分专业阅读推广的不足

尽管国内外高校图书馆的阅读推广活动如火如荼，形式多样且内容丰富，但有些活动过于追求创新性和多样性，却未能充分考虑不同层次、不同群体

---

① 王丹，范并思. 图书馆阅读推广基础理论流派及其分析 [J]. 大学图书馆学报，2016，34（4）：23–29.

读者的阅读需求和阅读习惯。这导致许多阅读推广活动虽然形式广泛，但最终往往流于形式，效果不佳。其主要表现在以下 4 个方面。

1. 休闲阅读与专业阅读推广的错位

国内阅读推广开展之初，其定位是全民的"休闲阅读"，高校图书馆在开展阅读推广工作之初移植了这一理念，并以此指导阅读推广工作至今。"休闲阅读"理念下高校图书馆的阅读推广，不能充分有效地服务于高校内各专业的教学和人才培养，必须进行创新和改革。当前高校图书馆的阅读推广活动受到休闲阅读理念的深远影响，这种影响在一定程度上导致推广活动的表面化和娱乐化。尽管休闲阅读有其存在的合理性，但对于高校图书馆而言，其主要职责是服务于高校的教学和人才培养，因此，专业阅读推广的重要性不容忽视。然而在实际操作中，由于未能充分平衡休闲阅读与专业阅读的关系，使推广活动的效果往往不尽如人意。

2. 专业阅读推广服务的不足与挑战

尽管高校图书馆已经意识到专业阅读推广的重要性，但在实际操作中仍面临诸多挑战。首先，图书馆员的专业素养和知识储备不足，难以提供有针对性的专业阅读推广服务。其次，图书馆在资源整合和技术应用方面仍需加强，以提高推广活动的效率和质量。最后，由于缺乏统一的标准和评价体系，使推广活动的效果难以准确衡量和持续改进。

3. 分专业阅读推广概念内涵的模糊与实践的初级阶段

目前，对于分专业阅读推广的概念内涵，学术界和实践界尚未形成统一的认识。这导致在实践过程中，推广活动往往缺乏明确的目标和定位，难以形成有力的品牌效应。同时，由于分专业阅读推广仍处于初级阶段，缺乏成熟的实践成果和完整的实践体系，使推广活动的效果难以保证。

4. 高校图书馆职责与高校人才培养目标的契合度不足

高校图书馆作为高校的重要组成部分，其职责是为教学和人才培养提供有力的支持。然而在实际操作中，由于未能充分契合高校的人才培养目标，使图书馆的阅读推广服务往往偏离了正确的方向。为了提升推广效果，高校图书馆需要深入了解各专业的人才培养目标，有针对性地开展专业阅读推广服务，以更好地服务于高校的人才培养工作。同时，还需要加强与教师和学生的合作与交流，共同推动阅读推广活动的深入开展。

以上详细探讨了分专业阅读推广的概念、背景及其在实践中的不足。分专业阅读推广旨在结合读者的专业领域和兴趣，为其推荐更加精准和有价值的读物，以提高阅读的专业性和针对性。这一概念主要包含图书馆、馆员、专业教师和学生四个要素，其中图书馆是基础，馆员是设计者和管理者，专业教师是指导者，学生是主要受益者和活动对象。在实践中，国内外高校图书馆已经进行了一些分专业阅读推广的尝试，如与教师合作推荐书目、建立学科屋、将电子资源整合到课程中等。然而，这些实践仍处于初级阶段，存在一些问题和不足，如休闲阅读与专业阅读推广的错位、专业阅读推广服务的不足与挑战、分专业阅读推广概念内涵的模糊与实践的初级阶段及高校图书馆职责与高校人才培养目标的契合度不足等。为了提升分专业阅读推广的效果，高校图书馆需要明确其定位和目标，加强与专业教师的合作，深入了解学生的需求，有针对性地开展推广活动。同时，还需要加强馆员的专业素养和知识储备，提高资源整合和技术应用能力，建立统一的标准和评价体系，以不断完善和提升分专业阅读推广服务的质量和效果。

总之，分专业阅读推广是高校图书馆阅读推广服务的重要方向之一，有助于提升读者的专业素养和阅读能力，促进高校人才培养目标的实现。然而，在实践中仍需不断探索和完善，以更好地服务于读者和高校的发展需求。

第二节　分专业阅读推广模式与管理

在当今信息爆炸的时代，阅读不仅是获取知识的重要途径，更是提升个人专业素养和核心竞争力的关键。然而，面对浩如烟海的专业书籍和文献，如何有效地进行专业阅读，成为许多学生和图书馆阅读推广面临的难题。为了解决这一问题，分专业阅读推广应运而生。通过针对性的阅读推广模式和精细化的管理，分专业阅读推广致力于帮助学生和从业者更高效地获取专业知识，提升阅读能力。本节我们将深入探讨分专业阅读推广的模式、运行与管理以及流程，以期为专业阅读推广的实践提供有益的参考和借鉴。

一、分专业阅读推广的模式

（一）分专业阅读推广方案

实施分专业阅读推广，馆员要根据学校发展及人才培养方案、当前社会生产力及信息技术发展现状、学生的发展及专业阅读需求，制订分专业阅读推广方案，运用现有的信息技术和资源，从线上、线下同时开展分专业阅读推广活动。

（二）分专业阅读推广线上活动

1. 专业教师组织建立专业阅读微信群或 QQ 群

馆员根据专业教师的需求，采购专业资源，如纸、专业图书、期刊、报纸等。专业教师负责线上专业阅读群的组织、管理，以及专业阅读资料的提供和阅读活动的安排，引导和指导学生完成行业经典作品的阅读和吸收。

2. 馆员在图书馆微信公众号开辟专业阅读专栏

专业教师阅读指导活动开展以后，活动原生资源移交给图书馆，馆员在图书馆公众号开辟的专业阅读推广线上读书活动专栏中，按照一定的周期发布各个专业阅读活动的成果，形成专业阅读氛围，积极分享专业阅读成果。

（三）分专业阅读推广线下活动

专业教师每学期开展一定次数的专业阅读技能指导线下课堂，可以选择一种方式进行开展。

1. 沙龙式

专业阅读自由交流的沙龙由图书馆工作人员和专业教师共同组织完成。①共读式。专业教师推荐经典资源，引导学生共读，再组织大家利用一个时间互相交流分享心得，引领学生不断成长。②研讨式。确定研讨主题，围绕主题大家去阅读相关的资料后，再组织大家一起充分探讨，畅所欲言。参加者既是提问者，也是问题的探究者和解答者。以期达到汲取精华、不断深入的目的。

2. 讲座式

专业阅读指导讲座由图书馆工作人员和专业教师共同组织完成。①专业教师讲座。专业教师就自己平时的专业资料阅读技能、专业资料获取渠道、专业信息收集方式等向学生做汇报讲座。教师是具备胜任这项工作资质的合适人选，教师系列、专项讲座是完成这项工作任务最合适的方式。②优秀专业学生或行业精英讲座。也可以邀请各专业优秀的学生、行业内精英进行专题讲座等。充分发挥朋辈互染，精英引领示范的作用，激励学生开发自身潜能。

二、分专业阅读推广的运行与管理

（一）分专业阅读推广的运行机制

机制，是各要素之间的结构关系和运行方式。机制在社会学中的内涵可以表述为"在正视事物各个部分的存在的前提下，协调各个部分之间关系以更好地发挥作用的具体运行方式。"分专业阅读推广运行机制，就是分专业阅读推广执行组织驱动图书馆、馆员、专业教师、学生各要素之间的结构关系的运行方式。分专业阅读推广运行机制，在正视分专业阅读推广工作目标和各要素现实情况的前提下，分专业阅读推广委员会协调图书馆、馆员、专业教师、学生之间的需求与供给，保证分专业阅读推广工作有序、持续、稳定、协调、高效地实施，并顺利完成阅读推广的目标任务。

在分专业阅读推广运行机制中，分专业阅读推广委员会起管理者和驱动者的作用，图书馆起基础供给作用：一是供给资源，包括馆藏、空间、舞台等；二是供给人才，组织校内和校外有资质的专家、学者或者阅读推广人到图书馆开展阅读推广活动；三是供给服务，为阅读推广人提供空间舞台的环境布置、广告宣传、流程设计等服务[①]。馆员是图书馆资源的一部分，在分专业阅读推广运行机制中执行图书馆的工作任务，代表图书馆协调和管理资源、人才、服务、资金等，保证活动稳定、持续、顺畅地进行。教师是分专业阅读推广工作的阅读指导者，在馆员策划和设计分专业阅读推广活动之后，根据活动需求和现实基础，选择分专业阅读推广需要的优秀目标人才。学生是整个活动主要的服务对象，学生专业阅读能力的提高和专业技能的提升是活动的主要目标。在分专业推广运行机制中，分专业阅读推广委员、图书馆、馆员、教师、学生之间的关系是相互依存、相互需要、协同发展的辩证统一关系（如图 5-2-1 所示）。

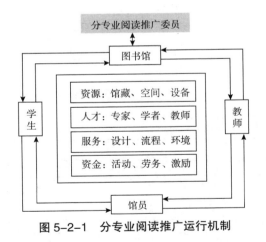

图 5-2-1　分专业阅读推广运行机制

（二）分专业阅读推广活动数据存储的管理

据中国图书馆学会阅读推广委员会大学生阅读推广专业委员会、阅读与

---

① 王波. 图书馆阅读推广如何体现专业性 [J]. 上海高校图书情报工作研究，2018，28（2）：28-33.

心理健康专业委员会及河南省图书馆学会阅读推广委员会联合开展的高校图书馆阅读推广问卷调研——《大学生阅读暨高校图书馆阅读推广问卷调查报告》来看，国内已有的阅读推广文献缺少阅读推广活动的组织数据，无法较为系统、全面地了解阅读推广活动的组织开展情况；也缺少图书馆内部管理数据，无法从组织管理的角度，深入了解现阶段阅读推广工作与图书馆日常业务工作的关系[①]。

自分专业阅读推广活动进入实践以来，活动的组织数据较为系统、全面地保存，以便图书馆领导和同行了解该项阅读推广活动的组织开展情况。活动的图书馆内部管理数据也较为系统、全面地保存，图书馆领导和同行能从组织管理的角度，深入了解现阶段该项阅读推广工作与图书馆日常业务工作的区别与联系。数据记录要求见表5-2-1、表5-2-2。这些数据不仅是该项阅读推广工作的真实记录，还是该项工作人员进行工作回溯、审查、评价、反思的重要依据，对这项工作持续进行和深入发展具有坚实的指导意义，对图书馆同行工作借鉴也提供了翔实的、结构化的、行业的一手数据。分专业阅读推广活动数据存储体系包括：策划案、参考文献、通知及新闻稿、活动记录单、活动照片和音视频等，数据存储要求包括：数据的内容范围、格式、类型等。

表 5-2-1　分专业阅读推广活动组织数据记录要求

序号	文件类	数据格式要求	数据内容范围
1	策划案	Word/PDF 格式	目的、形式、专业、合作教师等
2	参考文献	Excel 格式	活动中用到的文献著录列表
3	通知、宣传	Word/PDF 格式	每次活动发布的通知等
4	活动记录单	Word/PDF 格式	活动名称、时间、地点、参与人数、内容、效果、反思
5	原生成果	Jpg/mp3/mp4 格式	照片、音频、视频等

表 5-2-2　分专业阅读服务推广活动管理数据记录要求

序号	文件类	数据格式要求	数据内容范围
1	工作团队	Word/PDF 格式	专业、领导、成员、合作教师等
2	工作量	Excel 格式	每次活动工作量记录
3	活动经费	Excel 格式	每次活动经费支出记录
4	活动效果	Word/PDF/Excel 格式	活动后定性、定量测评记录，效果反思记录

---

① 岳修志. 基于问卷调查的高校阅读推广活动评价 [J]. 大学图书馆学报，2012，30（5）：101-106.

三、分专业阅读推广的流程

馆员与专业教师达成共识后走进专业课堂，了解到教师和学生的真实需求，形成分专业阅读推广工作的顶层设计方案，适时推进活动的实施，随时提供相应的服务、经费结算，注重活动过程的参与和观察，重视活动数据的保存和存储，为活动效果的定性和定量测评埋下伏笔，为活动实践的理论研究奠定良好的基础。经过探索逐渐形成分专业阅读推广运行流程，如图 5-2-2 所示。

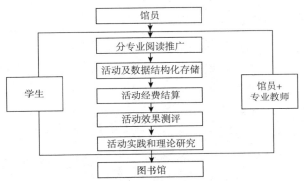

图 5-2-2　分专业阅读推广工作流程

在以上的流程中，图书馆员与专业教师之间的合作是开展分专业阅读推广活动的关键。以下是对这一合作流程的阐述，并对每个环节和要素进行解读与说明。

1. 达成共识

图书馆员与专业教师首先需要就合作的目的、意义和价值达成共识，确保双方对推广活动有共同的理解和期望。这一步骤是合作的基础，通过沟通明确双方的责任和角色，确保后续工作的顺利进行。

2. 走进专业课堂与需求调研

图书馆员与专业教师共同进入专业课堂，与学生互动，深入了解他们的阅读需求和兴趣点。通过实地观察和与学生交流，收集第一手资料，为后续的阅读推广活动设计提供重要参考。

3. 形成顶层设计方案

根据需求调研结果，图书馆员与专业教师共同制订分专业阅读推广的顶层设计方案，明确活动的目标、内容、形式等。顶层设计方案是推广活动的蓝图，确保活动有针对性、可操作性和可评估性。

4. 活动实施与推进

按照顶层设计方案，图书馆员与专业教师共同推进活动的实施，包括资源准备、宣传推广、活动组织等。在活动实施过程中，双方需要保持密切沟通，根据实际情况及时调整活动策略和内容。

5. 提供服务与经费结算

图书馆员负责提供活动所需的服务支持，如阅读指导、资源推荐等，并与专业教师共同处理活动经费的结算工作，确保活动过程中有足够的资源支持和经济保障，提高活动的质量和效果。

6. 注重过程参与和观察

图书馆员与专业教师在活动过程中积极参与和观察，收集师生的反馈意见，了解活动的实际效果。通过参与和观察，可以及时发现活动中存在的问题和不足，为后续的改进提供参考。

7. 数据保存与效果测评

重视活动数据的收集、整理和保存工作，包括参与人数、阅读量、满意度等，为活动效果的定性和定量测评提供数据支持。数据是评估活动效果的重要依据，通过科学的数据分析可以客观地评价活动。

8. 形成运行流程

经过一系列的实践和探索后，图书馆员与专业教师逐渐总结出分专业阅读推广的运行流程，固化合作经验。运行流程是合作成果的体现，为未来的推广活动提供可借鉴的经验和模式。

这一流程不仅确保了推广活动的顺利进行和有效实施，还为活动的持续改进和优化提供了有力的支持。通过图书馆员与专业教师的紧密合作和共同努力，分专业阅读推广活动可以更好地满足师生的阅读需求，提升他们的阅读素养和综合能力。

第三节　分专业阅读推广实证研究

为积极传播阅读的价值理念，切实培养和提升学生的阅读兴趣及阅读素养，进而促进学生的全面发展与专业成长，重庆工商职业学院图书馆自 2018 年起，创新性地建立了"馆员＋专业教师"的分专业阅读指导制度。该制度在阅读指导教师的选拔标准、专业文献资源的遴选原则、阅读计划的制订流程、分专业阅读的总结报告机制、档案资料的规范化管理，以及阅读效果的评估与反馈机制等方面，进行了深入细致的探索和实践，积累了丰富的理论知识和实践经验。

经过不断的探索和完善，重庆工商职业学院图书馆逐步形成以"馆员＋专业教师"为核心特色的分专业阅读推广模式。在全面探讨了该模式的理论基础、运行机制和管理策略后，我们进一步聚焦于其实践成效。作为分专业阅读推广的先行者和重要实践者，重庆工商职业学院图书馆的实践成果与经验，无疑为其他图书馆的阅读推广工作提供了宝贵的参考和借鉴。

一、分专业阅读推广实践活动与效果测评

（一）分专业阅读推广实践活动的主要内容

重庆工商职业学院的分专业阅读推广实践是指图书馆针对不同学科专业的学生，开展有针对性的阅读推广活动。这种实践活动的目的是提高学生的专业素养和阅读兴趣，促进学生全面发展。图书馆分专业阅读推广工作，经历了多年的探索和实践，其具体做法包括以下 3 个方面。

1. 馆员与专业教师联手，共推分专业阅读新高度

分专业阅读推广工作，把图书馆阅读推广工作与学校的专业设置、专业教师联系起来以后，就形成"馆员＋专业教师"的阅读推广方式。阅读推广工作本身的实质意义是，馆员针对读者及其需求而开展的阅读推介和阅读指导，这就需要馆员对目标群体进行观察、访谈、调查等，从而获得客观真实的一手数据。"馆员＋专业教师"的组合推广身份，为这个调研过程节约了时间和精力成本，却让这个调研更客观、便捷、准确、高效。分专业阅读推广工作，不但需要具有全局意识和深厚专业知识的馆员，还需要具有深厚专业素养和良好职业精神的教师。分专业阅读推广活动取决于图书馆员的沟通协调能力、合作共事能力、指导驾驭能力、专业把控能力；分专业阅读推广工作的长期、持续、稳定发展则取决于专业教师的重视和支持力，特别是专业教师专业阅读指导力。

2. 强化"第二课堂"功能，深化分专业阅读推广效果

传统的教学模式注重课堂教学和实训实验，除正式的课堂之外，校园活动中最多的是社团活动，社团活动作为学生的"第二课堂"在校园内开展得较多。学校较少关注到图书馆作为学生的"第二课堂"的作用，教学改革成果中也很少有教师注意到图书馆作为学校的文献中心、信息中心、阅读服务中心，辅助教学"第二课堂"的重要作用。分专业阅读推广，针对当前教学

过程中图书馆"第二课堂"作用发挥不足的现状，进行诊断与改进，充分发挥其分专业阅读推广指导"第二课堂"的作用，促进学校教学质量保障体系的完善和发展。

3. 实施专业阅读推广，助推教师专业与教改双提升

以"分专业阅读推广"为主要特征的图书馆"分专业阅读推广"工作，促进教师自身专业阅读的强化，也促进教师教学改革的发展。图书馆阅读推广强调主动地、创造性地通过新的服务，或不同形式的阅读活动，吸引教师和学生参与阅读。图书馆则借此介入教师的教学研究和学生的课程学习中，利用资源和服务促进教师和学生的专业发展。在这个过程中，专业教师原有的专业知识和专业技能，更快速更充分地输出，倒逼教师加速完善和丰富自身专业知识和素养，这正好弥补传统教学模式的不足，促进了教师的专业研究和教学工作改革的深化和发展。

（二）分专业阅读推广活动效果测评

利用成果实施多年的过程数据，对分专业阅读推广活动进行成本效益评估，意义深远。通过评估发现问题，总结经验，更好地指导活动实践。为了避免评价主体单一导致的评价结果偏颇，进行定量、定性的多方位和多维度评价。

1. 学生客观定量测评

（1）参与活动对象年度纵向对比测评。通过对重庆工商职业学院 2017 至 2019 年活动前后的学生问卷调查表和学生活动记录数据，从学生的参与数量、到馆次数、阅读兴趣、知识技能、参与兴趣、参与满意度等，对参与活动对象年度纵向对比数量进行测评，如图 5-3-1 所示，随着分专业阅读推广工作的推进，学生的参与广度、参与深度、参与活动意愿逐渐增加。

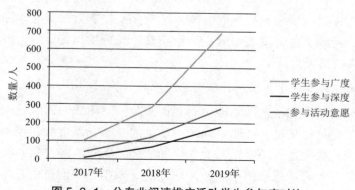

图 5-3-1　分专业阅读推广活动学生参与度对比

（2）参与活动对象与未参与对象横向对比测评。参与活动对象与未参与对象横向对比测评是 2019 年期末，采取问卷调查的形式，锁定 2017 年最初参与活动的同专业 86 人，选取未参与活动的同专业 86 人，为活动横向对比测评对象。整理 172 份问卷后，得出测评结果如图 5-3-2 所示，参与活动的学生在阅读数量、读书笔记、学习成绩、自我评价、学年计划、职业规划这些指标分析上的表现均好于未参与的学生。

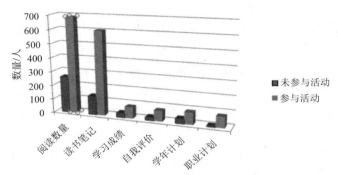

图 5-3-2　分专业阅读推广参与学生与未参与学生横向对比

2. 教师主观感受定性测评

（1）参与活动前。对分专业阅读推广活动的专业教师进行访谈，教师认为参与这项工作前，教师对自己的专业发展具有焦虑感，对工作任务的认识徘徊在教学课时顺利完成的高度，对自己科研成果积累和职称晋升也处在期望值高低起伏的状态。

（2）参与活动后。教师受到图书馆的邀约，参与这项工作后，受到图书馆的特别重视和尊重，参与的是辅助自身教学的工作，跟学生的接触更多，特别是个人专业学习和阅读方法这些以前没有整理提炼的隐性知识得以系统加工，并传授给学生。虽然这个过程加重了专业教师的工作量，但这个过程也倒逼教师加快自身专业发展，收获了传统课堂教学之外的成果，积累了个人科研素材，对个人的职业发展有了更大的希望和更高的目标。

3. 学校客观视角定性测评

（1）为学生实现专业知识的有效积累。在分专业阅读推广活动标准记录单中，从活动后学生阅读体会和学习感受的反馈记录来看，学生在分专业阅读推广活动中能不断积累专业知识，紧跟教师教学课程和社会发展，将课本知识和社会对该专业发展的需求结合起来。这能弥补原有课程教育专业阅读资料的不足、不新、补充不及时的现状，有利于学生阅读效率和阅读技能的提升，使学生所学专业知识结构更加完善。将读书所得运用于实践，推进课程改革，有效改进自己的学习程序和知识结构，使所学知识和社会要求尽量保持较近的距离。

（2）为学校营造良好的学习氛围。通过收集教师评价和同行评价，大家一致认为分专业阅读推广活动，能营造积极进取、努力学习的校园学习氛围，使教师本身的专业阅读技能、专业阅读习惯、策略、技能，更充分地教给学生，培养学生较强的终身学习、终身思考的自觉意识，良好的学习氛围随之逐渐形成。

（3）为图书馆提供发挥教育功能的具体途径。分专业阅读推广活动，专业教师和图书馆的交流更加紧密和便捷，一改往日图书馆采购回来的专业书籍束之高阁，借阅量不大的局面，在活动中图书馆把专业书籍的采购、借阅等一系列权限对专业教师开放，让专业教师充分利用专业资源，引领学生完成专业资料的阅读和吸收。这使图书馆直接参与、融入学校教学工作和人才培养的工作中来，图书馆教育功能更为鲜明。

（4）积累一批原创数字资源和原生文献。通过分专业阅读推广活动，积累了学生的专业解读音频、师生原创专业阅读思维导图、专业讲座视频、沙龙活动照片和记录等。特别是专业指导老师，经过阅读采集和个人加工，形成了《××专业阅读指导手册》，学生有固定的阅读精选内容或方法指引。阅读推广活动有了稳定的专业指导，便于活动系统开展，也便于学生对阅读内容、策略、方法反复研读和利用。

以上测评数据来自成果实施过程中的数据记录。虽然选取的分专业阅读推广单性质成果对象较为具体，选取读者测评范围固定在实践所在学校，通过以上测评，确实发现分专业阅读推广活动实施以后，推广效果明显提升，阅读推广注重内容推广，持续发展，内涵式发展。具体样本的测评虽不能以一概全，但能证明单个具体成果的效果。

二、分专业阅读推广取得的主要成效

（一）分专业阅读推广，精准破解阅读推广难题

分专业阅读推广活动能营造积极进取、努力学习的校园学习氛围，使教师本身的专业阅读技能、习惯、策略，更充分地传授给学生，培养学生较强的终身学习、思考的自觉意识。

1. 解决了以往阅读推广活动注重形式，内容针对性不强的问题

重庆工商职业学院图书馆以往举办过开学季、毕业季、国家法定节日季、重大事件、世界读书日、晨读活动、征文活动、经典阅读、知识竞赛、阅读马拉松、读者沙龙、同读一本书、图书漂流、讲座、展览、真人图书馆、游

戏类等各种阅读推广活动。活动数量多，种类丰富，规模大，参与人数广，多重视形式推广，较少关注到读者对阅读推广内容的消化吸收。分专业阅读推广针对教师和学生的专业学习和阅读需要，进行分专业阅读指导，能在一定程度上优化读者对阅读推广内容的消化吸收。

2. 解决了以往阅读推广活动注重数量，阅读效率不高的问题

阅读推广活动数量虽然多，但如果读者对推广的内容吸收不了，就达不到好的效果。阅读过程是一个能动的、积极思维过程，不是一个被动的、吸收信息的过程。一般情况下，读者可以根据自身的专业学习、阅读需求、兴趣定制符合自己的阅读计划与目标，实现知识的获取与吸收。但是这种"自觉主动"的行为方式，对高职院校的学生来说具有很大难度。分专业阅读推广活动，从图书馆出发到各个院系和各个专业，有完整的、系统的分专业阅读活动架构，还有一整套引导、监督、管理、激励等机制，激发读者的阅读兴趣，增加读者的阅读数量，增强读者的阅读能力，培养读者的阅读习惯。在系统持续地引导和激励下，自觉主动性较弱的读者，也能在一定程度上达到较好的阅读效率。

3. 解决了以往阅读推广活动难以长期连续开展的问题

在以往的阅读推广活动中，读者并不是主导者，图书馆或馆员才是活动的主导者。在分专业阅读推广活动中，教师和学生是活动的主导者，图书馆和馆员是活动的策划者和组织者。分专业阅读指导委员会和馆员，在阅读推广的过程中，准确定位身份角色，扮演好系统架构者、教育引导者、活动设计者、组织管理者、沟通激励者、反思创新者等多重角色。这为阅读推广活动达到较高质量提供了保障，同时也为活动的系统、长期、连续地开展提供了组织、制度、人才保障。

4. 解决了高职学生专业阅读习惯培养和终身学习理念植入问题

大学生的阅读行为中存在功利性、应试性和浅阅读等问题，需要引领和指导。高校特别是高职院校的阅读推广活动不仅要"授人以鱼"，而且要"授人以渔"，通过阅读指导教会学生阅读，让学生学会进行探究性的、建构性的、能够自我检验和控制的有效阅读方法。阅读的过程不仅是习惯养成和知识探究的过程，还是不断检验和掌握学习方法、提高自学能力的一个过程。馆员和教师对学生进行理论、方法、书目推荐、阅读技能的沟通和传授，引导学生在接受的同时进行再改造和创新。这不仅是培养学生的阅读习惯，在一定程度上也解决了高职学生存在的不爱学习和不会学习的问题，同时把终身学习的理念无缝植入学生内心。

（二）分专业阅读推广，实现了理论价值与实践价值的双重提升

1. 分专业阅读推广的理论价值

以"馆员＋专业教师"和"面向高校专业人才培养需求"为主要特征的分专业阅读推广新模式，从服务教学的角度出发，寻找需要图书馆解决的问题和探索的工作，让高校图书馆自觉从教学辅助部门的定位，切换到参与学校教育教学和人才培养的定位。该模式实施以后，有效协助教师教学，辅助学生阅读和学习，辅助学校 1+X 证书制、精品课程、全员育人、全程育人等高教政策的贯彻和落实，使图书馆参与到高校学术型人才、技能型人才的培养工作中来，加速师生专业发展进程，助力学校人才培养质量提升。

分专业阅读推广模式的实质是细分读者特征、需求等分众的、精细化的、准确度高的阅读推广模式。"馆员＋专业教师"的组合身份，能客观、便捷、准确、高效地掌握学生的阅读需求情况，也使阅读推广工作更专业、更系统、更规范、更可持续。"馆员＋专业教师"分专业阅读推广新模式及其配套的方案、运行机制、工作流程、数据存储体系和标准、评价方案和体系等具有普适性，适合高校图书馆系统化的阅读推广工作，可以推广。

从文献调研来看，图书馆行业内初见"分专业阅读推广"的概念和实践①，但星星之火，尚需发展。按阮冈纳赞图书馆学五定律来说，图书和读者之间保持良好的接触关系，才是最佳状态。应该说随着互联网信息技术的迅速发展，在铺天盖地的融媒体环境下，现阶段的人们面对海量的信息，还没有适应，淹没在信息的海洋里，身心疲惫和焦虑是难以避免的。分专业阅读推广，直接把文献和读者联系起来，节约读者和图书之间相互寻找和磨合的时间。文献和读者之间的关系又在图书馆工作人员和专业教师的引领下，不断互动、不断螺旋发展，并发生良好的作用。实践证明，分专业阅读推广，在图书馆工作人员的踏实认真实践和反思下，有了一定的程序和规则，保证了阅读活动的质量和效果，着实是高校阅读推广方法的实施创新。分专业阅读推广在实践上充分践行了图书馆学五定律的要义，在理论上丰富了高校阅读推广内涵。

2. 分专业阅读推广的实践价值

实践证明，分专业阅读推广在落实国家的全民阅读政策，以及教育部振兴高职教育、实施 1+X 证书制，打造精品课程、全程育人、全员育人等高教政策上，能发挥一定的作用。以"馆员＋专业教师"为特征的分专业阅读推

---

① 刘时容. 且为繁华寄书香：高校图书馆阅读推广理论与实务 [M]. 北京：新华出版社，2018：127–128.

广，在一定程度上丰富了阅读推广理论，深化了阅读推广实践，具有良好的可复制性，适合推广。

（三）分专业阅读推广结硕果，获得研究成果与荣誉双丰收

分专业阅读推广从会计专业阅读指导活动试点开始，逐渐扩展到商务英语、电气自动化、古典诗词、书法、党史等方向，该项活动在学生专业文献阅读、专业证书考试、阅读习惯培养、交流表达能力训练、深度思维能力提升等方面发挥了良好的作用。自分专业阅读推广实施以来，受到师生、学校、图书馆行业的好评，相关研究成果及获奖情况见表 5-3-1。另外，分专业阅读推广从校内走向校外，获得兄弟高校重庆对外商贸学院图书馆的认可和推广使用，使用效果良好。

表 5-3-1　分专业阅读推广获奖情况汇总表

序号	内容
1	2019 年 10 月 16 日—19 日，"中国高职图书馆发展论坛（2019）"在西安召开，重庆工商职业学院报送成果《开展专业阅读指导探索精准阅读服务》荣获 2019 年"中国高职图书馆发展论坛"优秀成果三等奖
2	2020 年 6 月 23 日，重庆市高校图工委科学研究基金项目评审结果公布，重庆工商职业学院图书馆陈靖老师主持申报的《面向高校人才培养需求的专业阅读推广模式探索与实践》获批 2020 年重庆市高校图工委科研基金项目立项，是申报项目中两项重点项目之一，并被推荐纳入重庆市级教改项目重点项目进行管理
3	2020 年 7 月，重庆工商职业学院图书馆报送的成果《高职院校图书馆分专业阅读推广实践》荣获中国图书馆学会举办的 2020 年中国图书馆学会学术论文和业务成果评选活动三等奖
4	2020 年 11 月 18 日，由重庆市图书馆学会、重庆市高校图工委联合开展的第九届学术研讨会论文征集活动评选结果揭晓，重庆工商职业学院图书馆报送论文《"馆员 + 专业教师"阅读推广模式探索》荣获二等奖
5	2021 年 6 月 23 日，重庆工商职业学院图书馆报送的阅读推广创新成果《高职院校图书馆分专业阅读推广》荣获重庆市高校图工委 2021 年图书情报学术成果奖二等奖
6	2021 年 7 月，由教育部高等学校图书情报工作指导委员会高职高专院校分委员会主办的全国高职高专院校图书馆"阅读推广活动策划文案"征集评选活动，重庆工商职业学院图书馆提交成果《"馆员 + 专业教师"阅读推广新模式——在会计专业阅读中的实践应用》荣获二等奖
7	2022 年 1 月，国家开放大学体系图书馆优秀阅读推广成果评选结果公示，重庆工商职业学院图书馆报送的《开展会计专业阅读指导活动，探索师生精准阅读服务模式成果》被评为全国一等奖成果
8	2023 年 2 月，《专业阅读素养》课程在重庆市在线精品课程上线，获得重庆市高校学生 5 000 余人的选修，并于 5 月底完成课程的验收
9	《高校图书馆分专业阅读推广工作研究》《"馆员 + 专业教师"阅读推广模式探索》《国家开放大学图书馆面向教师的服务框架研究——以全国 45 所开放大学部分图书馆为样本》三篇论文发表

三、分专业阅读推广工作的不足与努力方向

（一）分专业阅读推广工作存在的不足

图书馆分专业阅读推广工作，从会计专业阅读推广探索做起，陆续扩展到了商务英语、电气自动化、思政、诗词、书法等专业或方向，经历了多年的探索和实践取得了一定的成效，收获了一批活动资料和成果。但是在工作中也遇到了一些问题，这些问题是当前分专业阅读推广继续重视和面对的，也是分专业阅读推广持续发展所必须解决的，主要表现在以下 3 个方面。

1. 专业教师的工作计量和报酬

在近年来的探索和实践中，专业教师的讲座、指导都是免费提供给图书馆和学生的。短时间内这种不计回报的付出，可以看作教师职业精神可嘉，无私奉献，但长此以往，过多占用教师的精力和时间，工作难免虎头蛇尾。若要长时间坚持下去，需要把这项工作规划为一种制度或者常规工作岗位。专业教师在处理个人所承担的学院本职工作和图书馆的分专业阅读推广的兼职工作时，有了制度的依托，也就有了责任和名分。不至于让教师仅凭热情坚持，不计回报地付出，也让实施者组织工作时避免遭遇尴尬。

2. 原生资源的存储和保存

近年来的探索和实践已经积累了很多原生资源，如活动记录单、学生的专业朗读音频资源，沙龙活动的系列成果照片、讨论记录、视频，讲座活动的成果照片、视频、PPT 等。这些资源的存储需要专门的数据库，按照资源的类型进行存储，便于活动成果的存储、检索、利用。可以说分专业阅读推广工作，亟须图书馆灵活机动的小型专业特色数据库的诞生和发展。

3. 馆员更高的专业素质和能力的提升

分专业阅读推广活动主要取决于图书馆员的沟通协调能力、合作共事能力、指导驾驭能力、专业把控能力。活动的筹备、策划、准备，需要具有全局意识和深厚的专业知识的馆员，把图书馆阅读推广工作与学校的专业设置、专业教师联系起来。每次活动过程中产生的原生态资源的保存和加工，对图书馆员的专业能力提出了较高要求，他们必须掌握现代化的信息采集、加工、组织、保存、保护技能。

（二）分专业阅读推广工作的努力方向

1. 建立合理的专业教师激励机制

为了保障专业教师的长期参与和投入，图书馆应与学校相关部门合作，

建立明确的激励和认可机制。这可以包括将教师在分专业阅读推广中的工作计入教学工作量、提供适当的课酬或奖金，以及在职称评定和表彰中给予相应考虑。同时，通过正式的制度安排，明确教师在这一工作中的角色和职责，为其提供名分和责任依据。

2. 加强原生资源的数字化存储和利用

为了解决原生资源的存储和利用问题，图书馆应着手建立专门的小型专业特色数据库。这需要对现有的原生资源进行数字化处理，如将纸质活动记录转化为电子文档，将音频、视频和照片资源进行整理和标注。同时，数据库的设计应考虑到资源的类型、主题和访问权限等因素，确保资源的可检索性、可访问性和可再利用性。

3. 提升馆员的专业素质和能力

为了满足分专业阅读推广工作的要求，图书馆应加强对馆员的培训和发展。这可以包括定期组织内部或外部的专业培训课程，提升馆员在沟通协调、合作共事、指导驾驭和专业把控等方面的能力。同时，鼓励馆员积极参与学术研究和实践创新，掌握现代化的信息采集、加工、组织、保存和保护技能。此外，建立明确的馆员职业发展路径和激励机制，也是提升馆员专业素质和能力的重要途径。

4. 加强与学校其他部门的合作与沟通

分专业阅读推广工作需要图书馆与学校其他部门（如教务处、各学院等）进行密切合作和沟通。通过定期召开协调会议、建立信息共享机制等方式，共同推进这一工作的深入发展。同时，积极争取学校层面的支持和资源投入，为分专业阅读推广工作的持续发展提供有力保障。

5. 持续跟踪评估与改进

为了确保分专业阅读推广工作的有效性和持续性，图书馆应建立定期跟踪评估机制。通过收集和分析相关数据（如参与人数、活动满意度、阅读成果等），评估工作的成效和存在的问题。根据评估结果及时调整策略和方法，持续改进和优化分专业阅读推广工作。

对教师和学生而言，阅读是他们专业成长和专业学习的主要途径之一。分专业阅读推广，在校内设置一定模式下，为教师提供相对宽松自由的育人平台，为学生提供阅读学习、寻找方向的环境。馆员＋专业教师分专业阅读推广，是高校图书馆在原有服务基础上，利用图书馆的资源和场地，为教师提供服务和帮助，让教师到图书馆来与馆员一起进行阅读指导与阅读推广活动。实践证明，分专业阅读推广工作，能让传统的阅读推广工作，从形式推广走向内容推广，从短期、零散、临时的点状推广走向长期、系统、稳定的线状或面状推广。这既能助力教师自身素质的不断提高，又能助力学校专业人才培养。馆员 + 专业教师分专业阅读推广，应该不失为高校图书馆开展阅读服务和阅读推广的一种有效方法。

　　近年来高校图书馆阅读推广工作逐渐常态化，也存在很多问题，如阅读推广组织机制流于形式、未能精准把握读者的阅读需求，究其原因是当前进行的高校阅读推广活动缺乏系统的整体规划、学生体验不足、缺乏深层次交流。分专业阅读推广，旨在遵循针对性、实用性、及时性与持续性原则和特点，对学生读者分对象、分专业进行指导，按照学生需求定制阅读培训课程或活动，能整体规划，精准把握读者的阅读需求。分专业阅读推广工作还处在探索和发展初期，许多问题还需要不断探索和解决，推广馆员也需要不断地学习。分专业阅读推广工作研究，需要更多同行的指导和帮助。与时俱进地把图书馆工作不断往前推进是图书馆人的愿景和目标，愿图书馆一线工作人员的每一个小小的探索和实践，能让图书馆这个不断生长着的有机体，注入活力，使其生命力更强。

第六章　面向教学支持的高职院校图书馆展览服务

在信息快速迭代的今天，阅读是个人素养提升和知识更新的基石。高职院校图书馆作为教育的中心，承担着激发学生阅读兴趣、增强信息素养和文化修养的重任。图书馆举办的阅读展览，不仅推广了阅读文化，也丰富了学生的校园生活，点燃了他们对学习的渴望和对专业知识的探索。阅读展览提供了一个平台，让学生能够接触新知识、发现新兴趣、交流思想，从而激发他们的阅读热情，促进了自主学习和终身学习习惯的养成。此外，阅读展览还促进了学生之间的交流与合作，通过分享和讨论，加强了他们的社交和团队协作技能。这些活动不仅提升了学生的综合素质，也为培养具有创新和实践能力的高技能人才奠定了基础。

第一节　高职院校图书馆展览概述

高职院校图书馆展览在高职院校图书馆中的重要性不容忽视。通过深入探讨高职院校图书馆阅读展览的概念、目的与意义、类型与要素、功能与特征、原则与方法，旨在厘清高职院校图书馆展览的基础理论问题。

一、高职院校图书馆展览的概念

要明确高职院校图书馆展览的概念，需要遵循一定的逻辑顺序，首先理解展览的本质，其次把握图书馆展览的特定含义，最后才能准确地提出高职院校图书馆展览的概念。

（一）展览的本质

展览是一种公共活动，旨在通过展示物品、艺术作品、科学成果等，向公众传递知识和信息。它可以在博物馆、画廊、图书馆等多种场所进行，目的在于教育、启发或娱乐观众，同时提供交流创意、技术和文化成果的平台。展览不仅是信息获取和交流的渠道，也是一种展示和教育的融合体，具有重要的营销和文化价值。展览的意义在于展现文化繁荣，提升公众认知，促进商业交流，增强行业形象，激发创造力，为业界提供展示机会。它也是文化传承和交流的重要方式，对增进知识、启发创造力、发掘商机至关重要。成功的展览需有吸引人的展品、有效的展示方式，并注重观众体验，激发兴趣和参与。策划和管理展览是一个涉及多方面的复杂过程，包括主题选择、展品筹备、空间布局设计、安全措施和宣传推广等，以确保展览的顺利进行和观众的满意度。

（二）图书馆展览的特定含义

展览是图书馆传递知识、推广阅读、弘扬文化的直观方式，它在提升公众情操、完善人格、提高文化品位方面发挥着重要作用。图书馆通过举办展览，不仅实现了其文化服务、教育和休闲功能，还扩大了社会影响力，重塑了社会形象。

中国图书馆展览服务起源于公共图书馆，可追溯至 1929 年北平图书馆的文献展。1984 年，国内首篇关于图书馆展览服务的研究文章发表，开启了实践与理论研究的共同发展。[1] 中华人民共和国成立后，图书馆展览逐步规范化，21 世纪以来，新建图书馆普遍设立展览服务大厅。2003 年，展览活动首次被纳入全国省级公共图书馆评估标准，标志着展览服务成为知识服务的重要组成部分。2011 年，国家政策要求公共图书馆免费提供展览服务，推动了展览活动的全国性普及。2013 年，展览服务在评估标准中的地位进一步提升，由"副业"转变为图书馆的"核心"主业。

公共图书馆在服务水平提升和社会责任认识加深的背景下，将展览服务作为创新的突破点，以满足多元化社会需求。展览服务在图书馆多元空间中，通过知识展品和技术展现，为读者提供以传播知识文化为主的服务。国家图书馆、上海图书馆等在展览服务的理论深化与实践探索方面取得了显著成果。馆际合作组织的成立，为高校图书馆创新展览服务提供了发展契机，提升了展览服务在阅读推广中的重要性。

图书馆展览具有公益性、思想性、知识性、艺术性，是面向读者的宣传及教育服务。高校图书馆通过展览服务，在拓展服务、传承文化、治学育人等方面发挥重要作用。历史上，圣约翰大学、震旦大学、上海交通大学等高校图书馆举办的展览，为展览服务的发展奠定了基础 [2]。

---

① 李继海 . 新技术环境下公共图书馆展览功能拓展研究 [J]. 图书馆研究与工作，2021（5）：81–85.
② 汤诚 . 民国时期上海地区的图书馆展览服务 [J]. 图书馆论坛，2019，39（12）：35–41.

1984 年，《中国医学科学院图书馆藏书建设分析——新书展览效益初探之二》一文，成为国内关于图书馆展览服务的早期研究。[1]2006 年，何韵对粤港澳高校图书馆展览开展情况进行了考察并提出建议[2]。2007 年，王维新探讨了高校图书馆开展展览工作的意义与前景[3]。盖奇文则从展览场馆管理、服务功能与效果等角度出发，构建了公共图书馆展览绩效评价指标体系[4]。

这些研究成果为图书馆展览服务的发展提供了理论支持和实践指导。展览服务的创新不仅提升了图书馆的社会影响力，也丰富了民众的文化生活，促进了知识的传播和文化的交流。通过不断优化展览内容和形式，图书馆展览服务将在传承文明、服务社会、启迪智慧等方面发挥更加重要的作用。

（三）高职院校图书馆展览概念

在明确了"展览"作为一种组织呈现和展示物品、艺术作品、科学成果等的活动，以及"图书馆展览"作为图书馆利用其空间资源，通过直观生动的形式向读者传递知识、推广阅读、弘扬文化的服务之后，我们可以进一步提出"高职院校图书馆展览"的概念。

高职院校图书馆展览是高等职业教育院校图书馆利用其物理和数字空间资源，结合学校教育教学特色、专业发展方向及校园文化，精心策划与组织的传播活动。它通过展示多样化的物理或数字资源，如书籍、文献、教师教学科研成果、学生优秀作品及创作、艺术品和科技成果等，旨在提升师生的学术研究、文化素养、专业技能和创新能力，进而服务职业教育，促进教学科研和人才培养的全面发展。

二、高职院校图书馆展览目的与意义

高职院校图书馆展览旨在提供一个学习和交流的平台，通过精心策划的展览主题，展示与高职院校教学科研、人才培养、课程等相关或具有教育意义的资源。这些展览目的在于促进学生和教师的学术交流、专业交流、增强文化素养、激发创新思维和实践能力。

① 张燮泉 . 中国医学科学院图书馆藏书建设分析：新书展览效益初探之二 [J]. 医学情报工作，1984（4）：36–39.

② 何韵 . 展览工作——高校图书馆服务中一个不容忽视的问题 [J]. 图书馆界，2006，27（3）：45–49，53.

③ 王维新 . 高校图书馆开展展览工作的思考 [J]. 山东图书馆季刊，2007，27（1）：37–39.

④ 盖奇文 . 基于结构熵权法的公共图书馆展览绩效评价指标体系构建 [J]. 图书馆工作与研究，2017，39（5）：96–100.

1. 教育与启迪

高职院校图书馆展览是教育的重要组成部分，通过展览可以向学生展示各种知识、技能和成果。这种直观的教育方式可以激发学生的学习兴趣，启迪他们的思维，帮助他们更好地理解和掌握所学知识。

2. 传播知识

图书馆展览是传播知识的重要途径之一。通过展览，学生可以在轻松愉快的氛围中学习到各种知识，包括专业知识、人文知识、科技知识等。这种学习方式既有趣又有效，可以帮助学生拓宽知识面，提高综合素质。

3. 促进交流与合作

高职院校图书馆展览为学生、教师和校外人士提供了一个交流与合作的平台。通过展览，学生可以展示自己的作品和成果，与他人分享经验和心得；教师则可以借此机会与学生进行互动，了解他们的学习情况和需求；校外人士也可以通过展览了解学校的教育理念和办学成果，促进校际合作和社会支持。

4. 提升学校形象

高职院校图书馆展览也是展示学校形象的重要窗口。通过精心策划和组织的展览，可以展示学校的办学特色、教育成果和师生风采，提升学校的知名度和美誉度。

5. 培养学生实践能力

对于高职院校的学生来说，实践能力是非常重要的。图书馆展览可以为学生提供实践机会，如参与展览的策划、布展、讲解等工作，这些实践经历可以帮助学生提升组织能力、沟通能力和团队协作能力等。

高职院校图书馆展览在教育与启迪、传播知识、促进交流与合作、提升学校形象及培养学生实践能力等方面具有重要的意义。

三、高职院校图书馆展览类型与要素

详细描述高职院校图书馆展览的不同类型与要素，为高职院校图书馆展览的策划和实施提供一个清晰的框架，帮助理解不同类型展览的特点、目的和形式，以及它们如何服务于教育目标和社会责任。

（一）高职院校图书馆展览类型

分类有助于更好地理解各种展览的特点和目的，为策划和实施展览提供指导。高职院校图书馆展览的类型可以根据多个维度进行分类，以满足不同的教育目的、展示内容和受众需求。以下是一些常见的分类维度和类型定义。

1. 内容维度

内容维度包括 4 个方面。①学术研究展览：专注于展示专业书籍、相关专业或行业最新科研成果、教师科研成果、专业著作等，目的在于促进教师之间、师生之间的学术交流和研究成果的共享。②文化艺术展览：展出艺术作品、文化遗产、民俗物品、校内艺术院系的教学成果和师生作品等，旨在服务人才培养，提升学生的文化素养和审美能力。③技术与创新展览：展示新技术、创新项目、工程模型、校内相关院系的教学成果和师生作品等，鼓励学生探索科技发展和实践创新。④社会教育展览：围绕社会问题、历史事件、环保主题等展开，旨在培养学生的社会责任感和批判性思维。

2. 形式维度

形式维度包括 3 个方面。①实物展览：以实物为主要展示对象，如书籍、文献、艺术品、科技产品等。②数字展览：利用数字媒体和互联网技术，通过虚拟展厅、数字图像、互动软件等形式进行展示。③混合型展览：结合实物展览和数字展览的优点，提供更丰富的观展体验和互动机会。

3. 目的维度

目的维度包括 3 个方面。①教育性展览：旨在传授知识、分享信息、提升技能，强调教育和学习效果。②娱乐性展览：注重展览的趣味性和观赏性，旨在吸引更多的访问者，提供休闲娱乐的空间。③纪念性展览：为了纪念特定的人物、事件或历史时期，通过展览加深对其意义的理解和记忆。

4. 时间维度

时间维度包括两个方面。①临时展览：在特定时间段内举办，通常围绕特定主题或事件，展期有限。②常设展览：长期展出，可能定期更新展品，旨在展示图书馆的核心收藏或代表性资源。

（二）高职院校图书馆展览要素

高职院校图书馆展览是一个多维度、综合性的活动，其要素可以从不同视角进行界定。本书从整体视角出发，探讨高职院校图书馆展览的关键要素，以确保展览能够有效地实现教育和文化目标。①主题和目标。展览的灵魂在于其主题和目标，它们决定了展览所要传达的核心信息和预期效果。明确的主题和目标有助于设定展览的方向，如促进专业交流、提升文化素养、展示科研成果等，并为评估展览成效提供可衡量的标准。②内容和资源。展览内容的丰富性和教育价值是其吸引力的关键。展览内容可以包括书籍、期刊、手稿、艺术品、数字媒体等多种形式，资源则涵盖内部收藏和外部借展等，确保与展览主题紧密相关。③组织和策划。展览的组织和策划涉及团队构建、职责分配、主题确定、资源筹集、设计宣传等环节。这要求图书馆工作人员、教师、学生及外部合作伙伴紧密协作。④技术和媒介。选择合适的展览媒介和技术手段，如实物展品、数字内容、多媒体展示等，以增强展览的互动性和现代感。⑤空间和布局。展览空间的选择和布局设计对观展体验至关重要。需要考虑物理空间和虚拟空间的整合，以及展品陈列和视觉设计，以提升观展体验。⑥参与者和互动。明确目标受众，并设计互动方式，如观众参与、志愿者服务、讲解员导览等。利用互动展项和体验区，提高观众的参与度和学习效果。⑦辅助活动和服务。组织与展览主题相关的辅助活动，如讲座、研讨会，以及提供导览、解说、咨询服务，增强展览的教育性和互动性。⑧宣传和推广。制定有效的宣传策略，利用线上线下渠道和合作伙伴，扩大展览的影响力，吸引更多的观众。⑨评估和反馈。展览结束后，通过访问者满意度调查、参与度分析等方式进行评估，收集反馈，为未来展览的优化提供依据。

四、高职院校图书馆展览功能与特征

高职院校图书馆展览结合了职业教育、文化传播和科技应用的多重功能，旨在为学生、教师及公众提供丰富的学习资源和体验。高职院校图书馆展览的主要功能是，服务职业教育，帮助学生了解行业动态，提高职业素养。其主要功能决定了注重职业教育、展示行业技术、促进职业发展是其主要特征。

1. 延伸高校图书馆服务功能与特征

2015年底教育部印发的《普通高等学校图书馆规程》中明确指出：高等学校图书馆是学校的文献信息资源中心，是为人才培养和科学研究服务的学术性机构，是学校信息化建设的重要组成部分，是校园文化和社会文化建设的重要基地。高职院校图书馆正从原先以提供文献资源、保障教学科研为主要功能，慢慢向承担部分社会教育职责、开发智力资源的角色转变。展览活动可让读者在观展的同时启迪心灵，增长知识，拓展教育，是对高职院校图书馆现有服务重要的延伸。

2. 服务高职院校人才培养和科学研究的功能与特征

高职院校图书馆展览能够直接丰富学生的学习资源，提供从基础知识到前沿科技的广泛信息，有助于学生在专业学习和个人兴趣探索上获得更深入的理解和认识。通过展示最新的科研成果、专业书籍、技术创新及文化艺术作品，图书馆展览激发学生的学习兴趣，培养其批判性思维和创新能力，为学生提供了一个跨学科学习和思考的平台。对于校内教师和研究人员而言，展览是展示和交流教学成果、科研成果的重要场所，不仅能促进校内外的教学和学术交流，还能增强教师之间的学习与合作，推动职业教育教学研究的发展。通过参与展览活动，教师和学生可以获取行业最新动态，掌握教学科研前沿趋势，为高职院校学术研究和教学提供实时的、丰富的文献数据资源。

3. 进行校园文化和社会文化建设的功能与特征

高校图书馆不仅是高校教学和科研服务的重要支撑基地，也是高校文化交流的平台。高校图书馆文化是大学文化的重要组成部分，在大学文化建设中应发挥文化引领的作用[1]。高职院校图书馆展览在校园文化和社会文化建设中扮演着极为关键的角色，精心策划和执行各类展览活动，不仅丰富了校园文化生活，也促进了学校与社会的文化交流和互动。

高职院校图书馆展览活动能够展示高职院校的教学成果和学术研究，如科研成果、学生作品、专利技术等，这些展览不仅提升了学校的学术氛围，也向社会展示了学校的教育教学水平和科研实力。通过这种方式，图书馆成为连接校园内外文化交流的桥梁，促进了校园文化的对外开放和社会文化的融合。图书馆展览通过引入和展示多样化的文化元素，如艺术作品、历史文物、民俗文化等，不仅丰富了学生的文化生活，拓宽了学生的文化视野，还加强了学生对于民族文化和世界文化的认识和尊重。这种文化交流活动有助于培养学生的文化自信和国际视野，为学生融入多元化的社会文化环境打下了坚实的基础。

高职院校图书馆通过举办各类主题展览，如环保、社会责任、科技创新等，不仅提高了学生的社会责任感和创新意识，也促进了社会公众对这些重要议题的关注和讨论。这些展览活动成为校园文化和社会文化建设中的重要平台，通过教育和引导，推动了社会文化的进步和发展。高职院校图书馆展览在校园文化和社会文化建设中发挥着不可替代的作用。它不仅是知识传播和学术交流的场所，更是文化教育和社会责任的实践基地，通过各种形式的展览活动，促进了校园文化和社会文化的繁荣与发展。

4. 促进文献信息服务和信息素养教育功能与特征

展览通过展示最新的学术成果、专业书籍、科研报告等，加强了图书馆的文献信息服务功能。这种直观的展示方式使图书馆的资源更加易于访问，帮助用户快速了解和获取所需的信息资源，有效地支持了教学和科研活动。此外，通过专题展览，图书馆能针对特定的学科领域或研究主题，提供深入的资源探索和学习机会，进一步满足学生和教师的个性化学习和研究需求。利用展览活

---

① 周肇光. 高校图书馆的校园文化引领功能与社会责任 [J]. 大学图书馆学报，2011，29（6）：60–65.

动，展示和教育学生如何利用现代信息技术获取和处理信息，如介绍数字图书馆资源、数据库检索技巧、网络安全知识等。这些技能对于学生适应快速发展的信息社会，具有重要意义。引导学生和教师参与展览活动，如主题讲座、研讨会、互动体验等，不仅增加了信息检索和评估的实践机会，也提升了他们的信息分析和利用能力。这些活动有助于培养学生的批判性思维，使他们能够更有效地筛选、评价和应用信息资源，提高信息素养和终身学习能力。

5.服务学校思想道德教育功能与特征

高职院校图书馆展览在服务学校思想道德教育方面发挥着独特而重要的作用。通过精心设计的展览内容和形式，图书馆能够直接参与到学生的思想道德建设中，提供丰富的教育资源和启发性的学习体验。它不仅能丰富学生的精神文化生活，还能引导学生形成正确的世界观、人生观和价值观，为培养德才兼备的高素质人才提供了有力的支持。

图书馆展览能够提供一个展示和学习社会主义核心价值观、历史文化遗产、革命传统和英雄模范事迹的平台。通过组织这类展览，学生可以深入了解国家的历史与文化，增强民族自豪感和爱国主义情怀，从而促进其思想道德素质的提高。通过与当前社会热点和重大事件相关的主题展览，图书馆可以引导学生关注社会发展、理解社会责任，并激发他们对正义、公平和道德的深层思考。这样的展览不仅增加了学生对现实问题的认识，还培养了他们的社会责任感和批判性思维能力。

图书馆还可以通过展览来宣传和推广正确的学风和生活方式，如诚信、勤奋、协作等价值观。通过展示与这些主题相关的书籍、影像资料和互动内容，图书馆帮助学生形成积极向上的人生观和价值观。图书馆展览还提供了一个促进师生交流和讨论的场所，通过参与展览的策划、组织和访问，师生之间可以就展览主题进行深入交流和讨论，这种互动过程有助于加深师生之间的理解和信任，进一步促进思想道德教育的实施。

五、高职院校图书馆展览原则与方法

（一）高职院校图书馆展览原则

高职院校图书馆展览是高职教育的重要组成部分，其成功实施需遵循一系列原则，以确保展览活动能够充分发挥作用，达成既定的教育和文化目标。

1.教育性原则

图书馆展览应紧密结合高职教育的宗旨和人才培养需求，确保展览内容和形式能够有效支持教学和人才培养。这一原则要求展览活动不仅要提供知识资源，还要促进学生的实践能力和创新思维的发展，从而提升高职教育的整体质量。

2. 计划性原则

展览活动需经过周密的计划和组织，确保从策划到实施的每个环节都能按既定目标和标准执行。这有助于提升展览的专业性和系统性，确保展览能够吸引目标受众并实现预期的教育和文化传播效果。

3. 创新性原则

展览活动应不断创新，引入新思想、新技术和新方法，以适应教育需求和技术发展的趋势。鼓励图书馆探索现代信息技术在展览中的应用，如多媒体、虚拟现实等，以及开发与专业教育相结合的互动体验，以提升展览的吸引力和教育价值。

4. 开放性原则

展览活动应全面开放，促进校内外文化的互动与融合。推动图书馆展览超越校园界限，吸引更广泛的社会公众参与，鼓励国际交流和合作，提升展览的社会影响力和教育价值。通过与社区、行业和其他教育机构的合作，丰富展览内容，扩大教育资源的共享。

5. 评估性原则

通过科学方法对展览活动进行全面评估，确保其达到教育和文化目标。评估应涵盖展览的策划、执行及成效，明确是否满足预期目标，并探寻提升展览效果的途径。这要求图书馆深入分析展览内容质量、参与度和受众反馈，评估其对提高利用率、增强学习体验和促进文化建设的贡献。

遵循这些原则，高职院校图书馆展览能够更加系统地规划、实施和评估，确保其在教育和文化传播方面的有效性，为学生提供丰富的学习资源和实践机会，同时为高职教育注入新的活力，促进教育内容和形式的创新。

（二）高职院校图书馆展览方法

高职院校图书馆展览是展示学术特色、文化底蕴的重要途径，其方法多样，旨在充分发挥图书馆的教育功能和文化育人作用。

1. 内部资源展览法

内部资源展览法依托图书馆自身的藏书、文献、图片和实物等资源，通过深入挖掘和整合，展示图书馆的学术特色和文化底蕴。其核心在于自给自足和资源整合，不仅能降低成本，还能提升展览的专业性和针对性。图书馆通过组织专业团队对内部资源进行梳理和分类，挑选具有代表性的资源进行展览，并借助数字化展示、虚拟现实等技术手段，创新展览形式，提升参观体验。这种方法既经济实用，又能展示图书馆的学术实力和文化魅力，为师生提供高效便捷的展览服务，推动校园文化的传播和发展。

2. 联合展览法

联合展览法突破了图书馆传统展览的界限，强调与其他机构或组织的合作，共同策划与执行展览项目。其核心在于资源共享与优势互补，通过合作模式，图书馆得以接触更广泛的展览资源和专业支持，扩大展览的影响力和吸引力。这种合作方式推动展览活动向多元化和专业化发展，提供高质量、专业的展览服务，促进校园文化的兴盛与发展。"图书馆 + 联合展览法"证明了图书馆是充满活力、广泛互动的文化交流中心，有效拓展了服务范围和社会作用。

3. 师生资源展览法

师生资源展览法调动和利用校内师生资源，策划和实施特色展览活动，整合师生在教学、科研、创作中的成果和作品，展示学校的教学水平和师生的才华，促进师生交流和合作。其核心理念是以人为本和成果共享，强调图书馆与师生的紧密联系和互动，鼓励师生积极参与展览活动，展示学术成果、艺术作品、科技创新等。图书馆与各学院、系部合作，定期举办师生作品展、学术成果展，提供展示和交流平台，并邀请专家点评指导，提升展览的专业水平和影响力。

这三种方法共同体现了高职院校图书馆在展览活动中的创新和实践，通过充分利用内部资源、开展联合展览和调动师生资源，不仅丰富了展览内容，也提升了展览的教育意义和文化价值，为高职教育的发展和校园文化的繁荣作出了积极贡献。

以上深入探讨了高职院校图书馆展览的多个关键方面，从概念界定到展览的目的与意义，再到展览类型与要素，以及展览的功能与特征，最后讨论了展览原则与方法。通过这一全面的分析，我们不仅理解了高职院校图书馆展览活动的基本框架，还掌握了其深远的教育和文化价值。高职院校图书馆展览是一项复杂而多维的活动，它融合了教育、文化和科技的元素，通过精心策划和执行，能够极大地丰富校园文化生活，促进知识的传播与交流，展示图书馆的教育和文化价值。

第二节　高职院校图书馆展览的现状、问题与对策

在信息时代，高职院校图书馆不仅是学术资源的聚集地，更是文化交流

与传播的重要平台。展览服务作为图书馆延伸功能的一部分，受到广大师生和社会的关注。然而，在高职院校图书馆展览服务的实践中，既有值得肯定的成绩，也存在着一些亟待解决的问题。本节将深入探讨高职院校图书馆展览服务的现状，剖析其存在的主要问题，并在此基础上提出切实可行的对策，以期推动高职院校图书馆展览服务向更高水平发展，更好地服务于教育教学和校园文化建设。

一、高职院校图书馆展览的现状

1. 类别丰富

谈鹤玲在 2007 年对国内 100 所高校图书馆进行的抽样调查结果显示，当前国内高校展览服务包含本馆特藏展、影视书画展、信息宣传展、书刊展销、引入协助展等多种类型[1]，且不同类型的展览具有各自独特的文化功能，如清华大学图书馆立足高校特点和读者需求，先后举办馆藏珍品展、专题图书展、图书馆特藏展来深挖馆藏价值，举办新书展、学生社团展、校史展、师生文化展等进行文化引领。此外，也出现了一些新兴的展览类型，如数字展览、虚拟现实展览等。这些新兴展览形式利用现代科技手段，为观众提供更加沉浸式的展览体验。

2. 规模可观

某些大型展览吸引了众多校内外观众前来参观，产生了广泛的社会影响。为向党的十八大献礼，第八届全国高校景观设计毕业作品巡回展重庆站在重庆工商职业学院华岩校区图书馆隆重展出，在此次作品展览中，重庆工商职业学院学生的优秀作品展板就占了 50 张。此次巡展作品多视角展示了现代景观设计的新思路，生动、直观地反映了学生、企业对于景观设计学科前沿性的探索和思考[2]。

3. 线上线下相结合

高职院校图书馆在办展中广泛采取了"实体、在线展览互为补充"的形式。线上展览可以突破时间和空间的限制，让观众随时随地参观展览；而线下展览则可以为观众提供更加真实和直观的观展体验。通过线上线下相结合的方式，高职院校图书馆可以更好地满足不同观众的需求，提升展览的传播效果和影响力。

高职院校图书馆可以开展基于展览的阅读推广服务，一方面，让大学生

---

① 谈鹤玲. 高校图书馆展览服务与校园文化建设 [J]. 图书馆工作与研究，2008（4）：87-89.

② 陈倬豪. 设计展览领航 指导协会搭台 助推专业成长——多途径提升高职艺术设计专业魅力的思考 [J]. 现代装饰（理论），2014（12）：239-240.

观看展览实物、图片，阅读相关文字，从而获取展览所要传递的知识；另一方面，可通过推荐与展览内容密切相关的书籍，指导大学生在书籍阅读中进一步提升展览服务效果。此外，在网络化时代，高职院校图书馆可利用现代信息技术，开展在线网络展览，实现在线展览资源共享。此外，一些高职院校图书馆在展览策划、设计、宣传等方面还开展了许多创新实践。例如，一些图书馆利用社交媒体、短视频等新媒体平台进行展览宣传和推广，吸引了更多年轻观众的关注和参与。这些创新实践为高职院校图书馆展览服务的发展注入了新的活力。

二、高职院校图书馆展览的问题

高职院校图书馆展览在丰富校园文化生活、加强思想道德教育、拓展阅读推广等方面发挥着重要作用。然而，在实际运作中，展览服务也面临着一些问题，需要深入分析并提出解决对策。

1. 人才培养落后

展览工作要求高度专业性，涵盖多个领域，包括人文素养、审美能力、规划设计、宣传沟通和网络技术等。目前，高校图书馆在展览人才培养方面存在不足，这限制了展览工作的质量和效果，影响了图书馆服务功能的全面发展。为此，高校图书馆需要培养一支既熟悉展览运作模式又具备专业知识的人才队伍。

2. 创意不足

许多高校图书馆的展览仍以传统实体实物展览为主，内容呈现方式较为单调，缺乏吸引力。为了满足观众多元化的文化需求，高校图书馆应增加原创性专题展览，激发图书馆员的创新活力，开发馆藏资源，让文献活化。

3. 人展互动不够

展览与参观者之间的互动不足，影响了展览效果。展览设计应注重激发观众的感受，鼓励他们参与和分享。沟通技巧在展览空间中的应用，推动了展览设计向着更加重视人展互动转变。

4. 需求调研不够

展览组织者在策划和设计展览时，往往未能充分考虑参观者的需求和兴趣点，导致展览内容与观众之间存在距离感。展览组织者可以通过市场调研、观众反馈等方式，了解参观者的喜好和期望，并据此调整展览内容和形式。

5. 评估总结不足

展览的结果依赖于多个因素，但许多组织者忽视了展览结束后的效果评估。有效的展览评估应综合运用定量和定性的研究方法，全面、客观地反映展览的效果。加强展览评估工作，建立科学、系统的评估体系，将评估结果应用于展览策划和改进中。

6. 新媒体技术运用不够

未能充分利用新媒体技术进行布展、宣传和推广，限制了展览的传播范围和影响力。虚拟现实、增强现实、交互式展示等新媒体技术，为展览提供了丰富多样的展示手段，实现观众的参与感和沉浸感。

7. 借展和巡展不够

借展和巡展是丰富展览内容和扩大展览影响力的重要方式。许多展览由于未能成功借来重要展品，内容不够丰富。同时，公共的巡展资源未能充分利用，导致不能为所服务的观众提供良好的展览资源。展览举办方应积极寻求与其他机构的合作机会，加强沟通和协调，参与借展和巡展。

三、高职院校图书馆展览问题的解决对策

高职院校图书馆展览在传承知识、丰富校园文化生活、促进思想道德教育等方面具有不可替代的作用。然而，面对展览服务中存在的问题，需要采取相应对策以优化和提升展览效果。

1. 加强人才培养与引进

提升图书馆工作人员的专业素养和实践能力是关键。定期的专业培训，引进具有展览背景的专业人才，以及建立激励机制，将促进团队的活力和创新力。

2. 提升展览创意与策划水平

鼓励创新思维，深入挖掘馆藏资源，结合社会热点，策划原创性专题展览。同时，引入外部资源，如与其他机构合作，借入高质量展品，丰富展览内容。

3. 强化人展互动与观众体验

通过设置互动体验区，利用现代科技手段，如虚拟现实、增强现实等，提升观众的参与感和沉浸感。建立观众反馈机制，及时优化展览内容和形式。举办相关讲座、研讨会等活动，吸引观众深入了解展览内容。

4. 深入调研观众需求

通过市场调研、观众画像、差异化策展等方式，了解并满足目标观众的兴趣和需求。这有助于提升展览的吸引力和影响力，促进校园文化的传播和交流。

5.加强评估总结与改进

建立科学、系统的评估体系，从多个维度对展览效果进行全面评估。根据评估结果，持续改进展览策划、设计、宣传等环节，并将成果在行业内共享，促进共同提升。

6.充分利用新媒体技术

运用数字技术进行数字化布展，结合线上线下融合的O2O（将线下的商务机会与互联网结合，让互联网成为线下交易的平台）展览模式，利用社交媒体平台进行宣传推广，打破传统展览局限，提供丰富、生动、互动的展览体验。

7.加强借展和巡展的合作与交流

与其他机构建立合作关系，实现资源共享，积极参与借展和巡展，拓宽国际视野，提升展览的国际影响力。通过这些措施，提升图书馆展览服务的创新与发展，为校园文化繁荣作出贡献。

通过实施这些对策，高职院校图书馆展览将更贴合现代教育需求，提升教育和文化价值，为师生带来高质量的文化服务，促进校园文化繁荣。尽管图书馆在展览服务上取得了进步，提供了丰富的内容和优质体验，但仍面临展览深度、更新频率、互动性、宣传推广及专业人才培养等方面的挑战。需持续优化展览内容，提高更新速度，增强互动性，拓宽宣传渠道，提升展览人员专业水平，以满足师生不断增长的文化需求。

第三节　高职院校图书馆展览实践

在高职院校图书馆的多元化服务中，展览服务已成为一道亮丽的风景线。本节将以重庆工商职业学院图书馆的"阅读·悦享读"大型阅读展览为例，深入剖析高职院校图书馆如何通过创新展览形式和内容，激发学生的阅读兴趣，提升校园文化内涵，进而为图书馆的现代化建设与发展注入新的活力。

一、"阅读·悦享读"大型阅读展览的由来

"阅读·悦享读"大型阅读展览，来源于重庆工商职业学院图书馆与本校管理学院会展专业之间的一次创新合作。起初，这个合作的想法在学科馆员组织的教师读书会中孕育而生。

一位年轻的女性会展专业教师，多次参加了教师读书会。馆员了解到，

这位教师平时积极参与校内的各种业务竞赛和教学、科研项目申报，是一位表现出色的教师。当时，该教师所带领的会展专业毕业班需要承接一项大型展览项目作为他们的毕业设计，有一个适合的校外展览项目在另一个城市。但由于哺乳期的特殊需求，她不宜长期出差。这位教师面临着是否应该承接这个外地项目，并带领整个班级出差进行毕业设计的巨大纠结。即使考虑接受外地项目，也需要向学校申请，并且会影响到许多学生的日程安排。

在一次偶然经过图书馆时，这位教师看到了图书馆门口张贴的一则关于史蒂芬·柯维（Stephen Covey）博士《高效能人士的七个习惯》教师阅读交流会的海报，她决定进去参加。在会议中，她听到了许多教师表达的信息焦虑和时间焦虑，并在讨论环节中分享了自己的焦虑和纠结。这次深入的交流让图书馆的工作人员意识到，通过与会展专业合作举办一场大型阅读展览，不仅可以为学生提供一个校内的实践平台，同时也能帮助这位年轻教师解决她的问题。

由此，一个旨在校园内推广阅读文化，同时为会展专业学生提供实践机会的展览项目"阅读·悦享读"应运而生。这个项目不仅展示了图书馆作为知识资源中心的功能，也体现了学校内部跨学科合作的潜力。通过这种合作，学院成功地将教学、科研与校内实践相结合，为学生创造了一个既能实践专业技能，又能促进个人阅读能力提升，还能服务学校阅读文化推广的平台。

二、"阅读·悦享读"大型阅读展览策划和组织

（一）"阅读·悦享读"大型阅读展览主题的选择与确定

展览的主题选择和确定过程体现了一个深思熟虑且充满协作精神的策划阶段。在这一阶段，图书馆员与会展专业的教师和学生之间的互动成为这一过程的核心。这种跨学科的合作模式不仅体现了教育领域内合作学习的理念，也展现了如何通过集体智慧来解决实际问题的案例。

1. 选题确定：馆员进入课堂，师生来到图书馆

图书馆员的主动参与，进入会展专业的课堂，与专业教师和学生进行头脑风暴，这一做法打破了传统的图书馆服务模式，将图书馆的功能从被动服务转变为主动参与教学和学习过程。这种跨界合作为展览主题的选择提供了丰富的视角和创意，确保了展览能够紧密结合专业知识和图书馆资源，同时反映出教育者和学习者的共同需求和兴趣。此外，专业教师和学生在图书馆查阅资料和与馆员商讨的过程，是一个互动和共同学习的过程。这不仅加深了参与者对于阅读和展览主题的理解和认识，也促进了学术交流和知识共享。通过这种方式，参与者能够更好地理解阅读的重要性及如何通过展览来促进阅读文化。

2. 展览设计："馆员 + 专业教师"指导会展专业班级

经过一个月的讨论和交流，最终以"阅读·悦享读"作为大型阅读展览的标题，这个决定反映了一个共识：阅读不仅是获取知识的途径，更是一种享受工作、学习和生活的方式。这个主题旨在鼓励观众深入探索阅读的乐趣，以及阅读如何影响和提高个人的工作、学习与生活质量。在展览主题确定之后，馆员和专业教师带领会展专业班级的学生，用了 49 天的时间进行展览的设计和策划。这一过程不仅是对学生专业技能的锻炼，也是对其团队合作能力和创新思维的培养。通过这样的实践活动，学生能将会展专业和阅读学理论知识与实践操作相结合，增强了解决实际问题的能力。

总之，这个大型阅读展览的主题选择和确定过程，是一个典型的高职院校图书馆展览的校内部门之间跨学科合作案例，展示了如何通过集体努力来解决实际问题。这不仅增强了图书馆与学院之间的联系，也为学生提供了宝贵的实践机会，促进了校园阅读文化的发展和传播。此过程体现了教育改革的本质，即通过合作学习、互动交流和实践探索，来培养学生的综合能力和创新精神。

（二）"阅读·悦享读"大型阅读展览的设计

1. "阅读·悦享读"大型阅读展览活动宣传设计

前期准备阶段的线上线下宣传推广。微博、微信的宣传是必不可少的。充分利用好线上平台，如图书馆公众号、学校公众号等，进行此次活动的宣传。利用 H5 制作线上邀请函在新媒体圈进行转发，以最大的力度来宣传此次活动，力求全校知晓。在教学楼大道、韶华广场进行海报、喷绘、横幅的大众宣传。大学生的传播性很好，发现不错的活动很容易就把寝室人全部拉过来，所以海报、喷绘、横幅都尽量要做得新奇有趣。

2. 与展览相关的活动设计

与展览相关的活动设计具体包括 8 个方面：①阅读·悦享读展览——发声与聆听朗诵大赛：诵读中华经典，营造书香校园。为后期开幕式和展览造势，起到前期宣传的作用。②阅读·悦享读展览——征集书单活动：你现在的气质里，藏着你走过的路，读过的书和爱过的人，推荐你最喜欢的一本书。征集并展示这种形式，同学互相交流和分享好书，征集到的所有结果将在展览展示区呈现。③阅读·悦享读展览——校园内赠送书签活动：制作精美的书签在校园内人流多的地方，开展阅读·悦享读展览活动的宣传和书签赠送。④阅读·悦享读展览——校园快闪活动：编制阅读·悦享读活动的快闪舞蹈，在人流多的地方，进行展览活动的快闪舞蹈表演和宣传。⑤阅读·悦享读展览——"工商书上"美文征集活动：征集本校师生撰写的任何形式的阅读感悟或者阅读笔记，用于展览展示。⑥阅读·悦享读展览——送请帖活动：活动开始前，划分小组，前往各个学院办公室和院长办公室赠送活动的请帖。⑦阅读·悦享读展览——开幕式：开幕式预示着整个活动的全面开启，在开幕式当天，会邀请校长及各领导、老师出席现场，这也会大大地提高学生的参与性。开幕式上不仅会有校长致辞，还会有不一样的节目呈现，让师生了解阅读·悦享读展览活动，也让大家在别样的节目表演中体会阅读的魅力。⑧阅读·悦享读展览——阅读之星交流会：酷爱阅读的学子们一起交流的会议，特邀嘉宾来为学生讲解读书当中的一些困惑，交流会会实现"零距离"为学生解答疑问。交流会能实现师生交流好平台、畅所欲言好机会。

（三）"阅读·悦享读"大型阅读展览的筹备、布展、执行

"阅读·悦享读"大型阅读展览的成功举办，是通过精心的筹备、布展、和执行的，周密的计划与执行力是展览得以实现的前提和基础。这一过程不仅体现了跨学科合作的重要性，也展示了如何通过策略性的规划和团队合作来落实一个复杂项目的实例。

1. 筹备阶段

筹备阶段是整个展览成功的基石，涉及主题确定、团队组建、资源调配、时间规划等关键因素。在这一阶段，图书馆员和会展专业的教师共同确定了以"阅读·悦享读"作为展览主题，旨在推广阅读文化，提升公众对阅读的兴趣和认识。通过深入的市场调研和需求分析，团队对目标受众进行了精确定位，确保展览内容和形式能够吸引并满足不同群体的需求。资源调配方面，团队细致规划了展览所需的各种资源，包括场地选择、展品筹集、技术支持等。特别是在场地选择上，团队考虑了易于公众到达、空间布局合理等因素，确保展览能够顺利进行。同时，团队还制定了详细的时间规划表，确保每一项准备工作都能按时完成。

2. 布展阶段

布展阶段是将筹备阶段的计划转化为实际展览空间的关键过程。在这一阶段，设计和布展团队密切合作，确保展览空间既能体现主题特色，又能提供良好的观展体验。团队采用创新的设计理念和布展技术，使展览空间分区清晰，展品布局合理，同时注重视觉效果和互动体验的融合。

特别值得一提的是，布展团队充分利用了现代多媒体和互动技术，增强了展览的吸引力和教育功能。通过互动展示、虚拟现实等技术手段，观众可以更加直观地感受阅读的乐趣和价值，提升了展览的参与度和影响力。

3. 执行阶段

执行阶段是展览成功的直接体现，涉及展览的日常运营、观众服务、活动组织等方面。在这一阶段，团队成员密切配合，确保展览的顺利进行。通过有效的现场管理和服务策略，提高了观众的满意度和展览的整体质量。此外，团队还组织了一系列与展览主题相关的活动，如阅读分享会、作家见面会等，进一步丰富了展览的内容，增强了公众的参与感和获得感。通过这些活动，不仅促进了阅读文化的传播，也为观众提供了学习和交流的平台。

综上所述，通过跨学科合作、创新设计理念和精细的项目管理，"阅读·悦享读"大型阅读展览的筹备、布展、执行阶段，展现了项目团队对于展览成功的全面规划和高效执行。

（四）"阅读·悦享读"大型阅读展览的资源整合

"阅读·悦享读"大型阅读展览的成功举办，离不开对各种资源的高效整合，这包括图书馆的资金支持、专业教师和学生团队的人力支持，以及馆藏图书和多媒体资料、互联网线上资源等的广泛利用。这种综合资源整合的策略，不仅展示了项目管理的高效性，也体现了教育资源共享与跨界合作的重要性。

1. 资金支持

图书馆作为"阅读·悦享读"展览的主要发起方之一，提供了必要的资金支持，确保了展览从筹备到执行的各个环节都有足够的财务保障。这些资金主要用于展板租赁、展览设计、资料采购、宣传推广等方面。资金的有效管理和使用，是展览能够顺利进行的基础，也体现了图书馆对于阅读推广活动重要性的认识和支持。

2. 人力支持

展览的另一大资源是来自专业教师和学生团队的人力支持。专业教师在整个项目中扮演了规划、指导和协调的角色，专业教师利用自己的专业知识和经验，为展览的策划和实施提供了宝贵的意见和帮助。同时，会展专业的学生团队则是执行这一计划的主力军，从布展设计到现场管理，学生积极参与到展览的各个环节，不仅实践了自己的专业技能，也贡献了自己的创意和热情。

3. 图书和多媒体资料

为了丰富展览的内容，提高展览的吸引力和教育价值，项目团队广泛收集了馆藏与阅读相关的图书和多媒体资料。这些图书和资料包括经典文学作品、最新科普图书、电子书籍、有声读物等，涵盖了广泛的主题和领域，旨在满足不同观众的阅读兴趣和需求。通过精心的选择和布展，这些图书和多媒体资料成为展览的重要组成部分，为观众提供了丰富的阅读选择和学习机会。

4. 互联网线上资源

随着信息技术的发展，线上资源成为"阅读·悦享读"展览的重要补充。项目团队利用网络平台和社交媒体，不仅扩大了展览的宣传范围，也提供了更多的阅读资源和交流平台。通过建立专题网站、发布电子杂志、组织在线阅读挑战等活动，展览的影响力得以延伸到线上空间，吸引了更多无法到场的观众参与到阅读活动中来。

总之，"阅读·悦享读"大型阅读展览的资源整合工作体现了项目团队的策略性思维和高效执行力。通过图书馆的资金支持、人力资源的充分利用，以及图书和多媒体资料的广泛收集，展览成功地推广了阅读文化，提升了公众的阅读兴趣和参与度

三、"阅读·悦享读"大型阅读展览的形式和内容

（一）"阅读·悦享读"大型阅读展览形式

"阅读·悦享读"大型阅读展览是一个综合性的文化推广项目，通过精心设计的线下展览、线上宣传推广及与展览紧密相关的一系列活动，全面展现阅读的多维价值。本次展览不仅是一次文化的盛会，也是教育和科技相结合的创新实践，旨在激发师生特别是高职院校学生对阅读的兴趣，提升整个社会的文化素养和科技认知。

1. 线下展览

本次展览精心设计了多个展区，围绕"阅与人生""阅与技能""阅与生活""阅与科技""校长读过的书"等主题，展示了与之相关的书籍和阅读材料。每个展区都通过图书、图片、实物等多种形式，生动地展现了阅读在不同领域中的应用和重要性。例如，在"阅与人生"展区，通过展示经典文学作品和成功人士的阅读经历，强调了阅读对个人成长和心灵成熟的重要作用；而在"阅与技能"展区，则集中展示了各类提升个人技能和职业能力的书籍，从而突出阅读在个人职业发展中的价值。

2. 线上宣传推广

为了扩大展览的影响力，组织者充分利用了互联网和社交媒体平台进行线上宣传和推广。通过建立专题网站、发布微博微信等社交媒体帖文、制作并分享视频短片，有效地将展览的信息和精神传递给了更广泛的受众。线上

宣传不仅提前预热了展览，吸引了更多的现场参观者，也为无法亲临现场的人群提供了了解展览内容的机会，使阅读文化的推广效果得以最大化。

3. 与展览相关的活动

展览期间，还举办了一系列与阅读相关的活动，如阅读历史文化讲座、科技前沿研讨会、师生阅读交流会、师生阅读成果展示等，这些活动不仅丰富了展览的内容，也提供了与观众互动交流的平台。通过邀请知名学者、记者讲述阅读的历史文化意义，展示了阅读在人类文明进步中的重要角色；科技前沿研讨会则聚焦于如何通过阅读掌握最新科技动态，提升科技素养。教师和学生的阅读成果展示，更是展现了阅读在教育领域的实践应用，激励了更多师生重视阅读、参与到阅读中来。

通过这样多元化的展示和活动安排，"阅读·悦享读"大型阅读展览不仅展示了阅读的多维价值，也搭建了一个促进师生尤其是高职学生与书籍深度互动、分享阅读体验和成果的平台。展览的成功举办，体现了组织者对于推广阅读文化重要性的深刻理解和承诺，同时也为参与者提供了一个增长知识、提升素养的宝藏。

（二）"阅读·悦享读"大型阅读展览内容

"阅读·悦享读"大型阅读展览通过多样化的主题和巧妙的布局设计，旨在为观众提供一个全面、深入、互动性强的阅读体验空间。该展览围绕几个核心主题进行设计，每个主题区域都通过独特的展览内容和布局安排，展现了阅读在不同领域中的价值和意义。展品包括：重庆工商职业学院图书馆书籍、数字资源、师生的文化创作、文本读物、网上图书馆、师生自己选择推荐的好书、师生文创、购买的道具和实物、借来的展品等。

1. "阅与人生"展区

在"阅与人生"展区，展区是由人的一生为线，将人生分为四个阶段，分别是少年、青年、壮年、老年。此展区是室外走廊，展示出书对我们整个人生的影响。以展示每个阶段书对自己的影响为线，充分表达此次书展的主题与意义，让学生好读书、读好书，凭借书的影响，来充分调动学生的阅读积极性。布局旨在通过生动的案例和互动体验，展示阅读如何影响和改变个人的生命轨迹。此区域通过展示经典书籍、成功人士的阅读故事，以及通过阅读实现个人成长的真实案例，强调阅读对个人心灵成长和价值观塑造的重要作用。

2. "阅与技能"展区

"阅与技能"展区专注于展示阅读在专业技能提升和职业发展中的应用。

以展示阅读与技能为重点，主要分为三个板块：中外名人阅读、阅读技巧、阅读与专业技能，充分表达此次书展的意义，带动读书热潮，一方面配合课堂教学开展服务，另一方面为扩大学生的知识面开展服务，充分调动学生的阅读积极性。通过精选的教育书籍、专业文献等，配以案例分析和互动教学模块，展示如何通过阅读获取新知识、学习新技能。设计专题讲座和工作坊，邀请行业专家和教育者就如何利用阅读促进职业成长进行交流和指导，为观众提供实用的学习资源和灵感。

3.“阅与生活”展区

“阅与生活”展区探索阅读如何与我们的日常生活紧密相连，影响和丰富我们的生活质量。“阅与生活”展区分为四个板块：板块一“阅与修养”、板块二“阅与审美”、板块三“阅与品味”、板块四“阅与价值观”。四个板块分别阐述了阅读带给生活的影响，以及阅读如何改变生活和提升生活品质。四个板块带来一场视觉、听觉、触觉的盛宴，唤醒重庆工商职业学院师生阅读意识，并且进行深度阅读，形成读书热潮，陶冶性情，丰富人文精神，培养文化人格，提高学生素养，同时促进校风、学风，以及文明校园的建设，弘扬校园文化。

4.“阅与科技”展区

在“阅与科技”展区，展示书的演变，以“新技术 + 新产品 + 新形态 + 新体验”为特点。通过现场体验与互动，让读者感受数字阅读的便捷性、多样性和个性化等特点，加快培育新媒体市场，推动重庆工商职业学院数字阅读的普及。全方位展示重庆工商职业学院图书馆推出的多媒体阅读体验区，通过好听、好看、好玩互动的阅读、视频、新闻、休闲、体验、游戏等活动形式，让读者亲身感受“快乐阅读”的文化氛围，丰富学生的生活。采用实物展示阅读的演化历程：石头、陶器、动物甲骨（兽皮）、木板、竹简、绢帛、纸、电子阅读等。展览通过最新的电子阅读设备、数字化阅读平台展示，以及增强现实和虚拟现实技术的互动体验。

5.“校长读过的书”展区

“校长读过的书”展区是“阅读·悦享读”大型阅读展览中一个独特而富有启发性的部分，旨在展示学校领导层对知识的追求和阅读的热情。此展区精选了校长及其他学校管理层成员阅读过并推荐的书籍，涵盖了教育理论、管理学、心理学、历史、文学等领域，反映了学校领导层广泛的阅读兴趣和深厚的知识底蕴。通过展示这些书籍，展区不仅向观众揭示了学校领导层作为教育者和领导者的思考和视角，也鼓励师生理解阅读对个人成长和职业发展的重要性。每本书旁边都配有相应的读书笔记或推荐语，分享阅读体会和对书籍的见解，增加了展区的互动性和个人化体验。此外，展区还设有互动环节，读者可以留下自己对展出书籍的评论或推荐自己喜爱的书籍，进一步促进了学校内部的知识分享和阅读文化的建设。通过"校长读过的书"展区，展览不仅呈现了阅读的力量，也强化了教育共同体内部成员之间的交流和理解，展现了一种积极向上、追求卓越的学习氛围。

通过这些精心设计的展览内容和布局，"阅读·悦享读"大型阅读展览不仅向公众展示了阅读的多元价值，也提供了一个促进阅读知识交流、激发阅读热情、增进阅读文化理解的平台。这种综合性展览体现了阅读作为一种教育和校园文化实践，在师生个人成长、专业发展、教学科研、专业学习、生活技能提升等方面的作用和价值。

四、参与者的互动与体验

1. 展览宣传互动

在"阅读·悦享读"展览的宣传互动策略中，通过微信微博公众号的日常更新，每日展示活动准备情况和策划亮点，有效增强了活动的氛围感，吸引了师生的广泛关注和积极参与。利用 H5 技术制作的线上邀请函和精心设计的海报、喷绘、横幅等大众宣传材料，极大地扩大了活动的覆盖范围，确保了信息能够覆盖全校。此外，为师生精心准备的留言区域和工具进一步促进了现场互动，使宣传互动策略不仅赢得了在校师生的喜爱，也极大地提高了他们对展览的期待和参与度。这些策略的运用不仅展示了活动组织者的用心与创意，也体现了现代技术在文化活动宣传中的重要作用。

2. 展览留言互动

在"阅读·悦享读"展览中，组织者通过精心设计的留言区域和留言簿，为观众提供了充分表达自己观点和感受的空间，从而极大地促进了观众之间的互动交流。这种设置不仅使观众能留下自己对展览或特定展区的印象、感想和建议，也为其他观众提供了更多的参考视角，丰富了大家的参观体验。通过这样的互动，展览成功地激发了师生的参与热情，加强了展览内容与观众之间的联系，使"阅读·悦享读"展览成为一个活生生的交流平台，深受师生喜爱。这不仅体现了展览的参与性和互动性，也反映了阅读文化在促进思想交流和知识分享方面的重要作用。

3. 展览解说互动

在"阅读·悦享读"展览中，解说互动成为连接展览内容与观众之间的重要桥梁。讲解员通过生动的开场白引入主题，随后依次带领观众走进不同的展区，如"阅与人生""阅与技能""阅与生活""阅与科技""校长读过的书"等，详细阐述每个阶段的重点内容和设计理念。通过故事化的讲解手法，讲解员不仅传递了书籍在不同人生阶段的影响和意义，还通过互动环节，如共享阅读技巧、专业技能讨论，鼓励观众参与和交流，使展览的每个环节都充满了互动性和参与感。此外，展览还通过设置休息区和意见簿，邀请观众分享推荐书籍和提出宝贵意见，进一步增强了观众的参与度和展览的互动性。

4. 展览活动互动

"阅读·悦享读"展览通过一系列精心设计的相关活动，显著提升了展览的互动性和参与度。首先，发声与聆听朗诵大赛不仅为师生提供了展示自己阅读理解和表达能力的平台，同时也营造了浓厚的书香氛围，有效地为开幕式和展览造势。其次，征集书单活动鼓励师生分享自己的阅读经历和推荐书籍，这种互相学习和分享的过程极大地促进了师生间的交流，加深了他们对阅读的共同理解和热爱。

校园内赠送书签活动和快闪舞蹈表演通过直接和富有创意的方式，增强了展览的可见度和吸引力，同时也为师生提供了日常生活中的阅读提醒和乐趣。美文征集活动则为师生提供了一个展示自己阅读感悟和创作才能的机会，这些个人的阅读故事和笔记的展示，不仅丰富了展览的内容，也增强了展览的情感共鸣和教育意义。

通过向各个学院和院长办公室赠送活动请帖，展览进一步扩大了其影响范围，确保了活动信息的广泛传播。开幕式作为整个活动的高潮，通过校领导的出席和精彩的节目表演，极大地提高了师生的参与感和对展览的期待。阅读之星交流会作为一个平台，让热爱阅读的学子有机会直接交流和分享，从专家和同伴那里获得灵感和指导，这不仅促进了师生之间的互动，也深化了他们对阅读的理解。

通过这些精心设计和执行的活动，"阅读·悦享读"展览成功地创建了一个既有教育意义又具娱乐性的阅读文化交流平台，有效地激发了校园内外对阅读的兴趣和热情，实现了展览价值和作用的最大化。

五、效果评估与反馈

评估高职院校图书馆的展览需要考虑多个方面，以确保展览的有效性和影响力。根据高职院校图书馆展览评价法及活动材料和观众反馈，我们可以从以下 7 个方面来评估该展览。

1. 展览内容与主题

"阅读·悦享读"活动的主题明确，旨在通过展览和相关阅读活动，让读者重新认识、参与并爱上阅读。展览内容丰富多彩，包括主题展览和相关的活动等，都充分体现了阅读对个人成长和校园生活的重要性。活动有助于提升读者的信息素养和综合阅读能力。

2. 展览设计与布局

展览的具体设计与布局，在视觉吸引力和布局合理性方面应该做得精美且优良，给读者留下了深刻的印象。例如，通过划分不同的展区（如"阅与人生""阅与技能"等），使展览内容条理清晰，方便观众参观和理解。

3. 观众参与和反馈

"阅读·悦享读"活动吸引了大量读者参与，共计 7 000 余人次。从读者的留言和反馈来看，他们对展览的满意度较高，对阅读有了新的认识和热情。此外，通过评选优秀读者和组织座谈会，进一步激发了读者的阅读积极性和参与度。

4. 教育与推广价值

"阅读·悦享读"展览在教育和推广方面具有显著价值。通过组织多种形式的阅读活动，不仅有助于提升学生的知识水平、文化素养和专业技能，还促进了校园文化的推广和学术交流。此外，通过与管理学院会展策划与管理专业的联合举办，实现了跨学科的资源整合和合作，提高了活动的教育效果和影响力。

5. 资源利用与合作

在资源利用方面，图书馆充分利用了自身资源（如馆藏文献、特色数据库等），并有效地整合了校内资源（如与学校领导的合作、与管理学院的联合举办等）。在合作方面，图书馆与管理学院及读者之间建立了良好的合作关系，共同策划和实施了活动。这种合作模式有助于提升活动的质量和影响力，同时也为未来的合作奠定了基础。

6. 社会影响与媒体关注

这次展览活动得到了媒体的报道或社交媒体上的讨论，在当地具有一定的社会影响力和知名度，受到校领导及师生的认可，在校园内广受热议和好评。

7. 后续影响与可持续性

"阅读·悦享读"活动结束后，其产生的后续影响和可持续性值得关注。一方面，通过持续开展阅读推广活动和巩固已经形成的良好阅读氛围，有助于维持和强化读者的阅读习惯和兴趣；另一方面，通过总结经验教训并不断改进创新推广模式和方法，可以为未来的阅读推广活动提供有益的参考和借鉴。

综上所述，"阅读·悦享读"大型阅读展览是重庆工商职业学院图书馆组织的阅读盛宴。通过精心策划和组织，展览旨在引导学生重新认识阅读、爱上阅读，形成良好的阅读习惯，并受益终身。在此过程中，参与者的互动与体验及活动的效果评估与反馈都为我们提供了宝贵的经验和启示。通过本次"阅读·悦享读"大型阅读展览活动，我们不仅实现了预期目标，还收获了宝贵的经验和启示。在未来的工作中，我们将继续秉承"以读者为中心"的服务理念，不断创新阅读推广模式和方法，持续开展各项阅读活动，为校园文化的繁荣和发展贡献自己的力量。同时，我们也期待更多的读者能够参与到我们的活动中来，共同感受阅读的魅力和乐趣。

第七章　面向教学支持的高职院校信息素养教育

信息技术的快速发展让信息素养成为全球信息化时代的一项基础技能，受到学术界的高度关注，并被视为综合教育中不可或缺的一环。全球多国将其作为提升国家竞争力的关键战略。在数字化和智能化的浪潮中，高等教育图书馆的角色和功能经历了显著的转变，大学生的信息素养培养重点也从传统的馆藏资源利用，转向了综合信息检索能力、个性化学习和应用技能的提升。

高职院校在人才培养上对学生信息素养提出了更高的要求，这包括基础信息技能、信息资源评估、处理与应用能力、信息伦理与法律意识、终身学习和自我更新能力、批判性思维、团队协作与沟通及创新思维等。通过设置信息素养课程、实践教学和项目合作等方式，高职院校致力于培养学生的专业技能和有效利用信息资源的能力，旨在为社会输送高素质的技术技能型人才。这不仅促进了学生的全面发展，也对社会经济和科技创新产生了积极的影响。

本章全面概述了高职院校信息素养教育的现状，分析了存在的问题，并提出了相应的对策，旨在为教育工作者、政策制定者和学者提供理论和实践的参考，共同推动高职院校信息素养教育的进步与发展。

第一节　高职院校信息素养教育的概念与内涵

在信息化社会中，信息素养成为衡量个人综合素质的关键指标。高职院校作为培养职业技能人才的基地，其信息素养教育至关重要。高职院校图书馆作为信息资源中心和学习平台，扮演着重要角色。本书聚焦高职院校图书馆环境下的信息素养教育，通过系统教学和实践，培养学生识别、获取、评估、利用和创造信息的能力，同时强调遵守信息伦理和提升终身学习意识。这一教育模式不仅继承了信息素养教育的核心，还针对高职院校特点和图书馆实际进行了具体化和操作化，为相关研究和实践提供了明确的指导框架。

一、高职院校信息素养教育的概念

（一）信息素养与高校信息素养

信息素养这一概念最早在美国图书检索技能的发展中提出。1974 年，美国信息产业协会主席保罗·泽考斯基（Paul Zeckow ski）在其报告《信息服务环境：关系与优势》中首次引入了"信息素养"这一术语，将其定义为通过培训掌握信息工具，获取并应用信息以解决实际问题的能力[①]。目前，被广泛接受的定义是美国大学与研究图书馆协会在 2015 年发布的《高等教育信息素养框架》中所描述的：信息素养是一系列综合能力，包括发现、理解、使用信息创造新知识及参与社群学习的能力。

在 1996 年，一项研究首次将"信息素养"这一概念引入国内学术讨论。[②]该研究深入分析了信息素养的概念并概述了其历史发展。随后在 1999 年，有观点提出，在知识经济时代，图书馆通过开展信息素养教育，能够有效履行其教育职能，成为推动信息素养教育的重要场所。到了 2000 年，基于信息素养能力的不同分类和核心能力，有研究者制定了一套针对高等院校学生的信息素养能力标准草案。自这些研究发表以来，国内图书馆界，特别是高校图书馆界，对信息素养教育进行了系统和深入的理论和实践研究，积累了丰富的成果，为提升学生的信息素养能力提供了理论和实践指导。

信息素养的理解可以从不同维度展开：知识层面，它侧重于对信息概念、类型和流通等基本要素的理解，以及对信息结构和组织方式的掌握；技能层面，它强调信息检索和处理的能力，包括识别和整合信息的技巧；态度、价值观和伦理层面，信息素养倡导对信息价值的深刻认识、积极的信息态度、批判性思维能力，以及在信息使用中遵循的伦理规范。

（二）高职院校信息素养教育概念界定

信息素养概念具有泛化性，应用领域具有普遍性。信息素养不仅局限于图书馆学、信息科学等领域，而是已经渗透到社会生活的各个方面。不论是学术研究、教育教学、企业管理还是个人生活，都需要具备一定的信息素养

① 蔡迎春，张静蓓，虞晨琳，等.数智时代的人工智能素养：内涵、框架与实施路径 [J]. 中国图书馆学报，2024：1–17.

② 金国庆.信息素养一词的概念分析及历史概述 [J]. 国外情报科学，1996（1）：26–33.

来有效地获取、评估、利用信息。因此，信息素养已经成为现代社会公民必备的基本素质之一。

高职院校信息素养教育的主要目标是培养高职院校学生的信息意识、信息知识、信息能力和信息道德。为聚焦理解高职院校信息素养，在以上信息素养定义的基础上，结合当前高职院校信息素养的相关理论和实践，给高职院校信息素养一个操作性的定义。

高职院校信息素养教育指的是高职院校图书馆，在国家、教育部职业教育政策和本校职业教育发展方针指导下，对学生进行系统的信息素养教育和训练，使学生掌握并有效运用信息技术工具，检索、评估、使用和创造信息以解决专业领域的实际问题的能力。这种能力不仅包括获取和处理信息的技术技能，还涵盖了理解信息的生产、组织和传播过程的能力，以及评价信息真实性、准确性和相关性的批判性思维能力。同时，信息素养还意味着学生能在遵循法律法规和伦理原则的基础上，利用信息促进个人和社群的学习和知识创新，以及适应和引领数字化时代的综合素质。这个定义强调了信息素养在高职院校教育中的多维度特性，不仅局限于技术技能的培养，更加注重信息的评估、使用和创新能力的培养，以及法律意识和伦理观的树立，旨在为学生全面发展和未来职业生涯的成功奠定坚实的基础。

二、高职院校信息素养教育的内涵

（一）高职院校信息素养教育是职业教育的要求

随着信息技术的快速发展和广泛应用，信息素养已经成为现代社会公民必备的基本素质之一。对于高职院校来说，信息素养教育不仅是提升学生综合素质的重要途径，也是适应经济社会发展需求、培养高素质应用型技能人才的必然要求。

2018 年，教育部发布《教育信息化 2.0 行动计划》，强调信息素养为师生必备素质，并将其提升为计划的关键任务 [①]。2019 年，国务院推出《国家职业教育改革实施方案》，指导高职院校适应经济社会发展，培育具有实践和创新能力的高技能应用型人才。高职院校需重视信息素养教育，将其融入人才培养，以提高学生素质，满足企业对高素质人才的需求。

高职院校信息素养教育既是国家职业教育政策的要求，也是提升学生综合素质、适应经济社会发展需求的必然选择。高职院校需要全面加强信息素养教育，将其纳入人才培养体系，并与专业教育相结合，以满足企业对人才

---

① 教育部 . 教育信息化 2.0 行动计划 [EB/OL]. （2018—04—13）[2024—02—25]. http://www.moe.gov.cn/srcsite/A16/s3342/201804/t20180425_334188.html?from=timeline&isappinstalled=0.

的要求，培养具有较强实践能力和创新能力的高素质应用型技能人才。

（二）高职院校信息素养教育是高等教育对图书馆的要求

2015年，教育部发布的《普通高等学校图书馆规程》标志着中国高校信息素养教育的新篇章。该规程强调图书馆在开展信息素质教育中的关键作用，提倡利用现代教育技术，强化信息素质课程体系，并创新新生培训与专题讲座的形式与内容。高等教育机构的图书馆被赋予了超越传统服务的使命，不仅要提供借阅和查询服务，还要致力于培养学生的信息素养。信息素养，涵盖信息的获取、处理、评价和利用等关键能力，对学生的综合素质提升和未来社会适应性至关重要。该规程倡导图书馆利用数字化和网络化技术，开发在线课程、微课、慕课等教育资源，以提供更便捷、高效的学习途径。此外，图书馆应与教学部门协作，共同打造一个全面的教育体系，以确保信息素养教育的深入实施和效果最大化。

（三）高职院校信息素养符合一般信息素养的基本特征

高职院校信息素养教育体现了信息素养的三个基本特征：跨学科性、多维性和发展性。跨学科性，信息素养强调对信息和信息技术的全面理解与应用，其理论基础广泛吸收了计算机科学、信息科学等相关学科的理论和方法，展现了明显的跨学科特性。随着计算机科学的进步，信息素养的影响力已扩展至医学、教育学、社会学等领域。多维性，信息素养并非单一的知识体系，而是融合了知识、技能、态度、价值观及伦理等多个维度的综合素养，反映了个体对信息的综合处理能力。发展性，随着技术的演进和社会的发展，信息素养的内涵和应用范围持续扩展。数字素养可视为信息素养在数字时代的延伸，而人工智能素养则是数字素养在人工智能时代的进一步发展。为有效培育学生的信息素养，高职院校需重视跨学科的整合、综合素养的培养，并不断更新教育内容与方法，以适应技术进步和社会需求的变化。

三、高职院校信息素养教育概念背后的逻辑与实质

旨在培养学生适应快速变化的信息技术环境、提高信息处理和创新应用能力、增强批判性思维和独立判断能力、培育良好的信息伦理道德观、促进终身学习和个人全面发展的信息素养教育，对于学生未来的职业生涯和个人发展至关重要，也是高职教育应对社会发展的直接反映。高职院校信息素养教育背后的逻辑与实质是社会生产力进步的驱动，也是高职院校信息素养教育的驱动。

（一）社会信息技术生产力的发展

高职院校信息素养教育的推进，是社会生产力进步和信息化发展对人才

培养需求变化的直接反映，它要求学生不仅要适应信息技术的变化，还要求能够掌握新的技术创造价值。人类社会，随着信息载体从纸质到数字的转变，信息的生产、发布和获取变得前所未有的便利，这一变革不仅改变了信息载体的形态和流通速度，也极大地扩展了信息的覆盖范围和影响力。在这样的背景下，人们面临着如何有效管理和利用这些资源的挑战。高职院校的学生，他们正处在职业生涯的起步阶段，对于他们来说，掌握如何有效获取、评估、利用和创新信息变得尤为重要。高职院校信息素养教育不仅是提升学生基础信息技术的能力，更重要的是培养他们的批判性思维、信息伦理、终身学习能力和创新能力，以适应社会生产力发展的需求。这种教育的核心目的在于使学生能够在信息化社会中有效地生存、学习和工作，同时也为他们将来的职业发展奠定坚实的基础。

（二）高职院校信息素养教育实践的发展

随着社会对信息素养要求的提高，高职院校在教育实践中不断探索和积累经验，通过课程设置、项目合作、实习实训、信息素养竞赛等方式，使学生能够在实际操作中学习到如何有效地获取、处理、评估和应用信息。这些实践活动不仅增强了学生的信息技术应用能力，更重要的是提升了他们的批判性思维、创新能力和问题解决能力。高职院校信息素养教育的理论发展必须适应这些实践经验的积累，不断更新和完善教育内容和方法，以确保高职院校信息素养教育理论与社会发展的需求保持同步。通过这样的循环，即理论指导实践，实践反哺理论，高职院校信息素养教育才能更好地适应社会的变化，培养出既具备扎实专业知识和技能，又拥有高信息素养的技术技能型人才。

第二节　高职院校信息素养教育的目标、构成要素及主要方式

一、高职院校信息素养教育的目标

高职院校信息素养教育致力于全面培养高职学生的信息素养，以适应信息化社会对高级技术技能型人才的需求。信息素养涵盖了多个维度，包括信息意识、信息检索能力、信息分析处理技能、信息伦理、信息创新能力、终身学习能力等。

（一）信息意识

高职院校学生的信息意识是其在信息化社会中生存和发展的核心能

力。学生在学习与工作的过程中，需明确自身的信息需求，并主动搜寻满足这些需求的资源。信息素养教育的首要任务是培育学生的信息意识，涵盖对信息敏感度、价值判断力及需求自觉性的培养。通过此教育，学生能更深刻地理解信息在解决问题和辅助决策中的重要性，进而更积极地利用信息资源以促进专业和技能成长。高职院校旨在通过信息素养教育，培养出具有强烈信息意识，能够灵活应对信息化社会挑战的高素质技术技能型人才。

（二）信息检索能力

信息检索能力是获取有效信息的关键技能，高职信息素养教育致力于培养学生的信息检索能力，使他们能够迅速定位并获取所需的信息资源。学生需要学会根据实际需求选择合适的信息资源。掌握检索工具的使用技巧也是提升信息检索能力的关键。学生应熟练掌握各种检索工具，如搜索引擎、数据库检索系统等，了解检索语法和高级功能。学生需要学会根据检索目的和关键词，制定合适的检索策略，快速定位到有价值的信息资源。通过高职信息素养教育的系统培训和实践锻炼，高职学生可以逐步提升信息检索能力，使他们在学习和实践中快速找到相关信息或文献，高效获取所需数据和信息，从而更好地支持他们的学习和职业发展。

（三）信息分析处理技能

信息分析处理技能是信息素养教育中的核心组成部分，它涉及对检索到的信息进行深度加工和理解的过程。对于高职学生而言，掌握这一技能不仅意味着他们能够从海量的信息中筛选出有价值的部分，更重要的是能够将这些信息转化为自己的知识和智慧。需要运用批判性思维，对所获取的信息进行甄别和判断，对信息的质量和价值进行评估。对信息的来源、真实性、完整性和时效性保持警觉，不盲目接受，深入探究其背后的逻辑和事实依据。运用逻辑推理能力，对收集到的信息进行整理、分类、归纳和提炼。将分散的信息点串联起来，形成有条理、有逻辑的信息链或知识网络，为知识应用和创新奠定基础。

（四）信息伦理

培养高职学生的信息伦理素养是信息素养教育的重要任务之一。通过加强相关教育和引导，帮助学生树立正确的信息道德观念，养成良好的信息行为习惯，成为信息化社会中遵纪守法、有道德、有责任感的公民。对于高职学生而言，培养良好的信息伦理素养，不仅关乎他们个人的道德品质和职业素养，也直接影响到整个社会的信息化进程和信息安全。严格遵守知识产权法律法规，尊重他人的智力劳动成果。无论是引用他人的观点、数据还是使用他人的作品，都应明确引用来源并遵守相关授权规定。增强个人信息保护意识，妥善保管个人身份信息和重要数据，同时也尊重他人的隐私，不非法获取、传播他人的个人信息。遵守国家和相关单位制定的信息安全规章制度，不从事危害信息安全的活动。

（五）信息创新能力

信息创新能力被视为高职学生必须掌握的高级技能。它不仅是对信息的简单获取、分析和处理，更是要求学生在现有信息的基础上，运用创新思维和信息技术，创造出新的、有价值的信息产品或解决方案。创新能力的培养，要求学生敢于挑战传统观念，勇于尝试新的方法和路径，不断探索未知领域。这不仅需要创新意识和思维，同时还需要具备跨学科的知识融合能力，能够将不同领域的知识和信息进行有效的整合，形成新的创意和想法。此外还需要掌握一定的信息技术和工具，以支持他们的创新活动，这包括数字媒体制作技巧、网络平台运用策略及编程语言基础知识等。创新需要与他人进行合作和交流，共同解决问题和完成任务，需要具备良好的团队协作精神和沟通能力。

（六）终身学习能力

在信息素养教育中，培养学生的终身学习能力也至关重要。随着信息技术的不断发展和更新，学生需要具备持续学习新知识和技能的能力，以适应不断变化的信息环境。这要求学生掌握自主学习的方法、利用在线教育资源的能力及参与社区交流的技巧等。教学生学会如何制订学习计划、选择适合自己的学习资源和方式，以及监控和评估自己的学习过程。这种自我导向的学习能力不仅有助于学生在校期间取得好成绩，更重要的是使他们能够在毕业后继续学习和更新知识，不断提升自己的信息素养和专业技能。

综上所述，高职院校信息素养教育的目标是从多个维度全面培养学生的信息素养，包括信息意识、信息检索能力、信息分析处理技能、信息伦理及信息创新能力和终身学习能力等方面。通过实现这些目标，高职院校能为社会培养出具备高素质的信息素养人才。

二、高职院校信息素养教育的构成要素

图书馆、学生、教师、专业馆员是高职院校信息素养教育的主要构成要素，它们共同支撑起信息素养教育体系，为提高高职院校的信息素养水平提供了有力的支持和保障。

（一）高职院校信息素养教育的主体是图书馆

图书馆是高职院校信息素养教育的重要场所和资源中心。它提供了丰富的信息资源和良好的学习环境，为学生提供了广阔的信息素养培养空间。图书馆可以通过开展信息素养培训课程、组织信息素养竞赛、提供信息素养咨询等方式，积极参与信息素养教育，帮助学生提高信息获取、处理、利用和创新的能力。

（二）高职院校信息素养教育的主要对象是学生

学生作为信息素养教育的主要需求主体，其需求广泛，既包括学习上的需求，也包括个人成长和未来职业发展的需求。在学习方面，学生需要通过信息素养教育掌握有效的信息检索、评估、管理和应用技能，以便于在众多信息资源中快速找到所需资料，提高学习效率。同时，面对新闻、时事等信息，学生也需要具备批判性思维能力，能够独立判断信息的真实性和价值。从个人成长和职业发展的角度来看，信息素养还包括了解和使用社交媒体、网络安全知识、数字工具操作等技能，这些都是当代社会中不可或缺的生存技能。

（三）高职院校信息素养教育的主要推行者是教师

对于教师而言，他们是信息素养教育的需求者，也是信息素养教育的推行者。信息素养教育的需求主要集中在提升教学和科研能力上。教师需要掌握如何有效地获取、评估和利用专业领域内外的信息资源来支持其教学和研究活动。这不仅包括对电子图书、学术期刊、在线数据库等资源的检索和使用，还涉及如何利用信息技术工具来优化教学设计、提高教学互动性和学生参与度。随着科研竞争的加剧，教师还需要通过提高信息素养来增强自己的科研创新能力和科研项目申报的成功率。此外，教师作为教学主体，教师的信息素养影响着学生的信息素养，是学生信息素养教育的主要推行者。

（四）高职院校信息素养教育的关键推动者是专业馆员

专业馆员在高职院校信息素养教育中发挥的作用包括，信息素养知识与技能的传授、信息素养咨询的提供、检索实践的参与和指导等。专业馆员承担着信息素养教育资源的收集、整理、开发和管理工作。专业馆员会定期更新图书馆的信息素养教育资源库，引入新的信息素养教育工具和平台，为学生提供更加丰富多样的学习资源。同时，专业馆员还会与其他教师合作，共同开发信息素养教育课程和项目，推动信息素养教育的深入发展。专业馆员承担着信息素养教育活动的组织与策划，如信息素养竞赛、信息素养培训营、信息素养沙龙等。

三、当前高职院校信息素养教育的主要方式

当前高职院校图书馆在进行学生信息素养教育方面主要采取以下六种方式①。

（一）信息检索课程

开设信息检索课程一直是高校进行信息素养教育工作的主要方式，目前高校对开设的信息检索课程重视程度参差不齐。高职院校通过设置专门的信息素养课程或将信息素养教育融入相关课程中，如计算机应用基础、网络技术、数字媒体应用等，来系统地培养学生的信息技术使用能力、信息检索能力和信息评估能力。这些课程不仅教授技术操作，更重视培养学生的批判性思维和独立学习能力。信息检索课作为高校信息素养教育的基础课程受重视程度不够，影响力及覆盖面较窄，需要进一步完善。

（二）新生培训教育

新生培训教育工作一直是高校开展信息素养教育的重要阶段。新生培训是引导高校新生了解信息服务资源、建立对信息资源使用初步印象的重要途径。因此，新生培训工作成为信息素养教育工作中基础性的部分，同时也是进一步引导和开展其他信息素养教育工作的有力保障。高校图书馆多采用现场讲解或讲座的方式开展此项工作，也有图书馆采用实地参观图书馆的形式开展工作，还有一些图书馆利用多媒体等现代技术手段制作一些非常有新意的教育形式，如通过制作小视频、举办书海寻宝或以通关竞赛的形式来吸引新生，以此加强新生对图书馆信息资源的认识。作为高校信息素养教育的组成部分，新生培训工作开展广泛，覆盖率高，但形式比较单一，新生入馆教育培训系统等融合多媒体技术来开展这项工作，已成为新生信息素养培训工作的新趋势。

（三）专题培训与讲座

高职院校图书馆作为信息素养教育的主体，提供丰富的信息资源，包括纸质图书、电子书籍、专业数据库等，满足师生的学习和研究需求。开展各种专题培训与讲座，是高校图书馆普遍采用的一种信息素养教育方式，目的是服务读者对图书馆资源的检索与利用。培训内容多集中在图书馆资源介绍、服务介绍、中外文数据库资源检索与利用、论文写作和文献获取技巧等方面。

---

① 曲婧. 新工科背景下"教赛训一体化"信息素养教育教学模式的构建 [J]. 产业与科技论坛，2023，22（18）：73-74.

高校多以培训与讲座作为信息素养教育的方式之一，但覆盖群体不够广泛，培训形式单一、缺乏新意，培训内容虽然较之多年前有较大发展，但可拓展及挖掘的内容仍然很多。高校根据自身资源特点进一步完善专题培训工作已成为更好发展信息素养教育工作的关键一步。

（四）信息素养竞赛

近年来，信息检索竞赛是对检索课的有力补充，已成为信息素养的培育方式之一。竞赛内容以数据库使用技巧、高职院校学生必备的各类专业信息检索、多媒体技术检索等为主体。竞赛规模大小不一，有本校单独举办、本地区高校图工委来组织举办、全国高职院校信息素养大赛。在发展过程中的信息素养竞赛，也需要不断完善，但是它为高职院校信息素养教育注入了新的活力，竞赛集中有效的时间学习和实践，把枯燥难解的理论知识变为趣味性与实践性相融合的比赛，不仅夯实了检索课上的知识点，更为学生提供了补充、完善自我专业漏点的良好学习机会，弥补了当前高职院校信息素养教育的不足，提高了信息素养教育效率。

（五）信息素养实践活动

通过组织各种实践活动，如科研项目、社会实践等，让师生在实际操作中学习和应用信息素养知识，增强其解决实际问题的能力。这些实践活动通常需要师生利用所学的信息检索、评估和处理技能，完成各自工作和学习中的特定任务或解决问题。利用网络平台和在线教育资源支持信息素养教育，如开设在线课程、建立数字学习社区、提供在线数据库和电子书籍访问等。这些平台和资源使学生能够在任何时间和地点进行自主学习和实践，拓宽了信息素养教育的途径和范围。校企合作，把信息素养培养引入实际工作的信息应用案例，让学生了解和掌握行业内的信息技术应用和信息管理实践。这种校企合作模式不仅能提供真实的信息素养学习情境和实践场景，还有助于学生理解信息素养在未来职业生涯中的重要性。

（六）教师培训与发展

教师在高职院校信息素养教育中扮演关键角色。他们的信息素养和教学方法直接关系到学生的培养效果。教师参与学术研究、教学交流和企业实践等专业发展活动，不仅拓宽了视野，也提高了实践能力，是提升信息素养的有效途径。这些活动使教师掌握最新的信息技术趋势，进而融入教学，让学生接触前沿知识和技能。高职院校应重视教师信息素养培训和专业发展，以提升教师在信息意识、检索技能、安全与伦理素养等方面的能力。这有助于教师更有效地理解和应用信息技术，指导和激励学生。教师的示范作用对学生信息素养影响深远，教师的言行会成为学生模仿的榜样。具备高信息素养的教师能通过示范，积极影响学生，促使学生在学习和生活中重视信息素养的提升。

高职院校图书馆通过以上信息素养教育方式的综合施策，努力提升学生的信息素养，旨在培养能够适应信息化社会需求的高素质技术技能型人才。这不仅有助于学生的个人发展，更将为社会的信息化进程作出积极的贡献。

第三节　高职院校信息素养教育现状、问题与对策

一、高职院校信息素养教育的现状

（一）高职院校图书馆主导的信息素养服务取得了一定的成绩

无锡市四所高职院校针对现阶段的高职院校学生存在信息意识淡薄、信息能力不足、信息道德不乐观等问题，采取树立现代信息教育理念、提高师资队伍信息素养、注重学生信息素养自我培养等措施，以提高高职学生的信息素养[1]。学者李莉、史焰青基于国内外信息素养评价指标体系的研究现状，根据科学性原则、可行性原则、系统性原则、可比性原则、灵活性原则及信息化、职业性原则构建了一套高职院校学生信息素养评价指标体系[2]。苏州卫生职业技术学院图书馆以用户为中心构建学科服务平台和班级服务平台、开展多元化延伸信息服务的实践，就提高高职院校图书馆信息服务的整体水平提出建议[3]。

深圳职业技术学院图书馆的信息资源检索与利用课程的教学旨在使学生熟悉并学会利用图书馆文献信息资源、培养学生的文献信息检索技能，进而全面提高信息素养。一是基于以"教师为辅导、学生为主体"的自主学习型网络课程教学模式，采用网上报名、组班开课、辅导教学、自主学习、上机操作和集中考试相结合的方法，开展大规模的信息资源检索与利用课程的教学工作；二是采用嵌入式教学法，即把文献信息检索方法与技巧直接嵌入专

---

① 顾永惠. 高职生信息素养问题与对策研究——以无锡市四所高职院校为例 [J]. 岳阳职业技术学院学报，2017，32（4）：41-44；49.

② 李莉，史焰青. 信息化条件下高职院校学生信息素养评价指标体系的构建 [J]. 知识经济，2019（7）：116-117.

③ 包祖军，蔡小红，崔倩，等. 高职院校图书馆多元化延伸服务探索与实践——以苏州卫生职业技术学院为例 [J]. 大学图书馆学报，2014，32（1）：119-122.

业课程中，由专业服务馆员负责讲授 1 ～ 2 课时的文献信息检索课①。

（二）全国高职院校信息素养大赛将信息素养教育和实践推向了高潮

2019 年举办的"首届全国高职院校信息素养大赛"是第一次全国规模的同类赛事，参与面广、参与度高，大赛展现了高职院校信息素养教育成绩，出现了一批教学方法、目标、手段各具特色的优秀课例。本次大赛虽然并非国家职业技能竞赛的正式赛项，但仍受到高职院校普遍关注，各参赛院校以图书馆为主体，研究教材、教法，交流教学经验和先进案例，争取学校对电子资源建设的支持，开展信息素养教育的热情高涨。

大赛是对高职院校信息素养教育的一次集中检验，学生信息素养的目标达成、教师的教学特点均在赛事中得以呈现。进入全国评审的参赛作品代表了当下高职院校信息素养教育的最高水平，也成为高职院校信息素养教学的一个缩影，不论是教学方法、课程内容，还是教学目标及教育技术运用等方面，都呈现出不同的特点：教学方法与手段的灵活运用、启发探究凸显学生主体地位、从信息素养到创新素养的教学目标立体多元、教育技术显优势能无缝衔接课堂内外。基于项目的教学方法、嵌入式教学法、案例教学法、翻转课堂、MOOC（慕课），任务驱动、小组协作学习均在参赛案例中普遍运用。

二、高职院校信息素养教育存在的问题

高职院校信息素养教育受办学类型、教育体系、生源质量和师资力量等多方因素掣肘，教育生态不完整，其体系待完善、成效待提高。通过深入剖析高职院校信息素养教育面临的困境，探寻新时代高职院校信息素养教育的进阶之策。

（一）高职院校学生信息素养教育有待加强

2019 年全国高职院校信息素养大赛组织院校的研究表明，知识积累不足和综合运用能力弱是参赛学生普遍存在的问题。据学者李晓君的调研②，高职院校学生的信息素养现状：高职学生信息意识有待加强，信息知识的掌握程度不够理想，信息的评价能力有待提高；高职学生具备基本的信息获取能力，但信息处理能力欠佳，信息的应用能力不太理想；在信息道德伦理层面，高职学生没有形成抵制不良信息和谣言的态度，缺乏规范标注引用别人观点或

① 郭向勇，施蓓，唐艳，等.学科馆员制度在高职院校图书馆的创新与实践 [J]. 大学图书馆学报，2010，28（5）：121–125.

② 李晓君 . 高职院校图书馆提升学生信息素养的对策探究 [J]. 职教论坛，2020，36（7）：136–141.

者原文。高职院校信息素养教育不够全面系统，系统开设信息素养课程的高职院校比例较少，部分高校除开设计算机基础课程外，没有开设任何相关的信息素养课程①。

（二）高职院校内部信息素养教育教研组织匮乏

高职院校内部信息素养教育教研组织匮乏是目前高职院校普遍的现实。高职院校在推广和实施信息素养教育时，学校内部却没有统一、专门的信息素养教研机构，信息素养教育还没有融入高职院校人才培养体系。规范课程设置是高职院校人才培养方案制订的基本要求，人才培养方案的课程设定往往围绕专业属性及相关规定的通识课程体系进行制订。高职院校师资水平有限，在严格按照国家有关规定开齐开足专业课程和公共基础课程后，还没有顾及高职学生信息素养教育课程，信息素养课程的开设大部分以选修课、图书馆学生信息素养培养活动的形式存在。这种状况距离融入高职院校人才培养任重道远。

（三）图书馆主导的信息素养教育研究和实践效果欠佳

图书馆是信息素养教育研究和推广的主要阵地，却因图书馆作为教辅部门的地位，学校很难从高职育人的高度，对图书馆信息素养教育给予足够的重视和支持。大部分高职院校信息素养教育教学方式各异，教学效果欠佳。从全国高职院校信息素养大赛教师组参赛结构来看，参赛教师来自教学岗位的教师更多，来自图书馆专业馆员岗位的较少，从获奖比例来看专业馆员更少。

（四）全国高职院校信息素养大赛未纳入国家职业技能竞赛的正式赛项

全国高职院校信息素养大赛虽然连续四届取得了圆满成功，并且在增进各高职院校之间先进教学成果和信息化教学经验的交流方面发挥了积极作用，但目前尚未纳入国家职业技能竞赛的正式赛项。信息素养教育在国家层面的认可和推动还有待进一步加强。要将全国高职院校信息素养大赛纳入国家级的职业技能竞赛，并使其具备与其他专业类型的职业技能大赛相同的影响和效果，需要国家相关组织对信息素养教育进行更为深入和全面的规划和设计。这涉及对信息素养教育在职业教育体系中的定位、与其他专业技能教育的关系，以及如何有效地评价和衡量信息素养水平等一系列问题的深入研究和探讨。

---

① 陈玲霞，章芹.湖南省高职院校学生信息素养现状与培养对策 [J].统计与管理，2019（6）：90–95.

三、高职院校信息素养的对策

（一）国家应加强对高职院校信息素养教育的重视和支持 ①

国家要对高职学生信息素养的培养工作高度重视，提高对高职院校的支持力度，加大对高职院校信息化建设的资金投入和政策倾斜。根据高职学生信息素养特点，明确高职学生信息素养标准和指标体系，以便进一步明确新时代高职学生信息素养培养的目标定位和实施路径。连续四届成功举办的全国高职院校信息素养大赛，已经为信息素养大赛积累了宝贵的经验和良好的口碑，相信在未来的发展中，随着信息素养教育在职业教育中的重要性日益凸显，国家相关组织会对这一赛事给予更多的关注和支持，使其能够纳入国家职业技能竞赛正式赛项。

（二）图书馆教育应主动承担信息素养教育师资培养的责任

根据 2015 年的《普通高等学校图书馆规程》的规定，承担信息素养教育是图书馆应尽的职责，高职院校图书馆可充分发挥教育功能，面向大学生开展信息素养教育活动。高职院校图书馆信息素养教师人才的不足，反映的是图书馆行业教育的落后，面对信息素养这一现实需求，国内图书馆教育多年来没有承担起相应的信息素养教师人才培养教育的责任。这导致图书馆学专业培养的专业馆员不具备承担信息素养教育的相应专业履历和资质，难以达到高职教育人才培养标准的课程师资要求。高职院校信息素养教师需要经过相应专业教育，图书馆学教育应主动承担起信息素养教师培养的职责。只有这样，高职院校图书馆才能基于信息中心的丰富资源优势和图书情报专业的师资资源，发挥图书馆在高职信息素养教育实践和研究中的主阵地作用，面向全校师生开展信息素养教育。

（三）高职院校应加强对信息素养教育的重视和支持

对我国高职院校而言，信息素养教育在体系、生态、实践等方面目标不清 ②。缺少对信息素养教育生态的培育与构建，缺少信息素养教育在教学体系、课程建设、教学实践等方面的统筹考量，信息素养教育随波逐流、形式化严重。大部分院校的职能部门、教学单位及师生群体对信息素养教育认知薄弱，重视不足。在学校发展、专业建设和教育教学中没有开展信息素养教育的顶

---

① 师帅 . 构建高职学生信息素养评价体系的实证研究——以常州高职教育园区学生为例 [J]. 江苏工程职业技术学院学报，2023，23（4）：74–81.

② 付天新，吕巧枝，许昱苹，等 . 高职院校信息素养教育困境与路径探析 [J]. 北京农业职业学院学报，2024，38（1）：78–85.

层设计规划，并形成长效机制，使之嵌入人才培养方案、加入专业教育、进入正式课堂、融入高职职业技能比赛中。高职院校要加强对信息素养教育的支持，建设信息素养培养课程体系。或将信息素养选修课、图书馆信息素养教育活动与专业课程有机融合，实现高职院校信息素养的系统化培养。当前大部分高职院校的计算机文化教育课程仍然存在，这一课程具有与信息素养教育课程融合的天然条件，高职院校可以推动两类课程的融合，形成新的高职院校信息素养公共基础课程，纳入高职院校人才培养方案公共基础课程体系。

第四节　高职院校教、训、赛一体化信息素养教育实践

在信息时代的浪潮中，信息素养已成为高职学生不可或缺的能力。重庆工商职业学院图书馆作为学校信息资源的集散地，近年来积极响应这一时代需求，不仅开展了新生和教师的信息素养培训，更在全国高职院校信息素养大赛的契机下，深入探索了教、训、赛一体化的教育模式[①]。本节将详细阐述这一实践过程，展现图书馆如何有效整合教学资源，通过实践训练和竞赛活动，全面提升学生的信息素养水平，为高职教育的创新发展贡献力量。

一、教、训、赛一体化信息素养教育的概念

本书中的教、训、赛一体化信息素养教育，是指集信息素养教学、信息素养实践和训练、信息素养大赛于一身的教育模式。在这一教育模式下，信息素养教学是基础，信息素养实践和训练是中间环节，信息素养大赛是对信息素养教学和实训的检验和推广。教、训、赛三个环节，在一体化信息素养教育实践中的顺序是前后衔接、依次递进、可循环往复的关系（如图 7-4-1 所示）。

图 7-4-1　教、训、赛一体化信息素养教育模型

① 陈靖，王天林，彭丽.高职院校教、训、赛一体化信息素养教育实践研究——以重庆工商职业学院图书馆实践为例 [J]. 重庆广播电视大学学报，2021，33（4）：26-33.

二、教、训、赛一体化信息素养教育方法的形成

近年来，信息素养教育领域的研究热点集中在教学方法上，如基于项目的课程教学法、基于问题解决的体验式教学法、基于专业知识整合的嵌入式教学法等。通过进一步调研国内信息素养教学实践，可以发现很多图书馆在信息素养教学、训练、竞赛等方面已有先行实践，这些都成为教、训、赛一体化信息素养教育模式的有益借鉴。

（一）信息素养教学方面的实践借鉴

信息素养教学方面的具体案例主要有：武汉大学的信息检索教材入选国家"十一五""十二五"规划教材书目，所开设的信息检索慕课被评为国家级精品课程，并入选中宣部"学习强国"平台首批慕课；四川师范大学图书馆的慕课"信息素养：效率提升与终身学习的新引擎"被认定为国家精品在线开放课程，"信息素养与终身学习"课程被认定为国家线上线下混合式一流课程；成都航空职业技术学院开发的课程"文献信息检索与利用——让你成为行走的搜索引擎"被评为国家精品在线课程；深圳职业技术学院图书馆开设了面向核心能力的信息素养课程等。

（二）信息素养训练方面的实践借鉴

信息素养训练方面的具体案例主要有：上海交通大学图书馆建立了"入馆教育→通识核心课→专业选修课→嵌入课程→信息专员→微课程→通识与嵌入→滚动与定制→工具与方法"的教育进程，实现了分层分类、以学科为主线、融入教学科研过程、多种教学形式、多种模式和方法、师生共同参与、多部门馆员协同的信息素养教育模式[①]；山东大学图书馆建立了"普及教育→深度教育"的模式，普及教育是掌握基本的检索理论与技能，深度教育是针对创新性项目或竞赛课题，找准检索方向，优化检索方案，实现"理论＋实践""学习＋锻炼"，提升学生信息素养、科研素养和创新能力。

（三）信息素养竞赛方面的实践借鉴

信息素养竞赛方面的具体案例主要有：沈阳师范大学图书馆对学生进行"基于学术生态系统的信息素养教育"后，通过"写作大赛""检索大赛""精英训练营"等多种主题活动来进一步辅助信息素养教育；广州医学院图书馆

---

① 王宇，吴瑾. 新时代信息素养教育的演进与创新—— 2018 年全国高校信息素养教育研讨会综述 [J]. 大学图书馆学报，2018，36（6）：21-27.

利用资源进行技能竞赛，通过竞赛模式对高校学生进行信息素养教育的补充、延伸和检验，效果良好。

总之，以上案例中的信息素养教学方法和实践，为重庆工商职业学院图书馆信息素养教育创新和教、训、赛一体化信息素养教育实践提供了良好的借鉴基础。在掌握同类院校图书馆信息素养教育方法后，重庆工商职业学院图书馆通过在校内发布全国高职院校信息素养大赛通知，成立学校的大赛工作组，动员师生报名，建立线上参赛群组，逐渐形成以参赛报名者为核心，以参与大赛的图书馆教师、学院专业教师和辅导员等为培训和辅训教师的线上线下、多类型教师参与的信息素养教育方法和模式。大赛工作组把这一方法简称为教、训、赛一体化信息素养教育模式。

三、教、训、赛一体化信息素养教育的实施过程

（一）教、训、赛一体化信息素养教育前期的准备

以 2020 年为例，根据《"万方杯" 2020 年全国高职院校信息素养大赛工作手册》、2020 年重庆市高职高专院校信息素养大赛通知精神和《重庆工商职业学院关于组织参加 "万方杯" 2020 年全国高职院校信息素养大赛的通知》安排，重庆工商职业学院图书馆成立了信息素养大赛筹备工作组，全体工作组成员参加了全国信息素养大赛启动暨培训会，参加了重庆市高职高专院校信息素养大赛启动暨培训会。学校图书馆积极组织教师和学生参加校级、市级、国家级各项比赛，制定参赛工作进程表，向全校发布参赛通知，进行赛前动员、赛前教学、赛中服务、赛后总结。图书馆信息素养专职教师负责学生信息素养教育、模拟训练和参赛指导，积极开展校内选拔赛，优选推送师生参加市级和全国高职院校信息素养大赛等。

（二）教、训、赛一体化信息素养教育模式的探索

1. 赛项入库

图书馆根据学校相关规定，赛前向所在学校教务处申报，此赛项顺利进入师生技能竞赛项目库。

2. 赛事组织

根据大赛工作手册，仔细学习赛项规则，把握三级赛制的比赛时间节点。确定校级选拔赛的报名和竞赛时间，随后举办了校级网上比赛。及时查看市级选拔赛的报名时间和竞赛时间，按照规定参加市级选拔赛。及时跟进和查看全国竞赛的安排和时间，根据要求参加全国竞赛。

3. 参赛群组加强集中指导

将所有报名的学生集中在学校的"全国高职院校信息素养大赛校级选拔参赛"QQ群。大赛有赛前练习环节和自我测试题库，所有参赛学生报名后，可以登录查看全国高职院校信息素养大赛题库进行学习和模拟练习。该QQ群以学校图书馆信息素养专业教师、数据库使用培训教师、比赛会务后勤教师、辅导员和专业教师为群组管理员，在群内对学生进行信息素养教育和培训、数据库使用问题解答等。在线下，由辅导员督促学生进入大赛数据库练习，信息素养教学和辅导的时间和地点由师生共同确定。经过精心组织，所有参赛成员都能按照个人身份和职责有计划地学习、教学、指导或服务。

（三）教、训、赛一体化信息素养教学模型的形成

1. 教、训、赛一体化信息素养教学模型

课程创新和教学模式改革要致力于节约学生的学习成本，提升学生学习体验和提高学习效率[①]。在教、训、赛一体化信息素养的教学模式下，图书馆信息素养专业教师、数据库使用培训教师、参赛会务后勤教师、专业教师或辅导员，各司其职，形成教、训、赛一体化闭环信息素养教学和实训模型，线上、线下、师生之间的教学、辅导、管理、服务，实现了密切配合，提升了课堂教学质量和学生的学习效率，在短时间内迅速提升了学生的信息素养。在这种模式下，学生、教师、教学资源等教学要素之间的关系如图7-4-2所示。

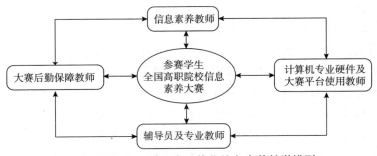

图7-4-2 教、训、赛一体化信息素养教学模型

2. 教、训、赛一体化信息素养教学模型与教育模型的差别

这里的教、训、赛一体化信息素养教学模型强调的是教学要素之间的关

① 王宇，吴瑾. 新时代信息素养教育的演进与创新——2018年全国高校信息素养教育研讨会综述 [J]. 大学图书馆学报，2018，36（6）：21-27.

系及整体的教学效果，而教、训、赛一体化信息素养教育模型强调教、训、赛三个教学环节之间的关系及整体的上升趋势，二者是不同的。

3. 教、训、赛一体化信息素养教学模型内在各要素之间的关系

在构建教、训、赛一体化信息素养教学模型中，各要素间的关系至关重要。参赛群组成立后，由信息素养大赛工作组和教师根据实际需求，划分职责，形成了四支专业团队：图书馆信息素养教师、平台使用培训教师、会务后勤保障教师及辅导员和专业教师。这四支队伍围绕参赛学生和全国高职院校信息素养大赛，组成了一个灵活高效的教学团队。图书馆信息素养教师专注于教学和研究，包括比赛规则、题型、题库等，同时负责技能训练和题库练习辅导。平台使用培训教师管理大赛账号，确保报名和题库开放时间点的准确性，并处理比赛现场的技术和网络问题。会务后勤保障教师负责教学资源的申请、学生集中与交通安排，以及教学和比赛资料的购置与报销。辅导员教师观察学生的学习和训练情况，督促练习，帮助学生调整学习状态，并与信息素养教师保持沟通。学院专业教师则结合专业特点，教授信息检索知识和技能，与通用型教学相结合，形成具有专业特色的检索课程，并将大赛中的新知识、新技术和教学动态及时融入专业教学中。这一模型通过明确分工和紧密合作，确保了信息素养教学的全面性和实效性，为学生提供了一个系统化、专业化的学习环境。

（四）教、训、赛一体化信息素养教学模型的作用

全国高职院校信息素养大赛吸引了很多院校积极参与，在组赛的过程中也发现很多学校存在缺少教学资源、优质师资，没有稳固课程基础，以有限的培训代替系统学习等问题，导致学生很难完成信息素养知识积累。正因如此，教、训、赛一体化信息素养教学模型对信息素养教学的良好促进作用就凸显了出来，主要表现在以下三个方面。一是以赛带课促教。以比赛带动新型信息素养课，促进信息素养课程教学发展。通过参与大赛，根据大赛要求和大赛资源，如大赛的规则、大赛的数据库、大赛的历年参赛数据等，去组织新型信息素养课程的教学和训练，促进传统信息素养课程的教学发展和进步。二是以赛带学促学。以比赛带动参加比赛的学生，促进学生新型学习的发展和学习效率的提高。通过参与大赛，组织和带领学生学习不断适应升级变化的信息素养课程，能促进学生信息素养学习习惯的养成。三是以赛带教促改。以赛带动信息素养教师和教学的发展和改变，促进教师和教学改革发展。通过组织大赛，组委会带动信息素养专业教师进行信息素养教学的研究和判断，进行各级各类大赛的培训，这必定会带动信息素养教学的不断进步和改变，从而促进信息素养教师和教学的改革和发展。

四、重庆工商职业学院教、训、赛一体化信息素养教育实践的主要成效

（一）各级比赛均取得优异成绩

在学校举办的"万方杯"2020年全国高职院校信息素养大赛校级选拔赛中，学生踊跃参赛，通过校内选拔赛为参加市级比赛选拔了不少优秀的参赛选手。在由重庆市高等学校图书情报工作委员会和重庆市高职高专专委会主办的"万方杯"2020年全国高职院校信息素养大赛市级选拔赛中，学校共派出12人参赛。在教、训、赛一体化信息素养教育模式下，学校师生在市级比赛中取得了较好的成绩。其中，学生组荣获一等奖2个、二等奖3个、三等奖4个，2名同学顺利进入复赛；教师组荣获一等奖1个、二等奖4个、三等奖1个。在"万方杯"2020年全国高职院校信息素养大赛全国总决赛中，共有来自全国27个省（自治区、直辖市）的715所院校参加，重庆工商职业学院被授予"最佳组织奖"，是重庆市三所获奖高校之一。

（二）教、训、赛一体化信息素养模式较之传统模式教学效率较高

以固定班级、固定教材为特点的传统信息素养授课方式，随着信息技术的发展，也逐渐引入嵌入式教育、翻转课堂、MOOC、专业化教学等新型教学形式①。但是，在学生学习兴趣的培养、学习目标的确定、学习态度的培养等方面仍然存在不尽如人意的地方，如一位授课教师往往顾及不到全部学生。而引入竞赛机制的信息素养教育，通过层层筛选的竞争机制所具有的吸引力和挑战性，能激起大学生的学习兴趣、竞争意识，使其快速进入角色、确定学习目标。虽然这种方式不能均衡惠及全部学生，但是在竞赛中筛选出的一批优秀学生的榜样示范作用效果较好。同时，竞赛本身的连续性和稳定性，又能造就一批又一批这样的榜样和示范。实践证明，教、训、赛一体化信息素养教学模式成为传统信息素养教学模式的良好补充（二者的区别见表7-4-1），两种教学模式彼此互补，共同为新时代大学生信息素养教育服务。

表7-4-1　教、训、赛一体化信息素养教学模式与传统信息素养教学模式的区别

		传统信息素养教学模式	教、训、赛一体化信息素养教学模式
区别	教学教师实训	重点强调信息素养教学，实训环节较弱	重点强调信息素养教学，实训环节也较强
		教材固定	教材根据大赛每年动态更新

---

① 唐权，窦骏.基于文献调研的国内外研究生信息素养教育实践进展[J].图书情报工作，2017，61（18）：137-144.

续表

		传统信息素养教学模式	教、训、赛一体化信息素养教学模式
区别	教学教师实训	授课教师种类单一	参赛团队教师种类丰富
		一般采用传统班级授课制	纳入竞赛机制，根据参赛人数采取灵活授课方式——线上、线下、教师团队灵活立体配合的授课制
	学生学习	学习目标与态度不统一	学习目标与态度基本统一
		学习效果一般	学习效果较好
		学习与实践方式传统	学习与实践方式现代化、灵活、高效
		传统班级授课制吸引力较弱	竞赛灵活授课制吸引力较强
		学生能力区别分化不明显	学生能力区别分化明显

五、教、训、赛一体化信息素养教育实践的经验

教、训、赛一体化信息素养教育模式实践的经验是：领导的重视是成功的基础，明确的参赛目的是成功的保障，创新模式的教学优势是成功的核心。实践证明，这一模式取得了较好的教学效果和实训效果，而且可示范、可复制、可推广，可以形成长效工作机制。

（一）师生参赛目标明确

对教师来说，借助比赛进行的教学有别于常规教学。参赛教师有在全国高职院校信息素养大赛中争上游、显身手的上进心和参赛目标，他们会认真学习大赛的规则和题库，积极领会各级大赛组委会的配套专业培训会议精神，虚心听从参赛带队教师的指导，极大地促进了教师信息素养教学、培训、辅导效率的提高。对学生来说，学生把参与大赛作为提升信息素养的良好机遇，具有明确的学习动机和强烈的参与意愿，他们希望在大赛中获得奖项，这让学生的学习目标明确且坚定。另外，由于大赛赛制和时间安排的明确性，学生的学习和时间安排也很明确。

（二）教、训、赛一体化信息素养教育模式优势明显

全国类的大赛需要自下而上进行校级、省级、国家级三级联赛，时间紧、任务重。因此，各个学校可以结合本校实际情况，除线下的教育辅导外，也可以更多地利用网络进行线上信息素养教育和辅导，充分利用各种资源。以重庆工商职业学院为例，教、训、赛一体化信息素养教育模式的优势主要体现在以下 3 个方面。

1. 便于多校区学生同时学习交流

目前，重庆工商职业学院图书馆没有开设信息素养课，信息素养教育课设置在学校的电子信息工程学院，课程内容偏重于计算机检索技能的传授和培训。当前，全国大多数高校的信息素养课程由学校图书馆开设，全国高职院校信息素养大赛的参赛报送部门也是各校的图书馆。在这种情况下，重庆工商职业学院图书馆既要承担起大赛的组织参与工作，又要承担起学校的信息素养教育及实训工作。同时，还面临着经验不足，具有专业信息素养教育资质的馆员较少的问题，加上学校又是多校区办学，集中教师和学生参赛面临着不少困难。而通过大赛报名，把报名学生集中在网络社群，开设线上线下相结合的信息素养课，便于集中师资力量，提升培训效能，又便于多校区的学生同时学习和交流。

2. 便于集中师资力量释疑解惑和深度辅导

一般情况下，信息素养教学需要按照学校教学要求选择教材和组织教学，以全体学生的信息素养提升为主要目标。而全国高职院校信息素养大赛旨在展示信息素养教育教学先进成果，交流信息素养教育教学实践经验，促进高职院校师生信息素养全面提升，推动全国高职院校信息素养教育全面健康发展。以此为背景的教、训、赛一体化信息素养教育，可以集中优秀师资力量对学生进行释疑解惑和深度辅导，提高备赛教师的团队合作效率，而且受时间、地点等限制较少。信息素养专业教师的线上线下联合教学，加上辅导员或专业教师的线上线下联合督导，学生的学习情况清晰可判。

3. 便于学生个性化和自适应地进行学习

互联网时代，灵活便捷的信息和资源获取与互动方式正在逐渐改变人们的学习、认知习惯和风格。人们逐渐养成的"微学习"和"碎片化学习"认知习惯，正在挑战传统教学的模式和课程安排。我们需要重新认识开放灵活的在线教学和环境，理解学生在网络环境下的信息获取和学习习惯。要根据学校信息素养教育要求和全国高职院校信息素养大赛的各项要求，合理设计在线信息素养教学模式，提供针对性的在线教学和实践指导，配合线下的教师引导和督促及其相关后勤服务，全方位、立体化地调动学生的学习积极性。这有利于学生个性化和自适应地进行学习，便于学生充分利用课余时间、周末的闲暇时间、日常的碎片时间进行学习，从而提高学生的信息素养课程学习效率。

六、教、训、赛一体化信息素养教育创新案例展望

目前，国内信息素养教育尚未贯通大学生学习的全过程，而且存在强调

信息知识的培养，忽略技能培养的问题①。在职业教育中，如何处理好知识与技能的关系，实现知识迁移和技能养成，始终是一个难题。在职业院校的信息素养教育中，学习场景、工作场景、生活场景的信息素养知识与技能的教学和训练，尤其需要进行探索。立足国内和重庆工商职业学院信息素养教育现实，学校图书馆形成了以全国高职院校信息素养大赛为契机，以图书馆员、专业教师或辅导员为信息素养教学和实践指导教师，以参赛学生为教学主体，线上线下相结合，教学、实训和比赛相结合的教、训、赛一体化信息素养教育模式。该模式在一定范围内规避了信息素养课程设置不合理、信息素养教育与专业教育融合不足、信息素养教育实践性缺乏等问题，但仍需在开展具有针对性的教学、教师团队建设与培养、校内外协同合作教学等方面积极探索，以实现信息素养教育与学科专业教育真正一体化，从而适应社会的发展及产业需求的变化。

---

① 邬宁芬，何青芳.上海地区高校"信息素养教育"课程的现状、问题和对策 [J]. 图书馆杂志，2018，37（2）：39–46.

第八章 高职院校团体阅读疗法

阅读不仅是人们了解世界、获取知识的主要方式，而且对于情绪舒缓和心理健康也能起到积极的安抚和疗法作用。阅读疗法作为一种有效的辅助治疗手段，较早被人类认识和研究①。阅读疗法有多种类型，根据不同的情况可以选用不同的阅读疗法。团体阅读疗法是阅读疗法的类型之一，它通过组织阅读小组，利用团体成员之间的互动来加强阅读的治疗效果。这种方法不仅能增进阅读的乐趣，还能通过分享和讨论促进成员之间的理解和支持，从而达到心理治疗的目的。

大学阶段是人生发展的黄金时期，也是人生中充满矛盾斗争、心理飞速成长、趋向于成熟而又尚未完全成熟的一个过渡期，是人生中最富于可塑性的时期。但目前中国大学生存在的心理问题呈现逐渐增多的趋势，众多诱因导致大学生成为需要关注的心理弱势群体。团体阅读疗法不仅能为学生提供一个分享和表达自己的平台，还能通过共同的阅读体验促进学生之间的相互理解和支持，帮助他们更好地应对学习和生活中的压力和挑战。此外，这种方法还能激发学生的阅读兴趣，促进他们的文化素养和人文关怀，提高他们的批判性思维能力，对于培养全面发展的人才具有重要作用。

高职院校图书馆拥有丰富的阅读资源和场地，具有组织实施团体阅读治疗的良好条件，为学生提供一个安全、舒适的环境，以探讨阅读内容、分享个人体验和感受，增强学生的社群感和归属感，促进学生的心理健康，是高职院校图书馆文化育人的应尽之责。同时，团体阅读疗法既为高校图书馆进一步扩大其服务范围，也为学生提供学习资源和服务，还为其心理健康和个人发展提供支持，从而在学习和心理双重层面上促进高职大学生的全面发展。

---

① 黄晓鹏，王景文，李树民 . 阅读疗法实证研究 [M]. 北京：光明日报出版社，2014：1-5.

第一节　高职院校团体阅读疗法的概念与内涵

一、高职院校团体阅读疗法的概念

要想掌握高职院校团体阅读疗法的概念，我们先要了解阅读疗法、团体心理辅导、团体阅读疗法的定义。

阅读疗法是一种使用阅读材料作为治疗工具来帮助人们解决个人问题、改善心理健康和促进个人成长的心理治疗方法。阅读疗法的基本理念是通过与阅读材料的互动，个体能够发现自我、理解并表达情感、学习解决问题的新策略，以及获得对人生和个人经历的洞察。阅读疗法的概念可以追溯到古代。在西方，早在古希腊时期，阿斯克勒庇俄斯的治疗中心就有"书籍治愈灵魂"的标语。而在中国，两千多年前孔子就提倡《诗经》的阅读对于培养人的情感、道德和智慧有着重要作用。从孔子推崇的《诗经》到汉代刘向认为"书犹药也"（《说苑》），再到明清时期的文人学者通过文学作品来疗法心灵，阅读疗法在中国文化中一直占有一席之地。随着时间的推移，阅读疗法逐渐发展成为一种更加系统的治疗方法，特别是在 20 世纪，随着心理学的发展，阅读疗法开始被正式认可并应用于临床治疗和心理咨询中。

团体心理辅导是利用团体内人际交互作用，在团体情境中提供心理指导，是一种感染力较强的心理干预方式，现已被证实能提高不同人群的心理健康水平。团体心理辅导，通过组织和引导团体成员间的互动和交流，帮助个体解决心理问题、改善心理健康、促进个人成长和发展的心理治疗方法。在团体心理辅导中，成员能够共同探索自我、分享经验和情感、学习新的应对方式和行为模式，从而在彼此的支持和理解中获得疗法和成长。这种方法强调团体成员间的相互影响和互动，以及团体氛围和情感支持对个体心理健康的积极作用。

王波提出团体阅读疗法定义，即被治疗者为两人以上，治疗者可为一人或多人，治疗模式是一对多或多对多[①]。团体阅读疗法，是阅读疗法的一种，它是阅读疗法在团体情境中的应用。在团体阅读疗法中，阅读材料中的内容、故事、角色和情节可以成为参与者探索自我、理解他人情感和经历及讨论个人问题的工具。利用团体的力量，通过共享阅读体验和集体讨论的形式，增进阅读的乐趣和参与度，通过成员间的互动，加深了对阅读材料的理解和情感的共鸣，促进了个体的心理治愈。这种方法不仅能增进阅读的乐趣，还能

---

① 王波. 阅读疗法 [M]. 北京：海洋出版社，2014：48；59.

通过分享和讨论促进成员之间的理解和支持，从而加强阅读的治疗效果。

那么，什么是高职院校团体阅读疗法呢？

高职院校团体阅读疗法，是一种针对高职院校学生特别设计的心理健康和阅读素养促进策略。旨在服务高职院校的教育教学和人才培养，在高职院校图书馆阅读服务项目中增设团体阅读疗法服务项目，通过精心设计的团体阅读辅导活动，提升学生的心理健康水平和阅读素养，服务高职院校人才目标的实现。

高职院校团体阅读疗法的实施，由图书馆联合所在学校心理健康中心共同组织和实施，根据明确的规则挑选适合的阅读材料，并依照预设的活动方案，利用阅读材料和相应的工具，在一个安全的团体阅读环境中，促使学生深入理解阅读材料、个人及他人的情感、经历和问题，进而探索自我的困惑和问题。通过这种有组织的阅读共享和讨论活动，旨在提高高职院校学生的心理健康水平和阅读能力，为他们的全面发展和未来职业生涯奠定坚实的心理素养和阅读素养基础。

在这个概念中我们注意到高职院校阅读疗法是一个综合性概念。从本质上看，高职院校图书馆团体阅读疗法是一个由图书馆、心理健康中心、团体阅读疗法、指导教师、学生等诸多要素构成的有序整合的系统。它以高职院校人才培养方案为指导，依托图书馆阅读服务场所和文献材料，利用心理健康中心的检测和专业指导，提升大学生心理健康水平和阅读素养。高职院校图书馆团体阅读疗法作为一种集心理健康教育与阅读能力提升于一身的创新方法，以其各要素的合理配置为基础物质条件，以提高大学生的身心健康和培养其阅读习惯和能力为根本目的，为高职院校学生的全面发展提供有力的支持。

二、高职院校团体阅读疗法的内涵

高职院校团体阅读疗法是一种创新的服务模式，它以服务高职院校的人才培养为核心，将阅读疗法与团体心理辅导的理念相融合，致力于有针对性地解决高职学生群体中普遍存在的心理健康问题和不良阅读习惯。该疗法通过图书馆与学校心理健康中心的联合，为学生营造了一个团体参与、互动分享的阅读环境，旨在让学生在阅读过程中获得心灵的滋养和成长。

（一）教育与人文关怀的深度融合

作为知识和信息的集散地，高职院校图书馆不仅致力于提供学术资源，更承载着培养学生人文素养和审美情趣的重要使命。在这一背景下，团体阅读疗法成为图书馆将教育与人文关怀深度融合的创新实践。通过引导学生积极参与集体阅读活动，图书馆不仅关注学生的知识获取，更注重学生在阅读过程中的情感体验和心灵成长，体现了深厚的人文关怀。

（二）阅读疗法与团体心理辅导的双重作用

团体阅读疗法巧妙地将阅读疗法的功能与团体互动的支持作用相结合，发挥了阅读疗法与团体心理辅导的双重作用。精心挑选的阅读材料能够深入触及学生的内心世界，引发情感共鸣，帮助他们在文字中找到情感的出口和心灵的慰藉。同时，团体成员间的阅读分享和展示，形成了一个支持性的氛围和环境，让学生在团体成员的贡献中彼此理解和支持，实现个体心理层面的疗法和成长。

（三）培养健康阅读习惯与提升心理素质

针对高职学生存在的不良阅读习惯和心理健康问题，团体阅读疗法通过有序地组织和引导，致力于帮助学生建立健康的阅读习惯，提升他们的阅读兴趣和能力。同时，通过团体活动中的心理辅导和干预，学生能够增强自身的心理素质，更好地应对学习和生活中的各种挑战。这种双管齐下的方法不仅有助于解决当前的问题，更着眼于学生的长远发展。

（四）全面促进学生的发展与成长

团体阅读疗法不仅关注学生的当前需求，更致力于促进他们的全面发展与成长。通过参与这一活动，学生不仅能提升阅读素养和心理素质，还能在团体合作中锻炼沟通能力、领导力和团队协作精神等综合素质。这些能力的提升将为学生未来的学习和职业生涯奠定坚实的基础，助力他们实现更加全面和卓越的发展。

综上所述，高职院校团体阅读疗法是一种集阅读疗法、团体心理辅导和阅读习惯培养于一身的创新服务模式。它以图书馆为执行机构，联合学校心理健康中心，通过融合多种理念和方法，有针对性地解决高职学生群体中存在的心理健康问题和不良阅读习惯。这种服务模式不仅体现了高职院校图书馆在学生教育和人文关怀方面的深度融合，更展现了其在促进学生全面发展与成长方面的独特价值和重要作用。

第二节　高职院校团体阅读疗法的目标与构成要素

一、高职院校团体阅读疗法的目标

高职院校团体阅读疗法，是图书馆将阅读疗法、团体心理辅导在高等职业教育领域的一种具体应用。高职院校团体阅读疗法的目标主要是解决高职学生群体中普遍存在的心理健康问题、改善阅读习惯，及促进学生的全面发展。活动的出发点和最终归宿，为高职院校图书馆开展这项工作提供了明确的方向性指引和落脚点。由于高职院校在教育目标、学生群体及教学资源等方面具有其独特性，因此高职院校团体阅读疗法的目标也相应地呈现出一定的特色，符合高职教育培养高素质技术技能型人才的要求。

（一）促进高职院校学生的心理健康

高校学生的心理健康状况一直是教育界和社会关注的重点。当前，随着社会竞争的加剧、学业压力的增大及人际关系的复杂化，高职院校学生面临着诸多心理挑战。许多学生表现出焦虑、抑郁、自卑等心理问题，严重影响了他们的学习、生活和未来发展。2021 年秋，全国高校学生心理健康教育工作推进会提出："全面培育学生的积极心理品质，切实增强学生的心理韧性，重视采取针对措施对学生的压力疏导，避免因压力无法缓解而造成的心理危机。"高职院校团体阅读疗法作为一种创新性的心理干预方法，通过精心选择的阅读材料，引导学生在团体环境中进行共享阅读、讨论和反思，从而达到缓解心理压力、增强自我认知、提升情绪管理能力等目的。团体阅读疗法不仅提供了情感宣泄和认知重构的平台，还通过团体成员间的相互支持和理解，增强了学生的社会支持感和归属感，使学生能够更好地应对生活中的挑战和压力，提升心理健康水平和适应能力。

（二）改善和提升高职院校学生的阅读习惯和能力

信息技术飞速发展所带来的便利，也给人们带来了短视频、多媒体等资源的快餐阅读，高职学生也不免受其影响[1]。高职院校学生由于生源的差别导致其在阅读目的、习惯、时间、数量、质量等方面，与普通高等教育院校的学生存在较大差别，一些学生缺乏所学专业的阅读兴趣和习惯，阅读能力和阅读素养有待提高。这不仅影响了高职学生的学业成绩，也制约了他们的全面发展和未来的职业竞争力。高职院校团体阅读疗法在实施的讨论和反思的过程中，学生能够学习到教师和同伴针对不同阅读材料的不同阅读策略和技巧，提高阅读理解和分析能力。基于高职院校学生的阅读能力和阅读习惯现状，高职院校团体阅读疗法除注重促进学生心理健康之外，另一个重要目标就是引导学生通过教师阅读技能传授和团体同伴示范，注重培养学生发现阅读的乐趣、培养阅读兴趣，学习相应的阅读技能和策略，从而改善高职学生

---

① 陈靖. 高校图书馆分专业阅读推广工作研究 [J]. 重庆广播电视大学学报，2020，32（3）：74-80.

阅读习惯和提升他们的阅读能力。

（三）提升高职院校学生的整体素养

高职院校团体阅读疗法的实施，是在教师的引导下围绕阅读材料进行深入的团体讨论和分享。这一过程不仅锻炼了学生的阅读理解能力，更在无形中培养了他们的团体合作能力。学生在交流中学会倾听、表达与尊重他人观点，从而增强了他们的沟通和团队协作能力。在讨论中，学生需要从不同角度审视问题，提出自己的见解，并对他人观点进行客观评价。这种训练方式使他们在面对复杂问题时能够迅速找到问题的症结，提出富有创意的解决方案，有助于提升学生的批判性思维能力和创新能力。

高职院校团体阅读疗法的目标是一个多维度的系统，它既关注学生的心理健康和人文素养的提升，也注重改善高职学生阅读习惯和提升他们的阅读能力，同时涉及学生沟通和团队协作能力、批判性思维和创新能力等综合素养。这些目标共同构成了高职院校团体阅读疗法的完整目标体系。

二、高职院校团体阅读疗法的构成要素

（一）图书馆

高职院校图书馆作为团体阅读疗法的执行机构，承担着组织、实施和指导的重要职责。图书馆联合学校心理健康中心，制订团体阅读疗法实施方案，组织团体阅读指导教师，提供阅读材料和阅读空间，开展团体阅读疗法服务，为学生的心理健康和阅读习惯培养作出积极贡献。图书馆的角色和功能在推动学生全面发展和提升教育质量方面具有重要意义，作为学校的文献信息中心，图书馆不仅提供了丰富的纸质和数字阅读材料，还为学生创造安全、舒适的集体讨论和分享阅读体验的空间。

（二）心理健康中心

在高职院校图书馆团体阅读疗法工作中，学校心理健康中心提供了专业的心理健康指导和支持。在高职院校内部运行中，心理健康中心负责学生的心理健康监控和教育咨询等，图书馆是学校文献信息中心，负责服务学校教学和科研，服务师生的研究和学习。在高职院校图书馆团体阅读疗法工作中，心理健康中心既是图书馆的服务对象，也是图书馆的紧密合作机构。依靠其掌握的全校学生的心理健康数据，根据学生心理发展的特征与规律，与图书馆共同制订团体阅读疗法的实施方案，组织和培训团体阅读指导教师，为教师提供心理健康专业的知识和技能培训，确保教师能够胜任团体阅读疗法的指导工作。

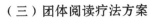

（三）团体阅读疗法方案

团体阅读疗法方案是高职院校实施该疗法的核心文件，它详细规划了团体阅读的目标、内容、方法、时间和评估标准等。这一方案由图书馆联合心理健康中心共同制定，确保既符合学生的阅读需求，又有助于他们的心理健康发展。方案注重阅读材料的选取，确保内容健康、积极、向上，能够引发学生的深入思考和情感共鸣。同时，方案还设计了丰富多样的团体活动，如角色扮演、小组讨论、心得分享等，以激发学生的参与热情，提升他们的阅读体验和合作能力。

（四）团体阅读指导教师

团体阅读指导教师是高职院校团体阅读疗法实施的关键人物，他们不仅具备丰富的阅读指导经验，还接受过心理健康教育的专业培训。这些教师由图书馆和心理健康中心共同选拔和培养，他们的职责是引导学生深入阅读、积极讨论，并在必要时提供心理支持和引导。在团体阅读过程中，指导教师需要密切观察学生的反应和表现，及时调整阅读材料和活动设计，以确保每个学生都能从中受益。他们的专业素养和人文关怀精神是团体阅读疗法成功实施的重要保障。

（五）团体阅读参与学生

团体阅读参与学生是高职院校团体阅读疗法的主体，他们的积极参与和互动是疗法取得成效的关键。这些学生来自不同的专业和背景，他们带着各自的阅读需求和期待参与到团体阅读中。在指导教师的引导下，学生共同阅读、讨论、分享，不仅提升了自身的阅读理解能力和批判性思维，还在相互合作中学会了倾听、尊重和理解他人。通过团体阅读疗法，学生不仅收获了知识和技能，更在情感、态度和价值观方面得到了全面的提升和发展。

第三节　高职院校团体阅读疗法的原则与方法

高职院校团体阅读疗法的实施必须遵循一定的原则，并选择恰当的实施方法。只有这样，高职院校团体阅读疗法的实施才能做到有计划、有步骤、安排合理、有序推荐。明确的原则为高职院校团体阅读疗法的构建与实施提供了指南，科学的方法为高职院校团体阅读疗法的实施提供了有力的保障。

一、高职院校团体阅读疗法的原则

（一）服务教育教学的原则

我国大学生心理健康教育的发展是伴随着各种心理测验而兴起的，各种测验数据明确地告诉人们，现代大学生存在不少心理问题，并且人数较多，因而各高校相继成立了心理咨询机构。其主要目的就是帮助心理有问题的大学生解除心理困扰。大学生心理健康教育发展较早，取得了一定的规模和成绩。大学生心理健康教育有其隐蔽性等特点，只重视心理监测和咨询是远远不够的。心理健康教育面向全体学生，应强调心理韧性的培养功能。团体阅读疗法在图书馆的实施，实质上是一种将图书馆资源和服务深入心理健康教育领域的尝试，旨在为心理健康教师提供支持，确保他们能够充分利用图书馆的资源和平台，拓展心理健康教育的方式和范围，顺利完成促进学生心理健康的工作。这种方法不仅有助于学生的个人成长和心理健康，也是对高职院校图书馆服务教育教学功能的一种扩展和深化。

（二）科学的专业化保障原则

心理学家西格蒙德·弗洛伊德（Sigmund Freud）将阅读治疗的作用机理归纳为：认同、净化、领悟。阅读可以辅助治疗疾病是多种科学原理综合作用的结果，人们从不同学科、不同角度入手，都能对阅读疗法的机制做出合理的解释[1]。团体阅读疗法结合阅读的治疗价值和团体互动的力量，为参与者提供了一种独特的心理治疗体验。它设置提供了一个安全、支持性的环境，使参与者能够分享自己的感受、体验和解读。通过团体讨论，参与者能够听到多种不同的观点，从而拓宽自己的视野，增进对文本和自己内心世界的理解。它旨在促进个人的情感释放、自我认识和社会技能的发展，同时通过团体的力量增强个体的心理韧性和生活质量。团体阅读疗法的实施应基于心理学、教育学、阅读学等相关学科的理论基础，是一个跨学科的创新型工作，为确保工作方案和过程的科学性和有效性，专业馆员、心理学教师等相关领域的教师通过合作，发挥各自专业的作用，共同负责活动方案的制订、阅读材料选择、深入理解和讨论环节的设计等，确保工作的每个环节符合科学化原则，以及通过科学的评估和反馈机制，持续优化阅读材料和讨论方式，确保团体阅读疗法的效果。

---

① 王波，傅新. 阅读疗法原理 [J]. 图书馆，2003（3）：1-12.

（三）统筹规划，合理布局原则

高职院校团体阅读疗法的实施，首先需要利用学校心理健康中心现有的心理健康监控机制和工具，对学校规模和学生的心理健康需求进行详细评估，这包括学生的人数、专业背景、普遍存在的心理健康问题等因素。其次评估图书馆资源和心理健康中心的现有资源，包括可用的阅读材料、阅读空间、专业设施，以及图书馆员、心理咨询师专业人员的数量和专业能力等。统筹规划，合理布局，建立图书馆、心理健康中心与教学部门之间的合作机制，共同参与团体阅读疗法的规划和实施，并需要定期对团体阅读疗法的效果进行评估，包括学生的反馈、心理健康状况的变化及参与度等指标。根据评估结果和反馈，调整资源分配，优化小组设置和阅读材料的选择，确保团体阅读疗法的科学性、有效性和持续性。

（四）制度管理，内涵发展原则

没有规矩不成方圆，制度是人们从事任何社会性工作或事业所必须遵循或维护的规范或规则，是任何社会性活动或事业能够稳定、循序进行的前提和基础。在高职院校团体阅读疗法实施中，关于专业人员配置、质量监控与评估、参与者权益保护等，需要有配套的具体实施细则，包括要有相应专业人员负责团体阅读疗法的组织和实施，建立团体阅读疗法的质量监控和效果评估机制，确保参与者的隐私权和个人信息安全等方面的规定，需要制定明确的规章制度。高职院校团体阅读疗法实施规章制度，具有约束性和保护性的作用，具有特定范围的刚性限制力量和威严。当然，合理的高职院校团体阅读疗法实施制度也应该具有一定的灵活性，促进高职院校团体阅读疗法实施的可持续发展。

二、高职院校团体阅读疗法的实施方法

（一）图书馆主导法

图书馆主导为高职院校团体阅读疗法的一种有效方法，可以充分利用图书馆的资源优势，为学生提供一个丰富的阅读环境和专业的引导服务。在这种方法下，图书馆工作人员的角色变得尤为重要，他们不仅需要具备传统的图书管理和服务能力，还需要拥有较强的跨部门合作组织管理能力，以便有效地组织图书馆与学校心理健康中心、学工部等部门的协作，共同保障团体

阅读疗法的科学实施和可持续发展。图书馆主导法，除了考验负责这项工作的馆员，还考验图书馆馆长，馆长的支持与否对这项工作的成败起着决定性作用。馆长的支持体现在为团体阅读疗法提供必要的资源、促进跨部门合作、确保活动的顺利进行，并对外宣传团体阅读疗法的价值和成效，从而提高学生和教职工对这一活动的认知和参与度。馆长的领导力和对团体阅读疗法的认可不仅能增强图书馆工作人员的积极性和创新能力，还能推动校内外资源的整合，最大化团体阅读疗法的效果。因此，图书馆馆长的支持是确保这项工作能够有效进行并取得预期成效的关键。

（二）心理健康中心主导法

在高职院校团体阅读疗法的实施过程中，心理健康中心主导法提供了另一种有效的路径，特别是在图书馆主导法遇到困难或不能顺利进行的情况下。通过心理健康中心的主导，该方法能够确保团体阅读疗法更加贴近学生的心理健康需求，同时利用心理健康专业人员的专业知识和经验来引导和管理阅读活动。在心理健康中心主导下，图书馆转变为支持角色，依旧发挥其资源优势，提供必要的阅读材料、场地和技术支持。这种合作模式仍然强调了跨部门合作的重要性，通过心理健康中心的专业引导与图书馆的资源支持，共同创造一个有利于学生心理健康成长的阅读环境。此外，心理健康中心主导法还能确保团体阅读疗法的活动设计、主题选择和讨论引导更加符合心理健康干预的专业标准，有效地促进学生的心理健康发展。这种方法的成功实施，依赖于心理健康中心的工作承担者和领导的专业责任心和管理能力，能处理好与图书馆之间的密切合作和资源共享，确保团体阅读疗法能够在专业的心理健康指导下，发挥最大的效益。

（三）校级联合建设法

校级联合建设法是一种创新的方法，旨在通过高校之间的合作与资源共享，共同推进团体阅读疗法的实施，特别是对于那些人力资源和文献资源较弱的高职院校来说，这种方法能有效地解决单校力量有限的问题。通过与其他高校的合作，学校可以引进成熟的团体阅读疗法资源，包括但不限于经验丰富的指导教师和心理咨询师、成功的活动组织方案和经验、专业阅读材料等，这些资源的共享和转移，能够显著降低新实施学校的起步成本和探索风险。

校级联合建设法的核心在于建立一个有效的合作机制，这包括确定合作高校之间的角色和责任、共享资源的具体方式、合作活动的组织与实施规划等。此外，该方法还需建立一个反馈和评价机制，以确保合作活动能够达到预期的效果，并根据实施过程中的反馈进行及时调整。此方法的优势在于能够通过跨校合作，充分利用和整合现有的教育资源，避免重复建设，同时促进高职院校之间的学术交流和经验分享。这不仅有助于提高团体阅读疗法的实施效率和效果，也有助于促进学校之间的互助合作，共同提升教育教学质量和学生的心理健康水平。通过校级联合建设法，即便是资源相对匮乏的高职院校也能够有效地实施团体阅读疗法，为学生提供更加多元化、专业化的心理健康支持服务。

第四节　提升大学新生心理弹性的团体阅读疗法实践研究

本节高职院校团体阅读疗法实证研究，旨在探讨团体阅读疗法对大学新生心理弹性的促进作用。通过实验法和内容分析法，量化和质性相结合的实证研究的方法，对选取特定范围的大学新生进行了系统的实验观察和数据收集。研究表明，团体阅读疗法在提升大学新生心理弹性方面具有显著效果。具体表现为新生在应对压力、挫折等方面的能力得到增强。团体阅读疗法作为一种有效的心理干预手段应用于大学新生心理健康教育中，为提升大学新生的心理适应能力和健康水平提供有力支持。

一、案例实施背景

大学新生正处于心理发展与自我认知的关键时期，积极的心理素质对于他们的学习、生活和未来职业发展都具有重要影响。然而，现代大学生面临的学业压力、人际关系困扰等问题，导致部分学生的心理状态不尽理想。近年来，国家高度重视大学生心理健康问题，教育部《关于加强和改进新时代高校心理健康教育工作的意见》①明确指出，要大力推进心理健康教育，促进学生心理健康素质的全面提升。同时，《中国大学生心理健康教育指导纲要》②

① 教育部等十七部门.教育部等十七部门关于印发《全面加强和改进新时代学生心理健康工作专项行动计划（2023—2025 年）》的通知 [EB/OL]. 2023 年 04 月 20 日 [2024 年 08 月 20 日]. https://www.gov.cn/zhengce/zhengceku/202305/content_6857361.htm.

② 中共教育部党组.中共教育部党组关于印发《高等学校学生心理健康教育指导纲要》的通知 [EB/OL].2018-07-06[2024-08-20]. https://dxs.moe.gov.cn/zx/a/xl_xlpdtg/180707/1858686.shtml?source=xl_xlpdtg.

也提出，要通过多种形式和途径，增强学生的心理弹性，提升其应对压力和挫折的能力。

阅读疗法作为一种新兴的心理干预方法，近年来在心理健康领域引起了广泛关注。阅读疗法的概念最早可以追溯到古代，但其现代定义在不断演变和完善。从传统意义上讲，阅读疗法被定义为使用阅读材料来帮助解决个人问题或辅助精神病学治疗的一种方法。它基于这样一种理念，即通过阅读特定的书籍、文章或其他文字材料，个体能够获得情感上的慰藉、认知上的启发和行为上的引导，从而改善心理状态。重庆工商职业学院图书馆拟通过系列结构性团体阅读辅导，借用中医药"君臣佐使"的配伍处方理念开具阅读"书方"①，帮助大一新生适应大学新生活，学会通过阅读，正确认识自我，完善自我，调控情绪，增强战胜困难的勇气，提升心理弹性，促进健康成长。

随着学生心理健康问题的增加，重庆工商职业学院现有的心理健康教育资源，包括专业教师、课程体系和咨询服务，显得捉襟见肘，无法充分满足学生的需求。重庆工商职业学院图书馆的学科服务馆员在服务教学科研过程中，识别出了大学生在心理健康教育方面的需求，凭借其专业判断，认为图书馆在提供专业文献支持的同时，也应积极参与到心理健康教育工作中。因此，馆员主动向图书馆管理层汇报了这一需求，并迅速获得了支持与批准。在图书馆领导的支持下，图书馆团队着手策划一项创新的服务项目——团体阅读疗法，以期通过组织阅读活动来促进学生的心理健康。经过精心的筹备，图书馆团队拟定了《提升大学生心理弹性的团体阅读辅导》方案。该方案计划通过团体阅读疗法，帮助学生增强自我认知、情绪管理和应对生活挑战的能力。预期通过这一方案的实施，不仅能够为学校现有的心理健康教育提供支持，还能拓展图书馆的服务范围，探索服务师生的新途径。

二、提升大学新生心理弹性的团体阅读疗法方案

（一）目的意义

本方案拟通过系列结构性团体阅读辅导，借用中医药"君臣佐使"的配伍处方理念开具阅读"书方"，帮助新生适应大学新生活，学会通过阅读，正确认识自我，完善自我，调控情绪，增强战胜困难的勇气，提升心理弹性，促进健康成长。本方案旨在通过团体阅读疗法实践提升大一新生的心理弹性，并通过实践数据测量团体阅读疗法对大一新生心理弹性的提升效果。图书馆

① 王波. 让阅读疗法产生更大的社会效益（下）[N]. 新华书目报，2018-07-20（10）.

可以根据实践经验，提供更符合大学生心理健康需求的阅读资源和服务，拓展图书馆在心理健康支持方面的功能和作用，辅助学校完善大学生心理健康教育工作。

（二）实施对象

在本研究方案中，实验对象的选取遵循了随机抽样的原则，以确保样本的代表性和研究结果的普适性。具体而言，研究团队从重庆工商职业学院的众多班级中随机抽取了2023级城建学院室内设计专业的一个班级，该班级由26名新生组成。这一选择旨在探索团体阅读疗法在特定专业背景下对大学新生心理弹性的影响。

在实验开始之前，教师团队详尽地向学生们介绍了团体阅读辅导活动的宗旨、预期成效以及具体的参与规程。透明度是本次实验设计的关键要素，因此，学生们被充分告知了他们拥有选择参与或退出实验的权利，确保了实验过程的自愿性和伦理性。通过这种方式，研究方案旨在尊重学生的自主权，同时为实验提供高质量的数据，以评估团体阅读疗法的实际效果。

（三）指导教师

学科服务馆员在本方案中扮演着至关重要的角色。他们负责根据学生的阅读需求和心理发展特点，精心挑选和组织阅读材料。这些材料不仅要涵盖广泛的学科领域，还要能够激发学生的思考，促进他们的自我认知和情绪管理能力。馆员们将与心理健康专业教师紧密合作，确保所选书籍和阅读材料能够有效地支持团体阅读辅导的目标。

学校心理健康中心负责监测全校学生的心理健康状况，并为本方案提供专业的心理健康支持。心理健康专业教师将运用专业知识和经验，指导学科服务馆员选择合适的阅读材料，并参与团体阅读辅导活动的设计和实施。

（四）实施要求

1. 实施方法

本方案拟通过系列结构性团体阅读辅导提升大学新生心理弹性，实践与研究同时进行，设置实验组与对照组。实验组与对照组，均为心理健康中心教师所授课自然班级，实验组将接受团体阅读疗法干预，对照组则不接受任何干预。实验组将进行为期8周的团体阅读辅导活动课程，每周一次，每次1.5小时。团体阅读辅导活动内容包括：阅读、配套活动、讨论和反思。相关心理测量安排实验组和对照组在两个个时间点进行心理弹性测量：干预前（T1）、干预结束后（T2）。

2. 实施步骤

（1）分组：在本方案中，将心理健康中心教师所授课的班级随机分为两个组，一个是实验组，另一个是对照组。实验组将接受团体阅读疗法干预，而对照组则不接受任何干预措施，以作为参照。

（2）干预措施：实验组将参与为期 8 周的团体阅读辅导活动，每周一次，每次持续 1.5 小时。

（3）活动内容

阅读：选择与心理弹性提升相关的阅读材料，包括但不限于心理健康、自我成长、情绪管理等领域的书籍和文章。

配套活动：设计互动游戏、角色扮演、情景模拟等活动，以增强阅读材料的实践性和趣味性。

讨论：组织小组讨论，鼓励学生分享阅读体会和个人感悟，促进相互学习和情感支持。

反思：引导学生进行个人反思，将阅读和活动体验与个人成长联系起来，加深对自我和情绪的理解。

3. 心理测量

（1）时间点：实验组和对照组将在两个时间点进行心理弹性的测量，即干预前（T1）和干预结束后（T2）。

（2）工具：采用公认的心理弹性量表或问卷，以确保测量的准确性和可靠性。

（3）数据分析：收集并分析实验组和对照组的心理弹性测量结果，比较两组在干预前后的心理弹性变化，评估团体阅读疗法的效果。

4. 评估与反馈

（1）效果评估：通过对比实验组和对照组的心理弹性测量结果，评估团体阅读疗法对提升心理弹性的效果。

（2）反馈机制：在活动结束后，收集学生、学科服务馆员和心理健康专业教师的反馈，以评估活动的实施效果和参与者的满意度。

（3）持续改进：根据反馈和评估结果，调整和优化后续的团体阅读辅导活动，以提高干预的有效性和参与者的参与度。

（五）设备材料与任务分工

1. 设备与材料

（1）阅读材料：根据心理健康中心的心理普测数据，结合中国图书馆学会心理健康委员会推荐的大学生心理健康书单，精心挑选适合所选班级大学新生心理需求的阅读书目。

（2）第二课堂教学平台：利用学校的第二课堂教学平台进行团体阅读辅导活动的线上组织和实施。

（3）心理健康检测平台：使用学生心理健康检测平台进行心理弹性的测量和数据收集。

（4）图书资源：提供纸质、电子图书资源，方便学生随时访问和阅读。

2. 任务分工

（1）学科服务馆员：

负责编制团体阅读疗法的书目，确保所选书籍与学生的心理需求相匹配。

准备图书资源，包括纸质和电子版本，以满足不同学生的阅读偏好。

设计和组织阅读活动，包括配套活动和讨论环节。

负责活动的宣传，通过校园媒体和社交平台提高活动的知名度。

实施第二课堂线上活动，确保活动的顺利进行。

负责活动费用的报销和财务管理。

（2）心理健康中心教师：

监测学生的心理状况，为阅读材料的选择提供专业建议。

参与活动的设计，确保活动内容与心理健康教育目标相符。

负责心理辅导活动，为学生提供专业的心理健康支持。

协助学科服务馆员进行活动的宣传和组织。

通过明确的任务分工和充分的资源支持，本方案旨在确保团体阅读辅导活动的高效实施，同时为大学新生提供有效的心理健康支持和团体阅读疗法服务。

三、实施过程：八次团体阅读辅导的实施情况

重庆工商职业学院心理健康中心与学校图书馆联合举办的，团体阅读辅导方案拟通过系列结构性团体阅读辅导，借用中医药"君臣佐使"的配伍处方理念开具阅读"书方"，帮助大一新生适应大学新生活，学会通过阅读，正确认识自我，完善自我，调控情绪，增强战胜困难的勇气，提升心理弹性，促进健康成长。

团体阅读疗法活动主要围绕四个核心主题展开：自我效能、自我认知、心理韧性和情绪管理。这些活动通过心理学和教育学理论的结合，运用实际操作、阅读讨论和互动游戏等方式，系统地帮助学生在这些方面取得成长和进步。通过这八次团体阅读疗法活动提升了学生的心理弹性。希望学生在自我效能、自我认知、心理韧性和情绪管理等方面有显著的进步。具体来说，

这些活动通过实际操作、阅读讨论和互动游戏，帮助学生更好地理解和应对成长中的挑战，增强了他们的心理韧性和情绪管理能力，为他们的心理健康提供了有力支持。

八次团体阅读辅导的实施大致情况：活动1，通过种植活动和阅读讨论，活动帮助学生理解成长过程中的挑战和收获，学生体验成长的过程，促进自我反思与成长，增强了他们的自我效能感。活动2，新生通过阅读和讨论，学习如何应对大学生活的挑战与变化，减轻了新生的不安情绪，有效提升了他们对大学生活的适应能力。活动3，通过心理活动和阅读，学习如何更好地认识并接受自我，增强自尊和自信，帮助学生提升自我认知方面取得了积极成效。活动4，通过游戏和阅读活动，学习如何面对挫折并培养心理韧性，增强应对困难的能力，有效提升了学生的心理韧性，增强了他们面对挫折的能力。活动5，通过参与挑战性游戏和阅读活动，激励自我超越，勇敢面对困难，有效激发了学生面对挑战的勇气，增强了他们的自我效能感。活动6，通过识别情绪的活动和阅读，学习如何有效管理和调节情绪，帮助学生掌握情绪管理技巧，提高他们的情绪调节能力。活动7，通过互动游戏和阅读活动，探索日常生活中的快乐元素，增强快乐感知，增加学生之间的互动，帮助其理解和应用快乐策略，提高了情绪管理能力。活动8，通过体验生命不同阶段的活动，学生感悟生命的意义和重要性，增强对生命的珍视，强化了学生对生命价值的感知和珍惜，提高了他们的自我效能感。

表 8-4-1　八次团体阅读辅导内容及总结汇总

次数	题目	主题	内容	总结
1	阅读疗愈——建一座春天的花园	自我效能	学生通过种植活动体验成长的过程，阅读与讨论促进自我反思与成长。	活动帮助学生理解成长过程，需增加更多实际操作机会。
2	我的大学——适应大学新生活	自我效能	新生通过阅读和讨论学习如何适应大学生活的挑战与变化。	有效帮助新生减轻不安，提升适应能力，建议增设更多适应性训练。
3	悦纳自我——自尊自信自立	自我认知	通过心理活动和阅读，学生学习如何认识并接受自我。	活动积极有效，学生收获成长，建议增加互动。
4	直面挫折——淬炼心理韧性	心理韧性	学生通过游戏和阅读学习如何面对挫折并培养心理韧性。	活动增强了学生的应对挫折能力，建议增加实际案例分析。
5	敢于挑战——我想我可以	自我效能	学生通过挑战性游戏和阅读活动激励自我超越和面对困难。	活动积极有效，激发学生面对挑战的勇气，建议提高挑战多样性和难度。
6	五彩心情——做好情绪管理	情绪管理	学生通过识别情绪的活动和阅读，学习如何有效管理情绪。	活动帮助学生掌握情绪管理技巧，但需更多互动和参与。

续表

次数	题目	主题	内容	总结
7	开朗坦诚——快乐其实很简单	情绪管理	通过互动游戏和阅读活动，学生探索日常生活中的快乐元素。	通过增加同学之间的互动，帮助学生理解快乐，建议提供更多实际应用快乐策略。
8	珍爱生命——让生命更美好	自我效能	通过体验生命的不同阶段的活动，学生感悟生命的意义和重要性。	强化生命教育，建议增加户外活动和自然体验以增强生命价值感知和珍惜。

四、八次团体阅读辅导的记录数据及分析

（一）心理量表测量数据

1.实验组对照组前测同质性检验

在干预前，对实验组和对照组两组成员进行独立样本 T 检验，以确保两组在心理弹性的三个维度——坚韧性、力量性和乐观性——上具有可比性。根据表 8-4-5 的数据，实验组和对照组在这三个维度上的得分没有显著差异，说明两组在干预前是同质的，这为后续的干预效果评估提供了有效的基线数据。

表 8-4-5　实验组对照组前测同质性检验

	实验组 (n=28)	对照组 (n=29)	t	p
坚韧性	45.93 ± 9.74	44.10 ± 11.35	0.652	0.517
力量性	29.50 ± 6.88	29.55 ± 6.71	−0.029	0.977
乐观性	13.29 ± 3.45	13.76 ± 3.15	−0.540	0.591

2.实验组对照组后测差异分析

在干预后，对两组成员同时进行后测，以评估阅读疗法训练的效果。根据表 8-4-6 的数据结果发现，实验组与对照组在坚韧性维度得分在 0.05 水平上不具有显著性差异。同时实验组与对照组在力量性和乐观性维度上的得分在 0.05 水平具有差异显著性。说明阅读疗法训练后，实验组的大学生的力量性和乐观性得到了一定的提升。

表 8-4-6　实验组对照组后测差异分析

	实验组 (n=28)	对照组 (n=29)	t	p
坚韧性	48.50 ± 10.38	42.62 ± 12.51	1.93	0.059
力量性	31.68 ± 6.04	27.96 ± 7.30	2.09	0.041
乐观性	15.11 ± 2.93	13.03 ± 3.13	2.58	0.013

3. 实验组对照组前后测差异分析

为考察干预效果，对实验组和对照组的前后测数据进行配对样本 T 检验，根据表 8-4-7 的数据，实验组在乐观性维度得分在 0.05 水平具有显著差异，说明针对大学生群体的阅读疗法训练能够提高大学生的乐观性。对照组的后测在坚韧性、力量性和乐观性三个维度差异均不显著，说明没有经过阅读疗法训练干预的大学生，坚韧性、力量性和乐观性变化不大。

表 8-4-7　实验组、对照组的前后测对比

		前测	后测	t	p
对照组 (*n*=29)	坚韧性	44.10 ± 11.35	42.62 ± 12.51	0.62	0.537
	力量性	29.55 ± 6.71	27.96 ± 7.30	1.05	0.302
	乐观性	13.76 ± 3.15	13.03 ± 3.13	0.89	0.380
实验组 (*n*=28)	坚韧性	45.93 ± 9.74	48.50 ± 10.38	0.90	0.38
	力量性	29.50 ± 6.88	31.68 ± 6.04	1.36	0.18
	乐观性	13.29 ± 3.45	15.11 ± 2.93	2.16	0.04

综上所述，阅读疗法训练对实验组大学生的力量性和乐观性有显著的正面影响，而坚韧性的影响则不显著。对照组在没有接受干预的情况下，三个维度的变化都不显著。这些结果表明，团体阅读疗法是一种有效的心理干预手段，能够提升大学生的心理弹性，尤其是在力量性和乐观性方面。

（二）八次团体阅读辅导参与者的感受数据记录

以下是从团体阅读辅导参与者的感受中提取的 8 个实例，并按照感受的主题进行分类罗列：

1. 增强自信：自我效能感提升

参与者 A：通过参与团体阅读辅导，我的自信心大大增强了，敢于在公众面前发表自己的看法。参与者 B：在小组讨论中，我逐渐发现自己的长处，并学会了更加自信地面对生活中的挑战。

2. 改善人际关系：自我认知能力提升

参与者 C：通过与其他成员的互动，我学会了如何更好地与他人沟通，改善了我的人际关系。参与者 D：团体阅读辅导让我认识了很多志同道合的朋友，我们之间建立了深厚的友谊。

3. 减轻压力和焦虑－：情绪管理能力提升

参与者 E：每次参加完阅读辅导，我都感觉压力得到了很大的缓解，心

情也变得愉快起来。参与者 F：在分享和讨论的过程中，我找到了缓解焦虑的方法，心态变得更加积极。

4.积极应对困难挫折：心理弹性提升

参与者 G：阅读辅导让我更加坚韧，面对困难时不再轻易放弃，而是积极寻找解决办法。参与者 H：通过阅读和讨论，我学会了如何更好地应对挫折，提高了我的心理弹性。

表 8-4-2　八次团体阅读辅导参与者的感受

感受主题	参与者感受
自我效能	通过种植活动体验成长过程，阅读与讨论促进自我反思与成长；新生通过阅读和讨论学习如何适应大学生活的挑战与变化，有效帮助新生减轻不安，提升适应能力。
自我认知	通过心理活动和阅读，学生学习如何认识并接受自我，活动积极有效，学生收获成长。
心理韧性	通过游戏和阅读学习如何面对挫折并培养心理韧性，活动增强了学生的应对挫折能力，激发学生面对挑战的勇气。
情绪管理	学生通过识别情绪的活动和阅读，学习如何有效管理情绪，掌握情绪管理技巧；通过互动游戏和阅读活动，探索日常生活中的快乐元素，增强快乐感知。
生命价值感知	通过体验生命的不同阶段的活动，学生感悟生命的意义和重要性，强化生命教育。

（三）八次团体阅读辅导师生的改变和进步数据

数据分析结果显示，团体阅读疗法对高职院校大一新生的心理弹性有显著的正向影响。具体而言，参与团体阅读疗法的学生在情绪调节、人际交往、学习适应等方面的表现均优于对照组。

表 8-4-3　团体阅读辅导学生的感受

序号	主题分类	感受内容
1	初始的不情愿与转变	第一次去之前还是挺不情愿的…但是不情不愿的还是去了。
2	对教师态度的积极感受	出乎意料的，张兵老师并没有摆出一副给我们上课的姿态…
3	活动交流的积极体验	各种的活动交流让我们立刻打破僵局…
4	社交期望与焦虑	我在做很多游戏的时候，很希望别人能够说出我的名字…
5	自我价值与他人认可	从这些游戏中，我明白了让别人感到自己的重视是非常必要的…
6	自我认识与反思	通过这几次活动，我不断的了解了自己，发现自己的不足…
7	团辅活动的深刻意义	我想，这就是张老师心理团辅之所以引人入胜、启迪人心的原因…

序号	主题分类	感受内容
8	对团辅的期待与收获	总之，我对这几次团辅都充满了期待，每一次团辅都有新收获…
9	课程结束的情感体验	我们欢声笑语的结束了本学期的团体辅导课…
10	专业知识与身心体验	即学到了相关的专业知识技能，也从身心上获得了一些体验…
11	班级凝聚力的增强	其次是班级的凝聚力有了一定的增强…
12	集体荣誉感与成长	从刚刚进大学时一群稚嫩的孩子，到现在时刻有着集体荣誉感的班级分子…
13	团辅课的互动与分享	在课程的学习中，我们都会以小组的形式进行讨论…
14	课程主题的个人意义	本学期总共进行了 8 次心理团辅课，每次的课程都有一定的心理学基础…
15	面对未来的积极态度	我们能做的就是学会以良好的心态来面对遇到的困惑乃至困难、挫折…
16	个人成长与自我提升	最为重要的就是这样的团体活动让我们自己能够更加清楚的了解自己…
17	课程结束的不舍与感激	团辅课即将结束，心情似乎也有些沉重起来…
18	对教师的感激之情	因此在课程的最后还是非常感谢张兵老师能够在本学期带领我们班圆满的完成所有的任务。

表 8-4-4　八次团体阅读辅导教师和学生的感受对比

角色	主题分类	感受内容
教师	自我挑战与成长	这也是已到退休年龄的老师对自我的挑战——我想我可以
教师	教学满足感	亲爱的老师，感谢您的辛苦付出
教师	对学生成长的欣慰	通过组织活动和课程感受到学生的成长和变化
学生	自我认识与成长	我们有了共同的体会："智慧和知识的大门永远开启着"
学生	积极心态与自我激励	重要的是拥有坚韧、自信、乐观，把握当下，相信未来
学生	社交与集体归属感	很高兴在这里认识了很多人，也学到了不少与人交往的方法
学生	情绪管理与心理健康	情绪管理，体验快乐，让生命跟美好等等
学生	感激与感恩	亲爱的老师，感谢您让我们看见独特的自己
学生	对课程的期待与收获	我对这几次团辅都充满了期待，每一次团辅都有新收获
学生	面对困难的勇气	团辅教会我在遇到挫折时的应对措施，提升耐挫力
学生	对未来的展望	学会以良好的心态来面对遇到的困惑乃至困难、挫折

　　根据数据分析结果，团体阅读疗法对高职院校大一新生的心理弹性产生了显著的正向影响。这种影响不仅体现在量化的测量数据上，还体现在学生和教师在参与过程中的感受和体验上。以下是对师生在八次团体阅读辅导过

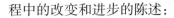

程中的改变和进步的陈述：

1. 学生的进步

情绪调节：通过参与团体阅读疗法，学生们学会了更好地管理自己的情绪，体验到更多的快乐，使生活更加美好。

人际交往：学生们在活动中积极交流，打破了初识的僵局，增强了与人交往的能力，从而提升了社交技能。

学习适应：学生们通过阅读和讨论，不仅学到了专业知识，还增强了对学习内容的理解和适应能力。

自我认识：学生们通过反思和自我探索，更加了解自己的不足和潜力，促进了个人成长。

积极心态：学生们学会了以积极的态度面对困难和挑战，提升了面对挫折的应对能力。

集体归属感：通过团体活动，学生们增强了班级的凝聚力和集体荣誉感，感受到了集体的温暖和支持。

2. 教师的进步

自我挑战：教师在退休年龄仍然选择挑战自我，通过组织和参与团体阅读疗法，实现了个人的成长和挑战。

教学满足感：教师在教学过程中感受到了满足感，看到学生的成长和变化，体会到了教学的价值和意义。

对学生成长的欣慰：教师通过观察和指导，见证了学生在心理弹性、情绪管理和人际交往等方面的进步，感到非常的欣慰。

3. 师生共同的感受

互动与分享：无论是教师还是学生，都体验到了在团体阅读疗法中的互动和分享的乐趣，这增强了彼此之间的理解和联系。

课程主题的个人意义：师生都认为每次的课程都具有心理学的基础和个人意义，帮助他们更好地理解自己和他人。

面对未来的积极态度：师生都表示，通过团体阅读疗法，他们学会了以积极的心态面对未来可能遇到的困惑、困难和挫折。

4. 课程结束的情感体验

不舍与感激：随着课程的结束，师生都表达了对课程的不舍和对彼此的感激之情，这反映了团体阅读疗法在情感层面的深远影响。

期待与收获：学生们对每一次的团体阅读辅导都充满了期待，并且每次都有新的收获，这显示了课程的吸引力和有效性。

从以上的活动记录数据来看，团体阅读疗法不仅在理论上对心理弹性有正向影响，而且在实践中也促进了师生在多个层面的改变和进步。这种进步不仅体现在心理弹性的提升上，还体现在情绪管理、人际交往、学习适应等实际能力的提升上，以及师生之间情感联系的加强上。

（四）活动记录数据分析结果

1. 对阅读讨论记录的分析

通过对实验组的阅读讨论记录进行详细分析，发现以下几个显著特点：

学生们在讨论中对于书中人物面对挫折和困境时的应对方式表现出了浓厚的兴趣和深入的思考。他们不仅能够清晰地描述这些应对策略，还能够结合自己的生活经验进行类比和反思，展现出了较强的自我认知和问题解决能力。讨论记录中频繁出现关于情感表达和情绪管理的内容。学生们能够敏锐地捕捉到书中人物的情感变化，并通过分享自己的感受，学会了更有效地识别和调节自身的情绪。关于人际关系和社会支持的话题引发了热烈的讨论。学生们意识到良好的人际关系对于应对困难和提升心理弹性的重要性，并开始思考如何改善自己的人际交往技巧，以获取更多的社会支持。在阅读讨论中，学生们逐渐形成了积极的思维模式。他们更多地关注问题的解决和成长的机会，而不是仅仅沉溺于困难和挫折带来的痛苦之中。最后，通过对讨论记录的分析还发现，随着时间的推移，学生们的表达能力和思考深度不断提高，讨论的质量也逐步提升，反映出团体阅读疗法对学生的思维发展和表达能力培养具有积极的促进作用。总之，对阅读讨论记录的分析揭示了团体阅读疗法在促进大一新生的心理弹性方面发挥了重要作用，通过引导学生深入思考、情感交流和积极应对，有效地提升了他们的心理素质和应对能力。

2. 对参与者反馈的分析

对参与者的反馈进行分析，呈现出以下几个关键方面：

大多数参与者表示团体阅读疗法为他们提供了一个安全和开放的交流空间。他们感到在小组中能够毫无顾虑地分享自己的想法和感受，这种信任和包容的氛围有助于他们放下心理防备，更深入地探索自己的内心世界。许多参与者提到阅读材料的选择具有启发性。这些材料不仅引发了他们对自身经历的回顾和反思，还为他们提供了新的视角和应对问题的思路，使他们在面对挑战时更加从容和自信。参与者普遍认为在团体讨论中，从同伴的经验和观点中获得了巨大的启发。通过倾听他人的故事和思考方式，他们拓宽了自己的认知边界，学会了从不同角度看待问题，增强了自身的心理调适能力。

不少参与者反馈在参与团体阅读疗法的过程中，自身的阅读能力和理解能力得到了提升。他们能够更快速地捕捉文本中的关键信息，更深入地理解作者的意图，这种能力的提升不仅有助于学术学习，也对他们理解复杂的人际关系和社会现象有积极作用。部分参与者表示通过参与活动，他们建立了更紧密的人际关系。与小组成员共同的阅读和讨论经历，让他们找到了志同道合的朋友，增加了社交支持，从而提升了心理弹性。

综合来看，参与者的反馈积极且具有建设性，进一步证明了团体阅读疗法对大一新生心理弹性促进的有效性和价值。

四、讨论

（一）团体阅读疗法对大一新生心理弹性的促进作用

1. 效果的验证与解释

本研究通过严谨的实验设计和科学的数据分析，有力地验证了团体阅读疗法对大一新生心理弹性的促进效果。实验组在接受团体阅读疗法干预后，心理弹性水平显著提高，与对照组形成了鲜明对比。

这种显著效果的出现可以从以下几个层面加以解释。从认知层面来看，阅读疗法所提供的丰富多样的阅读材料为大一新生打开了新的视野。这些材料中蕴含着不同人物在面对困境时的思考和行动方式，促使学生们反思自身，更新认知模式，从而更灵活地应对生活中的挑战。在情感方面，团体阅读疗法营造了一个安全、包容的氛围，让学生们能够坦诚地分享内心的感受和困惑。这种情感的宣泄和共鸣不仅减轻了个体的心理负担，还增强了他们的情感韧性，使他们在面对负面情绪时有更强的调节能力。从行为角度分析，通过对阅读材料的讨论和互动活动，学生们得以实践和锻炼解决问题的能力、人际交往技巧以及应对压力的策略。反复的实践和正反馈有助于形成积极有效的行为模式，进而提升心理弹性。

此外，团体阅读疗法中的合作与互助元素也发挥了重要作用。在小组中，学生们互相支持、鼓励，共同成长，这种集体的力量使个体感受到自己并非孤立无援，从而增强了克服困难的信心和勇气。综上，团体阅读疗法通过对认知、情感和行为的综合影响，有效地促进了大一新生心理弹性的发展。

2. 与前人研究的比较

本研究结果与前人关于团体阅读疗法对心理弹性影响的研究存在一定的相似性和差异性。相似之处在于，众多研究都表明团体阅读疗法能够在一定程度上提升参与者的心理弹性水平。与我们的研究类似，前人研究也发现通过阅读和讨论，个体能够从书中获得启示和力量，增强应对困难的信心和能力。然而，在具体的效果和影响机制上存在一些差异。前人的部分研究可能侧重于特定的阅读材料或特定的群体，而本研究聚焦于大一新生这一特殊群体，并且在阅读材料的选择和活动设计上更贴合他们的生活和学习情境。前人的研究在评估方法和时间跨度上也有所不同。有些研究可能采用了更长期的跟踪评估，而本研究在一学期的时间内进行了多次测量和分析。与前人研究相比，本研究进一步丰富了团体阅读疗法在大一新生群体中的应用证据，为未来针对这一群体的心理干预提供了更具针对性和操作性的参考。

此外，团体阅读疗法作为一种心理干预手段，在高职院校大一新生中显示出了良好的实施效果。它不仅提升了学生的心理弹性，还在情绪管理、人际交往、学习适应等方面产生了积极的影响。同时，教师也通过这一过程实现了自我挑战和教学满足感的提升。这些成果表明，团体阅读疗法是一种有效的心理健康教育工具，值得在更广泛的教育环境中推广和应用。

（二）团体阅读疗法的核心要素与实施要点

1. 核心要素的重要性

团体阅读疗法的核心要素包括精心选择的阅读材料、有效的引导讨论以及多样化的活动设置与互动环节，这些要素对于疗法的成功实施和效果达成具有至关重要的意义。

首先，阅读材料是团体阅读疗法的基础。合适的阅读材料能够引发学生的情感共鸣和深入思考，为他们提供丰富的心理资源和应对策略。优质的阅读材料可以帮助学生更好地理解自己的情绪和心理状态，从而促进自我认知和心理调适。其次，引导讨论在团体阅读疗法中起着关键的推动作用。引导者通过巧妙的提问和引导，激发学生的表达欲望，促进思想的交流与碰撞。这不仅有助于深化学生对阅读内容的理解，还能培养他们的批判性思维和沟通能力，增强他们在面对问题时的分析和解决能力。再者，多样化的活动设置与互动环节能够增强学生的参与感和体验感。通过角色扮演、小组辩论、写作分享等活动，学生能够将阅读中的收获应用到实际情境中，进一步巩固和拓展所学，同时也能促进学生之间的合作与互助，营造积极向上的团体氛围，提升学生的归属感和社会支持感。综上，核心要素的协同作用是团体阅读疗法能够有效促进大一新生心理弹性的关键所在。

2. 实施过程中的关键环节

在团体阅读疗法的实施过程中，有几个关键环节需要特别关注。首先是参与者的筛选与分组。要确保参与者具有一定的积极性和参与意愿，同时在分组时充分考虑个体的差异，使小组具有多样性和互补性，以促进更丰富的讨论和交流。其次，引导者的专业素养至关重要。引导者不仅要熟悉阅读材料，还需要具备良好的沟通技巧、敏锐的观察力和灵活的应变能力，能够根据学生的反应及时调整讨论的方向和节奏，营造积极、开放的讨论氛围。再者，活动的设计和安排需要紧密围绕阅读材料和目标。活动应具有针对性和递进性，逐步引导学生深入思考和探索，避免形式化和表面化。同时，要合理控制活动的时间和强度，确保学生能够充分参与而又不会感到过度疲劳或压力。另外，及时的反馈与评估也是不可或缺的环节。在每次活动结束后，引导者应给予学生具体、积极的反馈，肯定他们的努力和进步，同时指出存在的问题和改进的方向。通过定期的评估，可以了解疗法的效果和学生的需求，为后续的调整和优化提供依据。最后，环境的营造也不容忽视。舒适、安静、温馨的物理环境能够让学生放松身心，投入到阅读和讨论中；而平等、尊重、信任的心理环境则有助于学生畅所欲言，充分表达自己的想法和感受。综上，把握好这些关键环节，能够提高团体阅读疗法的实施质量和效果，更好地促进大一新生心理弹性的提升。

（三）大学生心理健康受团体阅读疗法影响的方面

1. 具体维度的变化与解释

通过本研究发现，大学生的心理健康在多个具体维度上受到了团体阅读疗法的积极影响。

在情绪调节方面，参与团体阅读疗法后，大一新生能够更好地识别和管理自己的情绪。阅读材料中的人物经历和相关讨论帮助他们理解情绪产生的原因和应对方式，从而减少了情绪波动的幅度和频率，使情绪更加稳定。

在自我认知方面，学生对自己的优点、不足以及潜力有了更清晰的认识。通过对书中角色的分析和与同伴的交流，他们能够从不同角度审视自己，进而形成更客观、全面的自我形象，提升了自我接纳和自我认同。

在应对压力方面，学生学会了一系列有效的应对策略。阅读和讨论过程中所获取的知识和经验使他们在面对学业、人际关系等压力时，不再感到手足无措，而是能够主动地采取积极的应对方式，如问题解决、寻求支持等，从而减轻了压力带来的负面影响。

在人际关系方面，团体阅读疗法促进了学生之间的交流与理解。共同的阅读和讨论经历为他们提供了更多的共同话题和情感连接，使他们能够更好地理解他人的观点和感受，提高了人际交往的能力和质量，有助于建立良好的人际关系。

2. 对大学生心理健康整体的影响

团体阅读疗法对大学生心理健康产生了整体性的积极影响。通过改善情绪调节、深化自我认知、增强应对压力的能力以及优化人际关系等具体维度，促进了大学生心理的平衡与和谐发展。首先，这种疗法有助于培养大学生积极乐观的心态。当他们能够更好地处理情绪、应对压力和建立良好人际关系时，会对生活持有更积极的态度，减少消极情绪和悲观想法的产生。其次，团体阅读疗法提升了大学生的心理适应能力。在面对大学生活中的各种变化和挑战时，他们能够更快地调整自己的心态和行为，适应新的环境和情境，保持心理的稳定和健康。再者，它增强了大学生的心理韧性。经历了团体阅读疗法的学生在面对挫折和困难时，能够更快地从负面情绪中恢复，坚持积极的行动，不易被逆境所击垮。从长期来看，团体阅读疗法对大学生的心理健康具有预防性的作用。早期接受这样的干预，可以帮助他们建立良好的心理应对机制和健康的心理模式，降低在未来出现严重心理问题的风险。总之，团体阅读疗法对大学生心理健康的整体影响是深远而有益的，为他们在大学期间乃至未来的人生中保持良好的心理状态奠定了坚实的基础。

（四）量化评估方法的有效性与局限性

1. 所选评估工具的适用性

在本研究中，选用的一系列心理弹性和心理健康相关量表在评估团体阅读疗法对大一新生的效果方面表现出了一定的适用性，能够较为全面地测量大一新生在面对困境时的适应和恢复能力，其问题涵盖了情绪控制、积极认知、人际协助等多个重要方面，与团体阅读疗法所期望提升的心理弹性维度相契合。所选测量工具，在各自所针对的心理健康领域具有较高的专业性和敏感性。这些量表能够准确地捕捉到大一新生在接受疗法前后焦虑、抑郁、自尊和适应能力等方面的变化，为评估疗法效果提供了具体且可量化的数据支持。然而，这些评估工具也存在一定的局限性。它们主要依赖于被试的自我报告，可能受到被试主观因素的影响，如社会期望、记忆偏差等。此外，这些量表多为一般性的测量工具，可能无法完全涵盖大一新生在特定校园环境和发展阶段所面临的独特心理问题和变化。

尽管如此，综合考虑研究目的和实际操作的可行性，所选的这些评估工具在本研究中仍然是适用的，为初步了解团体阅读疗法的效果提供了有价值的信息。但在未来的研究中，可能需要结合更具针对性和多元化的评估方法，以更全面和准确地评估团体阅读疗法的效果。

2. 可能存在的评估偏差

在运用量化评估方法评估团体阅读疗法对大一新生心理弹性的影响时，可能存在以下几种评估偏差：

首先，存在练习效应偏差。由于参与者在前后测中使用相同的量表，他们可能因为熟悉量表的内容和答题方式而改变回答，并非真实的心理状态改变，从而影响评估结果的准确性。

其次，情境因素可能导致偏差。测试时的环境、参与者的情绪状态和当时所面临的生活压力等外部情境因素，可能会干扰他们的作答，使评估结果不能准确反映团体阅读疗法的实际效果。第三，共同方法偏差也需考虑。当所有数据均通过自陈式量表收集时，可能存在共同方法变异，即由于测量方法而非所研究的构念本身导致变量之间的关系出现偏差。第四，评估时间点的选择也可能引起偏差。如果时间间隔过短，可能无法充分捕捉到心理弹性的长期变化；而时间间隔过长，又可能受到其他无关因素的干扰，影响对疗法效果的准确判断。第五，社会赞许性偏差也不容忽视。参与者可能会为了迎合社会期望或表现出更积极的形象，而在回答问题时给出不真实或夸大的答案，导致评估结果失真。认识到这些可能存在的评估偏差，有助于在未来的研究中采取相应的措施加以控制和改进，以提高量化评估方法的有效性和可靠性。

（五）影响团体阅读疗法效果的因素

1. 个体差异的影响

个体差异在团体阅读疗法的效果中起着显著的作用。首先，性格特质的不同会影响学生对疗法的响应。外向型的学生可能更积极地参与讨论和分享，从而能更充分地从团体互动中受益；而内向型的学生可能在表达自己的想法和感受时较为含蓄，需要更多的引导和鼓励来发挥疗法的作用。其次，学生的先备知识和阅读能力存在差异。那些具有丰富阅读经验和较强理解能力的学生，可能更容易从阅读材料中汲取有益的信息，并将其与自身的经历相结合，进而实现更大程度的心理成长；而阅读能力较弱的学生可能在理解和吸收阅读材料上存在困难，影响疗法的效果。再者，学生的家庭背景和成长经历也会产生影响。来自支持性家庭环境、经历较少挫折的学生，可能在面对疗法中的挑战和反思时，不如那些经历过较多困难但具有一定韧性的学生更容易产生深刻的感悟和改变。此外，个体的心理防御机制和应对风格也各不相同。有些学生倾向于采用积极的应对策略，如问题解决和寻求社会支持，他们可能更能利用团体阅读疗法提供的资源来增强心理弹性；而那些习惯采用消极应对方式，如逃避或否认的学生，可能在疗法中较难转变思维模式，从而限制了疗法效果的发挥。总之，个体差异是影响团体阅读疗法效果的重要因素，在实施疗法时应充分考虑这些差异，以提供更具个性化和针对性的干预。

2. 社会支持的作用

社会支持在团体阅读疗法的效果中扮演着至关重要的角色。一方面，来自家庭的支持对大一新生参与团体阅读疗法的积极性和效果产生深远影响。家人的理解、鼓励和关心能够为学生提供情感上的安全感，使他们更愿意在疗法中开放自己，分享内心的感受和困惑。家庭的积极态度还能增强学生对疗法的信心，从而更投入地参与其中，促进心理弹性的提升。另一方面，学校环境中的社会支持同样不可忽视。教师和同学的支持与认可能够营造出一个有利于学生成长和改变的氛围。教师的专业指导和同学之间的相互鼓励、合作，不仅有助于学生更好地理解阅读材料，还能在实际的交流与互动中锻炼他们的人际交往和问题解决能力，进一步强化团体阅读疗法的效果。社会文化背景也会通过影响个体对阅读和心理成长的重视程度，间接地对疗法效果产生作用。在一个重视知识获取和自我提升的社会文化环境中，学生更有可能从团体阅读疗法中获得积极的体验和显著的收获。总之，充分发挥社会支持的作用，无论是来自家庭、学校还是社会文化层面，都能够为团体阅读疗法的成功实施和大一新生心理弹性的有效促进提供有力的保障。

3. 阅读材料类型的影响

阅读材料的类型显著影响着团体阅读疗法的效果。

不同主题的阅读材料会引发学生不同的思考和情感反应。例如，以励志成长为主题的材料能够激发学生的斗志和积极心态，帮助他们树立面对困难的勇气和信心；而以心理调适为主题的材料则侧重于提供具体的情绪管理和心理调节方法，使学生能够更直接地应用于自身。材料的文学形式也很关键。小说类作品往往通过生动的情节和丰满的人物形象吸引学生，让他们更容易产生代入感，从而深入思考自己的内心世界；散文和诗歌则以其优美的语言和深刻的哲理，启发学生的感悟和思考能力。阅读材料的难易程度同样重要。过于简单的材料可能无法提供足够的挑战和启发，而过于复杂的材料又可能让学生感到挫败和难以理解。难度适中的材料既能激发学生的兴趣，又能促使他们在阅读过程中不断思考和探索，从而更好地发挥团体阅读疗法的作用。材料的时代背景和文化相关性也会影响效果。与学生生活背景和文化环境贴近的材料更容易引起共鸣，使他们能够更深刻地理解其中的内涵，并将所学应用到实际生活中。选择合适类型的阅读材料是确保团体阅读疗法取得良好效果的重要因素之一。

五、结论与建议

（一）研究结论

1.总结团体阅读疗法对大一新生心理弹性的促进效果

本研究通过实证分析，明确得出团体阅读疗法对大一新生心理弹性具有显著的促进效果。

经过团体阅读疗法的干预，大一新生在心理弹性的多个维度上展现出了积极的变化。他们在面对压力和挫折时，表现出更强的适应能力、恢复能力和应对能力。具体而言，在情绪调节方面更加成熟，能够更好地控制和管理负面情绪；在认知重构上更为积极，能够以更乐观和灵活的视角看待困难；在解决问题的策略运用上更加多样和有效，从而提升了整体的心理韧性。同时，团体阅读疗法还对大一新生的心理健康产生了广泛的积极影响，如降低焦虑和抑郁水平，增强自尊，提高适应新环境和人际关系的能力。总之，团体阅读疗法是一种有效且可行的干预手段，能够显著提升大一新生的心理弹性，为他们更好地适应大学生活和未来的发展奠定坚实的心理基础。

2.回答研究问题

本研究旨在探究团体阅读疗法对大一新生心理弹性的促进影响。通过研究，以下研究问题得到了回答：首先，团体阅读疗法是否能有效提升大一新生的心理弹性？答案是肯定的。实验组在接受团体阅读疗法后，心理弹性水平显著提高，在心理弹性量表及相关心理健康维度的测量中均表现出了明显的改善。其次，团体阅读疗法是如何促进大一新生心理弹性的？研究结果表明，通过精心选择的阅读材料、有效的引导讨论以及多样化的互动活动，学生在认知、情感和行为等方面得到了锻炼和提升。他们从阅读中获取应对困境的智慧和力量，在讨论中深化自我认知、学会情绪管理和问题解决策略，在互动中增强人际交往和社会支持，从而综合提升了心理弹性。第三，哪些因素影响了团体阅读疗法对大一新生心理弹性的促进效果？个体差异（如性格、阅读能力、家庭背景等）、社会支持（家庭、学校和社会文化层面）以及阅读材料的类型（主题、文学形式、难易程度等）都在不同程度上影响了疗法的效果。综上所述，本研究较为全面地回答了最初设定的研究问题，为进一步理解和应用团体阅读疗法促进大一新生心理弹性提供了有价值的参考。

（二）研究的创新点与不足

1. 创新点

本研究在以下几个方面展现出了创新之处：

首先，研究对象的聚焦具有创新性。将团体阅读疗法的研究重点放在大一新生这一特定群体上，充分考虑了他们在大学适应期所面临的独特心理挑战和发展需求，为新生心理健康干预提供了新的视角和针对性的策略。其次，研究方法的综合运用具有新意。本研究不仅采用了量化评估，对实验组和对照组进行前后测数据对比，还结合了内容分析，深入挖掘阅读讨论记录和参与者反馈中的丰富信息，实现了定量与定性研究方法的有机结合，使研究结果更全面、深入。第三，在阅读材料的选择和设计上有所创新。根据大一新生的心理特点和实际需求，精心挑选和编排具有针对性的阅读材料，并将其与团体活动紧密结合，形成了一套系统的、个性化的团体阅读疗法方案。第四，研究关注了团体阅读疗法对多个心理健康维度的影响。除了心理弹性这一核心指标，还深入探讨了该疗法对焦虑、抑郁、自尊、适应能力等方面的作用，为全面理解团体阅读疗法的效果和作用机制提供了更丰富的证据。这些创新点使得本研究在团体阅读疗法领域具有一定的独特性和贡献。

2. 研究的局限性

本研究虽然取得了一定的成果，但也存在一些局限性。

首先，研究时间相对较短。仅在一个学期内对大一新生进行观察和干预，可能无法完全捕捉到团体阅读疗法的长期效果和潜在的持续影响。其次，样本量有限。仅选取了来自特定学校和专业的大一新生作为研究对象，样本的代表性可能不够广泛，难以推广到更广泛的大一新生群体。再者，研究环境相对单一。所有的干预和测试都在学校内进行，未能考虑到不同校园文化和环境对研究结果的潜在影响。第三，对于团体阅读疗法的实施过程，虽然进行了一定的规范和监督，但仍可能存在操作上的不一致性，影响干预效果的稳定性。第四，在评估指标方面，尽管采用了多种量表和分析方法，但仍可能存在未能涵盖的重要心理维度和潜在影响因素。未来的研究可以在延长研究时间、扩大样本范围、丰富研究环境、优化实施过程和完善评估指标等方面进一步改进，以更全面、准确地评估团体阅读疗法对大一新生心理弹性的促进作用。

（三）建议与展望

1. 对未来开展团体阅读疗法的建议

基于本研究的结果，对未来开展团体阅读疗法提出以下建议：

首先，在阅读材料的选择上，应进一步丰富和多样化。不仅要涵盖不同主题、文学形式和难易程度的作品，还应根据不同群体的特点和需求进行个性化定制，以提高参与者的兴趣和投入度。其次，加强引导者的培训。引导者应具备更专业的心理学知识、沟通技巧和灵活应变能力，能够更好地引导讨论、处理突发情况，并根据参与者的反应调整疗法的进程。第三，扩大团体规模和多样性。增加团体成员的数量和背景的多样性，可以为参与者提供更丰富的观点和经验交流，拓展思维和视野。第四，延长疗法的时间周期。适当延长团体阅读疗法的持续时间，以更深入地挖掘参与者的潜力，巩固和深化治疗效果。第五，结合现代科技手段。利用在线平台、多媒体资源等，为参与者提供更便捷、灵活的参与方式，增强互动和交流的效果。第六，建立跟踪评估机制。对参与者在疗法结束后的长期效果进行跟踪评估，了解其心理弹性的维持和发展情况，以便及时调整和改进疗法方案。

2. 对进一步研究的展望

本研究为团体阅读疗法在大一新生心理弹性促进方面提供了有价值的见解，但仍有广阔的研究空间有待探索。未来的研究可以进一步拓展研究对象的范围，不仅关注大一新生，还可以将研究延伸至其他年级的大学生，甚至是中学生群体，以考察团体阅读疗法在不同年龄段和教育阶段的效果差异。在研究方法上，可以采用更多元化的技术手段，来探究团体阅读疗法对大脑活动和神经机制的影响，从而从生理层面揭示其作用机制。可以开展长期追踪研究，深入了解团体阅读疗法对个体心理弹性的长期效果和持续性影响，以及在不同生活情境中的迁移和应用。进一步的研究还可以探讨如何优化团体阅读疗法与其他心理干预方法的结合，以提高综合干预效果。针对不同文化背景和地域的群体，研究文化因素对团体阅读疗法效果的调节作用，以实现更具文化适应性的干预策略。可以加强对团体阅读疗法中个体差异的精细化研究，深入挖掘哪些特定的个体特征或心理因素能够更好地预测和解释疗法的效果，为精准干预提供依据。相信通过这些进一步的研究，我们能够更全面、深入地理解团体阅读疗法的潜力和价值，为促进个体的心理健康和心理弹性发展提供更有力的支持。

第九章 高职院校图书馆阅读推广研究现状与趋势

在高职教育的广阔天地中，图书馆不仅是知识的殿堂，更是教学的得力助手。高职院校图书馆的阅读推广服务，已然成为推动学生综合素质提升、促进教学改革深化的重要力量。本书的前面章节，已经为我们详细描绘了面向教学支持的高职院校图书馆阅读推广服务的理论框架与实践蓝图，重庆工商职业学院图书馆的案例更是为我们提供了生动的实证。

然而，理论的深度和实践的广度总是相辅相成、不断演进的。在高职院校图书馆阅读推广服务如火如荼开展的背后，我们不禁要问：这一领域的研究现状究竟如何？它的历史脉络和发展轨迹又是怎样的？当前的研究成果又聚焦于哪些热点，预示着哪些发展趋势？这些问题的探讨，不仅是对既往研究的知识性梳理与理解，更是对未来发展路径的理性探寻与科学预见。

本章将采用文献计量法，对国内高职院校图书馆阅读推广研究的文献增长规律、研究热点及其未来趋势进行研究，宏观地展示这一领域的研究现状，并试图探寻其未来的发展趋势。具体数据收集以清华同方 CNKI 数据库、维普期刊数据库、万方数据库为数据源，以"高职院校图书馆""教学""教育""学科服务""学科馆员""阅读推广"等为关键词进行检索。检索时间范围在 2001 年～2023 年，共检索到本研究相关论文 1126 篇。对这些文献查重、筛选，剔除消息、会议通知等非学术性文献，以及与本研究不相关的文献，得到符合要求的 769 篇论文作为本研究的数据样本。本章将通过这样的分析，期望能够为高职院校图书馆的阅读推广服务提供更为坚实的理论支撑和实践参考。

第一节 基于文献增长规律的阅读推广研究现状与趋势

在高职院校图书馆阅读推广服务的研究历程中，文献的逐步积累与持续增长，不仅凝聚了丰富的知识精华，更见证了该研究领域的历史沿革与发展变迁。通过系统剖析文献增长的内在规律，我们能够清晰地勾勒出高职院校图书馆在阅读推广方面研究的发展脉络。这一脉络不仅呈现了研究的历史进程、当前状况和演变趋势，更折射出研究者的孜孜不倦与学科发展的坚实步伐。本节旨在以文献增长规律为指引，深入梳理和解读高职院校图书馆阅读推广服务研究的现有成果，同时前瞻性地探讨其未来发展方向，以期为该领域的进一步研究提供参考与启示。

一、年发文量、论文逐年累积量分布散点图及其分析

对论文的年发文量、逐年累积量进行统计计算，结果见表 9-1-1。此表显示了从 2001—2023 年国内高职院校图书馆阅读推广研究领域的年度论文发表情况。通过这份数据表，我们可以清晰地观察到该领域研究的发展历程和趋势变化。首先，从 2001 年开始，国内高职院校图书馆阅读推广研究逐渐起步。这一年仅发表了 1 篇论文，标志着该领域研究的开端。随后的几年中，年发文量逐渐增加，但增速较为缓慢。到了 2005 年，年发文量首次突破 10 篇，显示出该领域研究开始引起更多学者的关注。2005 年以后，年发文量呈现出明显的增长趋势。特别是从 2010 年开始，年发文量迅速攀升，表明该领域研究进入了快速发展阶段。到了 2013 年，年发文量达到峰值，共计 89 篇，显示出该领域研究的热度和活跃度达到顶峰。

表 9-1-1　论文的年度分布统计

年度	年度编号（x）	年发文量	逐年累积量（y）	年度	年度编号（x）	年发文量	逐年累积量（y）
2001	1	1	1	2013	13	89	451
2002	2	2	3	2014	14	71	522
2003	3	4	7	2015	15	37	559
2004	4	6	13	2016	16	42	601
2005	5	12	25	2017	17	35	636
2006	6	22	47	2018	18	19	655
2007	7	33	80	2019	19	32	687
2008	8	8	88	2020	20	28	715
2009	9	56	144	2021	21	26	741
2010	10	71	215	2022	22	19	760
2011	11	78	293	2023	23	9	769
2012	12	69	362	—	—	—	—

　　然而，自 2013 年之后，年发文量开始呈现缓慢递减的趋势。尽管每年的论文数量仍然保持在一定水平，但增长速度已经明显放缓。这表明该领域的研究已经相对成熟，新的创新或突破可能更加困难。尽管如此，每年的论文发表量仍然保持稳定，显示出研究者对该领域的持续关注和投入。此外，通过观察表 9-1-1 中的数据变化，我们还可以发现一些有趣的现象和规律。例如，在某些年份（如 2008 年），年发文量出现了暂时的下降，但随后又迅速恢复并继续增长。这种波动可能受到多种因素的影响，如政策调整、研究热点转移等。

　　总体而言，从 2001—2023 年，国内高职院校图书馆阅读推广研究领域共发表了 769 篇相关论文，年均发文量约为 33 篇。这一数据反映了该领域研究的整体规模和发展态势。

　　为了直观地展示论文量的增长趋势，为文献增长规律的研究奠定基础，我们以年度编号为自变量（x），以论文逐年累积量为因变量（y），绘制论文逐年累积量的分布散点图（如图 9-1-1 所示）。从图中可以清晰地看到，随着年度的推进，论文的累积数量呈现出稳步增长的趋势。然而，这种增长并非无节制地加速，而是逐渐趋于缓和，显示出一种相对稳定的增长态势。

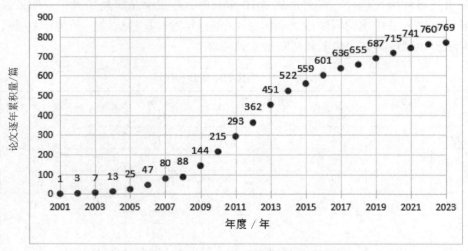

图 9-1-1　论文逐年累积量分布散点图

　　世界著名情报学家德里克·普赖斯（Derek Price）在对文献增长进行大量研究的基础上，提出了科技文献的指数增长规律[①]。值得注意的是，这种增长模式与世界情报学家普赖斯提出的文献指数曲线增长规律存在显著差异。据普赖斯的理论预测，随着时间的推移，文献数量应以指数级速度迅速增长，

---

① 王景文. 我国开放存取研究论文的文献计量学研究 [J]. 图书馆工作与研究，2011（6）：16-21.

甚至可能达到爆炸性增长的程度。然而，通过观察图 9-1-1，我们可以明显看出，国内高职院校图书馆阅读推广研究论文的增长并不符合这一规律。

基于以上观察，并结合本领域的研究实际，我们推测幂函数增长模型可能更适合描述这种情况。幂函数增长模型能够反映一种增长速度相对稳定但逐渐减缓的趋势，这与我们观察到的论文增长情况更为吻合。

二、国内高职院校阅读推广研究论文的增长规律

文献增长规律研究是文献计量学研究的重要课题之一。统计某一时域内阅读推广服务研究文献的增长情况，绘制相应的文献增长曲线，对总结国内阅读推广研究文献增长规律，梳理发展脉络，评价学科发展阶段，并预测未来趋势均具有重要意义。

基于表 9-1-1 和图 9-1-1 所展示的论文年度分布数据，我们进一步进行了深入的统计分析。具体来看，我们将论文逐年累积量的数据导入 SPSS 19.0 软件中，以年度作为自变量，而论文逐年累积量则作为因变量。在 SPSS 19.0 软件的支持下，我们进行了曲线拟合分析，旨在更准确地描述数据背后的趋势和模式。

为了验证之前的分析，我们在曲线拟合分析中特别选择了指数函数和幂函数作为拟合模型进行回归分析。回归分析是一种统计学方法，用于确定一个或多个自变量与因变量之间的关系强度和方向。在回归分析中，我们尝试找到一个方程式，这个方程式可以最好地描述自变量与因变量之间的数学关系，并可以用于预测新的观测值。这一步骤的目的在于比较不同模型对于数据的拟合效果，并找出最适合描述论文增长趋势的模型。回归分析的模型汇总和参数估计值见表 9-1-2，回归分析图如图 9-1-2 所示。通过回归分析结果及图形展示，我们可以直观地看到不同拟合模型与实际数据之间的契合程度，从而为后续的分析和讨论提供了重要的参考依据。

表 9-1-2　模型汇总和参数估计值

因变量逐年累积量（y）

方程	模型汇总					参数会计值	
名称	R 方	F	df1	df2	Sig.	常数	b1
幂	0.981	1 106.103	1	21	0.000	0.719	2.365
指数	0.815	92.546	1	21	0.000	6.206	0.263

自变量为年度编号（x）

表 9-1-2 呈现了幂函数与指数函数对论文逐年累积量数据的拟合分析结果。具体来看，幂函数的拟合方程为 $y = 0.719x^{2.365}$，其拟合优度 R^2 为

0.981；而指数函数的拟合方程为 $y = 6.206e^{0.263x}$，其拟合优度 R^2 为 0.815。

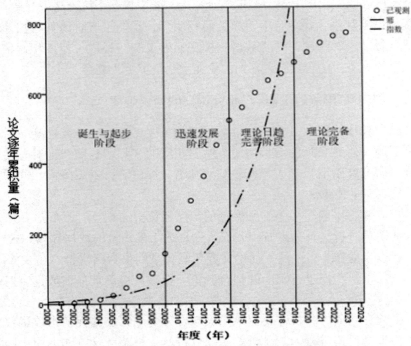

图 9-1-2　文献增长趋势拟合图回归分析图

　　在这里，R^2 即拟合优度，是一个用于衡量回归模型拟合好坏的统计量。它表示了自变量在多大程度上能够解释因变量的变异。一般来说，R^2 的值越接近于 1，说明模型的拟合效果越好，自变量与因变量之间的相关关系越显著。

　　对于幂函数模型，其 R^2 值为 0.981，这意味着模型能够解释 98.1% 的因变量变异，仅有 1.9% 的变异不能由模型解释。这表明自变量（年度）与因变量（论文逐年累积量）之间的相关关系非常显著。因此，可以认为国内高职院校图书馆阅读推广研究的文献增长更符合幂指数函数的增长趋势。

　　相比之下，指数函数模型的 R^2 值为 0.815，远低于幂函数模型的拟合优度。这说明指数函数模型在解释因变量变异方面的效果不如幂函数模型。因此，我们可以得出结论，幂函数模型更适合用于描述国内高职院校图书馆阅读推广研究的文献增长趋势。

三、高职院校图书馆阅读推广研究现状

　　结合表 9-1-1 的数据，以及论文逐年累积量的回归分析结果，可知国内高职院校图书馆阅读推广研究的文献增长符合幂指数函数趋势。在幂函数曲线中，随着自变量的增加，函数的值也会增加，但增长速度会逐渐变慢。当

应用于描述文献增长时，幂函数曲线可能表明高职院校图书馆阅读推广领域的研究已经相对成熟，新的文献仍以一定的速度被产生，但增长速度已经不如初期那么快。这种增长模式可能更有利于深入研究、挖掘新的研究方向或解决更为复杂的问题。幂指数函数只是反映了文献增长的总体趋势，要对国内高职院校图书馆阅读推广发展阶段做细致刻画，还需要在此基础上结合文献增长相关理论做进一步分析。

普赖斯作为文献计量学的奠基人之一，在对各种科学指标进行大量计量分析的基础上，最初提出了文献量按指数增长的观点。然而，随着研究的深入，他发现文献增长并非始终遵循指数增长规律，而是会随着学科发展的不同阶段而发生变化。因此，普赖斯进一步提出了文献增长四阶段理论，以更全面、准确地描述文献增长的趋势和特点。这一理论将学科发展分为四个阶段，并详细阐述了每个阶段的文献增长特征：第一阶段，学科诞生阶段。科技文献量呈不稳定增长状态，论文绝对数量少，很难通过统计方法求得相应的数学表达式。第二阶段，学科迅速发展阶段。该专业理论迅速发展，文献数量处于一个相对稳定的指数型增长趋势。第三阶段，学科理论日趋成熟，文献量增长速度放缓，呈线性增长，并维持一定的文献增长量。第四阶段，随着学科理论的逐步完备，文献量日趋减少，曲线逐渐平行于横坐标，或出现不规则的各类振荡[①]。这为我们理解科学发展的动态过程提供了有价值的框架。

结合文献增长趋势拟合图及普赖斯文献增长的四阶段理论，我们将国内高职院校图书馆阅读推广研究的发展历程划分为四个阶段（如图 9-1-2 所示）。

（一）诞生与起步阶段（2001—2008 年）

2001—2008 年，国内高职院校图书馆阅读推广研究的诞生与起步阶段。这一阶段累计发文量为 88 篇，年发文量偏低，年均发文 11 篇，仅为统计时域内平均发文量（约 33 篇）的 1/3。由于本领域的研究刚刚起步，相关的研究文献数量相对较少，尚未形成丰富的研究积累，研究规模小。

从研究内容上看，这一阶段论文的主题主要聚焦于以下 5 个方面：①高职院校图书馆馆藏资源建设，涉及纸质及数字资源的采集、整理与利用研究。这一主题的论文合计 31 篇，约占这一时期发文量的 35.2%。在这些主题的研究中，主要是在文献资源建设策略中，提出要支持学校的教学与科研工作，广泛征求教师与学生的意见，加强学科专业文献资源的订购工作；要加强馆藏资源

---

① 谢晓平，陈桂华，万朝敏 . 获得性免疫缺陷综合征母婴垂直传播预防的循证医学研究进展 [J]. 中华妇幼临床医学杂志（电子版），2008，4（5）：68-70.

配置和服务体系的建设，为高职院校的学科建设提供信息资源保障和服务支持。除传统的纸质馆藏建设外，学者还就高职院校图书馆特色资源数据库建设、网络资源学科导航库建设进行了探讨。②学科馆员与参考咨询服务，探讨如何通过专业馆员为读者提供更精准的信息服务。这一主题的论文合计 21 篇，约占这一时期发文量的 23.9%。学科馆员与参考咨询服务是高职院校图书馆面向教学支持服务的重要方式。高职院校图书馆通过学科馆员与教学系部沟通联系，为学科建设和专业群建设提供定期的业务培训工作。参考咨询工作是最具活力的工作，更能体现图书馆服务的增值作用和馆员价值。参考咨询服务在帮助用户获取信息、促进信息资源利用、延伸服务空间、拓展服务领域等方面具有重要作用。③馆员队伍建设与继续教育，强调提升馆员素质以适应图书馆发展需求。这一主题的论文合计 11 篇，占这一时期发文量的 12.5%。这些论文就馆员队伍建设与继续教育进行了探讨，认为图书馆员必须注意研究本校重点科研项目、重点建设的学科、重要的学术骨干，并充分掌握学校开设课程的门类、核心课程和分科课程等，以便更好地为他们提供专项专题服务。这就要求图书馆采取多种措施提高图书馆员的综合能力，以满足学校教学、科研的需要。高职院校图书馆作为服务于教学和科研的学术机构，要适应高职院校职业性、应用性、适用性的特点，加强图书馆员继续教育，特别是相关学科知识教育。④用户信息素质教育，着重论述如何培养师生的信息素养及信息获取、利用能力，以适应信息化社会的发展需求。这一主题的论文合计 16 篇，约占这一时期发文量的 18.2%。这些论文认为，高职院校图书馆作为高职院校文献信息的储藏服务中心应充分利用条件，组织教师进行专业信息检索与利用的培训和教育，提高教师的信息能力素质和信息道德素质，其中，文献检索课是一种主要的教育形式。⑤图书馆职能研究及其他，主要包括图书馆在教育、情报等方面的作用探讨。这一主题的论文合计 9 篇，约占这一时期发文量的 10.2%。在图书馆职能的研究中，有研究认为，图书馆具有教育职能。为教师自我塑造和教学科研提供文献信息服务，是履行教育职能的一个重要方面。高职院校图书馆发挥教育职能，必须重视为教师提供文献信息服务。此外，要充分发挥教育职能和情报职能，高职院校图书馆要为学校新兴学科建设提供参考咨询服务，国内外学科前沿的信息收集服务与跟踪服务等全方位的信息服务。

值得注意的是，这一阶段尚未出现专门针对图书馆阅读推广服务的论文，相关研究内容散见于上述各主题中。此外，论文的绝对数量较少，且增长不稳定。

（二）迅速发展阶段（2009—2013 年）

在 2009—2013 年的 5 年间，共发文 363 篇，这一阶段发文量约是前一阶段发文量的 4 倍，年均发文约达 73 篇，约是前一阶段年均发文量的 7 倍，特别到 2013 年年发文量达到峰值（89 篇），国内高职院校阅读推广研究进入快速发展期。

在 2009—2013 年间，高职院校图书馆阅读推广服务研究经历了一个迅速发展阶段。这一时期，不仅论文数量急剧增加，呈现出严格的指数增长趋势，而且研究内容和深度也得到了显著的拓展和提升。

从研究内容上看，学者主要围绕高职院校图书馆资源与建设、服务与创新、图书馆与教育、管理与发展等四大主题进行了深入探讨：①高职院校图书馆资源与建设（94 篇，约占 30.6%）。研究者关注了馆藏资源的质量评价、利用率及优化策略①，特色资源建设及数字化与网络化的发展趋势。②高职院校图书馆服务与创新研究（88 篇，约占 28.7%）。在服务与创新方面，个性化服务、参考咨询、导读工作及学科馆员制度等服务模式得到了深入研究；同时，服务创新理论和实践也成为研究的热点，特别是学科馆员服务研究，包括学科服务、学科馆员、学科化服务、专业服务、学科馆员制度等的研究成果最多。③高职院校图书馆与教育研究（68 篇，约占 22.1%）。在图书馆与教育方面，信息素养教育、教学与科研支持及高职教育特色等议题受到了广泛关注。具体研究内容包括：信息素养教育研究，如信息能力培养、阅读疗法、信息素养提升研究等；教学与科研支持研究，如图书馆在教学和科研中的角色、资源整合研究等；高职教育特色研究，如探讨高职院校图书馆如何适应和支持高职教育的特点。④高职院校图书馆管理与发展研究及其他（57 篇，约占 18.6%）。在管理与发展方面，馆员队伍建设、图书馆评估与可持续发展及管理与创新等议题也成为研究的重点。具体包括：馆员队伍建设研究，涉及馆员素质培养、职责定位、继续教育研究等；管理与创新研究，主要探讨管理体制、服务模式创新等议题。

这一阶段的研究不仅验证和完善了现有的理论，而且探索了新的应用领域。大量实证研究的涌现，为理论的验证和完善提供了有力的支持。同时，研究者还积极探索了新的应用领域，如数字图书馆、网络信息资源、在线学科服务等，为高职院校图书馆阅读推广服务的发展注入了新的活力。

总的来说，2009—2013 年是高职院校图书馆阅读推广服务研究的迅速发展阶段。这一阶段的研究成果丰硕，不仅论文数量大幅增加，而且研究内容和深度也得到了显著的拓展和提升。这些研究成果为高职院校图书馆阅读推广服务的实践和发展提供了有力的理论支持和指导。未来，随着研究的不断深入和领域的持续拓展，相信高职院校图书馆阅读推广服务研究将会取得更加丰硕的成果。

---

① 吴静. 高职院校图书馆馆藏质量分析与优化——以南京工业职业技术学院图书馆为例 [J]. 图书馆杂志，2013，32（10）：43–46.

（三）理论日趋成熟阶段（2014—2018 年）

在 2014–2018 年的 5 年间，共发表相关论文 204 篇，发文量较前一阶段减少 159 篇，年均 发文量约为 41 篇，远低于前一阶段的年均发文量（73 篇）。这一阶段的研究不再追求数量上的扩张，而是更加注重质量上的提升和深度的挖掘。这一变化标志着国内高职院校图书 馆阅读推广服务研究开始从量的增长转向质的提升，国内高职院校图书馆阅读推广服务研 究已稳步迈入理论日趋成熟的阶段。随着理论的深入与实践的积累，研究者们更加注重对现有理论的深化和实践的积累，每一篇研究都代表着该领域的深入探索和思考，研究内容亦十分丰富，涵盖了从特色馆藏与资源建设到服务创新与研究，再到学科服务、管理与发展研究、信息技术应用、阅读推广及用户研究等方面，形成全方位、多层次的研究体系。这些研究不仅深化了我们对高职院校图书馆工作的理解，也为未来的实践创新提供了坚实的理论基础。

以下将详细梳理这一阶段的研究成果和主要观点：①高职院校图书馆特色馆藏与资源建设研究，包含关于高职院校图书馆特色馆藏、数字资源、文献资源、专业学科资源等建设的研究。例如，关于中国—东盟职业教育开放合作下高职院校图书馆特色馆藏建设研究①、高职院校图书馆特色资源平台建设研究等。②高职院校图书馆服务创新与研究，涉及高职院校图书馆的服务创新、读者服务、信息服务、嵌入式服务、多元化服务等。例如，有研究认为，高职院校图书馆是学生吸收课外知识、拓宽视野、教育创新的重要场所。在现代教育背景下，不仅强调教育教学的创新，图书馆也要致力于服务创新、提高服务质量，从而推动图书馆、学生、教师的全面发展。为了解决高职院校信息素质教育受众面窄、教学效果不佳等问题，培养高职院校学生的信息检索、分析与利用能力，高职院校图书馆应开发出适合高职院校信息素质教育需求的、嵌入式教学模式，提供基于授课教师需求的、与课程内容相关的资源推荐、文献检索、资料搜集等方面的服务等。③高职院校图书馆与学科服务研究，主要探讨高职院校图书馆的学科服务、学科馆员制度、专业学科导航等。例如，高职院校图书馆学科服务的特点与建设探究、高职院校图书馆学科馆员队伍建设研究等。④高职院校图书馆管理与发展研究，包括高职院校图书馆的管理现状、人力资源、发展策略等研究。例如，有学者在对高职院校图书馆进行科学定位的基础上，分析了高职院校图书馆的管理现状，并提出了提高高职院校图书馆管理效果创新性对策；也有学者以某职业技术学院为例对高职院校图书馆人力资源能力提升对策进行了研究等。⑤高职院

---

① 李薇. 中国—东盟职业教育开放合作下高职院校图书馆特色馆藏建设初探——以柳州铁道职业技术学院图书馆为例 [J]. 图书馆研究，2017，47（1）：53–56.

校图书馆与信息技术应用研究，涉及高职院校图书馆的信息技术应用、数字化、网络化、移动图书馆等。例如，对新媒体时代高职院校图书馆期刊资源合理配置的研究、对大数据环境下高职院校图书馆创新服务的研究等。⑥高职院校图书馆与阅读推广研究，主要关注高职院校图书馆在阅读推广、信息素养教育等方面的作用。例如，高职院校图书馆阅读推广活动的设计与实践路径、高职院校图书馆阅读推广活动品牌的创建与运作、信息素养教育模式、信息素养教育平台建设研究等。⑦高职院校图书馆与用户研究及其他，涉及高职院校图书馆用户需求、行为、满意度等研究。例如，有学者针对科研人员、专职教师、在校大学生等信息用户群的信息利用行为进行了调查研究，提出了图书馆信息服务能力提升的策略；有学者对高职院校图书馆科研服务现状进行了调查分析，提出了科研服务环境建设、服务内容、服务网站及科研服务团队建设的建议等。

在 2014—2018 年间，国内高职院校图书馆阅读推广服务研究步入理论成熟阶段。此阶段的研究不再追求数量扩张，而更注重质量提升和深度挖掘。研究内容丰富，涵盖特色馆藏与资源建设、服务创新与研究、学科服务、管理与发展研究、信息技术应用、阅读推广及用户研究等方面，形成全方位、多层次的研究体系。尽管论文总量不高，但学科理论日趋成熟，论文数量增长减缓，进入线性增长阶段，标志着研究领域进入相对稳定的发展期。

（四）理论完备阶段（2019—2023 年）

进入 2019 年以来的 5 年间，发文量持续减少，5 年间合计发表论文 114 篇。从图向上观察，随着理论的完备，学科文献日趋减少，曲线逐渐平行于横坐标，并出现不规则振荡。在这个阶段，随着理论的完备和研究领域的饱和，文献的数量可能会逐渐减少，增长曲线逐渐平行于横坐标。同时，也可能会出现一些不规则的振荡，这可能是由于新的研究领域的出现或者旧的研究领域的趋于成熟所导致的。

对这一阶段发表的论文进行归纳，主要集中于以下方面：①高职院校图书馆的服务与创新。这类研究主要关注高职院校图书馆如何提升服务质量、创新服务模式以适应新时代的需求。例如，智慧校园平台下高职院校图书馆服务创新模式研究、高职图书馆服务"职教本科"创新路径研究等都属于这一类①。这些研究通常探讨如何利用新技术（如人工智能、大数据等）改进图书馆服务，或者通过创新的服务模式（如嵌入式服务、个性化读者服务等）提升用户体验。②高职院校图书馆的学科服务。在不同发展阶段，这个主题

① 宋亚萍，胡跃宗.高职图书馆服务"职教本科"创新路径探索 [J].黑龙江教师发展学院学报，2023，42（2）：154–156.

的研究一直受到学者的关注。这类研究专注于高职院校图书馆如何为不同学科提供专业化的服务，包括学科馆员制度建设、学科服务现状调查与提升对策等。例如，高职院校图书馆学科服务现状调查与提升对策研究、高职院校图书馆化学学科馆员工作的思考分析等研究。这些论文通常探讨如何结合具体学科特点，提高图书馆服务的针对性和有效性。③高职院校图书馆的信息素养教育研究。在不同发展阶段，用户信息素养教育研究同样是不可或缺的研究主题。这类研究主要关注高职院校图书馆在信息素养教育方面的作用和实践。例如，《高职院校图书馆信息素养教育实践与探索——以〈信息检索素养教育〉课程为例》《高职扩招背景下多元化生源图书馆学习支持服务体系构建》等研究。这些论文通常探讨如何设计有效的信息素养教育课程，提升学生的信息检索、分析和利用能力。④高职院校图书馆的管理与发展研究。这类研究涉及高职院校图书馆的管理现状、问题及对策，以及图书馆的发展模式、路径等。例如，《高职图书馆专业馆员发展路径探析》《"双高计划"背景下高职院校图书馆发展模式的创新——以"童书馆"建设为例》等。这些论文通常从宏观和微观两个层面探讨图书馆的管理和发展问题，提出针对性的建议和策略。⑤高职院校图书馆的文献资源建设研究。这也是一个在不同发展阶段均得到关注的研究选题。这类研究主要关注高职院校图书馆的文献资源建设问题，包括图书采购、数字资源建设、特色馆藏建设等。例如，有学者通过对高职院校图书馆图书采购模式的分析，提出以读者为决策导向的综合图书采购方法，从而提高馆藏文献建设质量，为学校教学提供优质的文献保障服务；有学者分析了高职院校图书馆数字学科服务现状，并结合实例介绍协同创新平台的建设及其对数字学科服务的作用等①。这些论文通常探讨如何优化图书馆的文献资源配置，提高资源的利用率和满足度。⑥其他相关研究。除以上五类主题外，还有一些论文涉及高职院校图书馆的阅读推广、用户需求分析、校园文化建设等方面的研究。例如，《高职院校图书馆阅读推广活动满意度和效果研究——以广东 6 所高职院校为例》《校园文化视角下的高职院校图书馆服务教师群体的困境与对策》等。这些论文从多个角度探讨了高职院校图书馆的相关问题，为图书馆的综合发展提供了有益的参考。

这一阶段的研究呈现出以下三个特点：一是研究内容更加深入和细化，不再仅仅停留在宏观层面的探讨，而是更加注重实践应用和具体问题的解决；二是研究方法更加多样化和科学化，定性研究与定量研究相结合，使研究结果更加客观和准确；三是研究视角更加多元化，不再局限于图书馆学本

---

① 李永杰、陈龙. 高职院校图书馆数字学科服务与协同创新平台建设 [J]. 科技风，2020（25）：7-8.

身，而是借鉴了其他学科的理论和方法，为高职院校图书馆的研究注入了新的活力。

总的来说，这一阶段的高职院校图书馆研究虽然面临着一些挑战和困境，但也在不断地探索和创新中取得了显著的成果。这些研究成果不仅丰富了高职院校图书馆的理论体系，也为其未来的创新和发展提供了有力的支持。同时，我们也应该看到，随着研究领域的不断拓展和深化，新的研究问题和挑战也将不断涌现，需要广大学者继续深入探讨和研究。然而，值得注意的是，随着研究内容的逐渐饱和，新的研究领域和创新点的发掘变得尤为重要。这也预示着在未来的研究中，我们需要更加注重跨学科的合作与交流，借鉴其他领域的先进理念和技术手段，以推动高职院校图书馆研究的进一步发展和创新。

四、高职院校图书馆阅读推广研究的发展趋势

基于本节研究揭示了高职院校图书馆阅读推广研究的四个发展阶段及其特点，我们可以从文献量与研究主题两个角度预测未来的趋势。

（一）文献量的增长趋势

如果某一领域的文献增长已经到达了所谓的"第四个阶段"，这通常意味着该领域的研究已经相对成熟，文献积累已经达到了一定的规模。然而，这并不意味着文献增长会完全停止。考虑到高职院校图书馆阅读推广研究已经历了诞生与起步、迅速发展、理论日趋成熟和理论完备四个阶段，我们可以预测未来的文献量将继续保持增长，但增长速度可能会逐渐放缓。这是因为随着理论的成熟和完备，研究的基础框架和核心问题已得到较为充分的探讨，后续研究可能更多是对现有理论的深化、细化或应用于具体实践。

之所以会呈现上述趋势，首先是由于学科发展的惯性。学术研究往往具有惯性，一旦某个领域的研究开始起步并获得关注，后续的研究通常会持续跟进，形成一定的研究积累。其次是实践需求的驱动。高职院校图书馆作为服务教学和科研的重要机构，其阅读推广实践的不断创新和发展，将持续产生新的研究问题和需求，从而推动相关文献量的增长。

具体而言，未来本领域研究的文献量仍会呈现缓慢增长趋势主要基于以下因素。

1.研究活力与新的研究问题

即使一个领域已经相对成熟，仍然可能会有新的研究问题和方法不断涌现，推动该领域的持续发展。这些问题可能源于现实世界的新挑战、学科交

叉融合带来的新视角，或者是对已有理论的深入挖掘和重新评价。

2. 技术进步

新技术的出现往往能为已有领域带来新的研究机会。例如，人工智能、大数据等技术的兴起为许多传统领域提供了新的研究工具和方法，推动了这些领域的进一步发展。

3. 科研资金支持

科研资金的支持对于领域的发展至关重要。如果资金持续投入，并且有更多年轻学者加入该领域的研究，那么文献增长可能会持续。相反，如果资金支持减少或研究兴趣转移，那么文献增长可能会放缓。

4. 国际合作与交流

全球范围内的科研合作与交流也可能影响文献增长趋势。国际合作可能带来新的研究视角和方法，推动领域内的创新。

综上所述，即使某一领域的文献增长已经到达了第四个阶段，未来是否还会呈现增长趋势。这取决于多种因素的综合作用，包括研究活力、技术进步、科研资金支持和国际合作等。这种增长趋势可能会带来两个方面的影响：一方面，文献量的增加为研究者提供了更多的信息来源和参考依据，有助于推动该领域的研究进展；另一方面，文献量的增长也给研究者带来了挑战，如何有效地获取、整理和利用这些文献成为亟待解决的问题。

（二）研究主题的发展趋势

随着高职院校图书馆阅读推广研究的不断深入，未来的研究主题可能呈现出以下趋势。

1. 研究主题的深化与拓展

随着高职院校图书馆阅读推广研究的不断深入，未来的研究主题将呈现出深化与拓展的趋势。一方面，研究者将继续深化对现有主题的研究，如服务创新、学科服务、信息素养教育等，挖掘新的研究点和创新点；另一方面，研究者也将拓展新的研究领域，如阅读推广与校园文化建设、阅读推广与心理健康教育等，形成更加多元化和全面化的研究体系。

2. 跨学科研究的加强

在当前学科交叉融合的大背景下，高职院校图书馆阅读推广研究也需要加强与其他相关学科的交叉融合。未来，研究者将更加注重借鉴和吸收教育学、心理学、社会学等相关学科的理论和方法，以形成更加全面和深入的研究成果。这种跨学科研究的加强将有助于推动该领域的研究向更高水平发展。

3. 实践应用的导向

高职院校图书馆作为服务教学和科研的机构，其实践需求是推动相关研究不断发展的重要动力。未来，高职院校图书馆阅读推广研究将更加注重实践应用导向，关注如何将理论成果转化为具体的阅读推广实践，提高推广效果。同时，研究者也将更加关注实践中的新问题和新挑战，为实践提供有力的理论支持和指导。

4. 技术创新的驱动

随着信息技术、人工智能等技术的不断发展，技术创新将成为推动高职院校图书馆阅读推广研究的重要驱动力。未来，研究者将更加注重利用新技术手段改进和创新阅读推广服务，提高服务质量和效率。同时，新技术手段的应用也将为研究者提供新的研究视角和方法手段，推动该领域的研究不断创新和发展。

未来高职院校图书馆阅读推广研究主题之所以会呈现上述发展趋势，主要基于以下考虑：一是社会需求变化。研究主题往往受到社会现实问题和需求的影响。随着社会的不断发展和变化，新的社会问题和挑战将不断涌现，这些问题可能成为新的研究焦点。二是科技进步与创新。科技的快速发展和创新是推动研究主题变化的重要因素。新技术的出现和应用可能带来全新的研究领域和问题，进而引领研究主题的变化。例如，人工智能和大数据技术的兴起已经催生了大量与之相关的研究主题。三是学科交叉融合。随着学科之间的交叉融合趋势加强，不同学科的知识和方法相互渗透，可能产生新的研究主题。这种交叉融合有助于打破传统学科的界限，发现新的研究角度和解决问题的方法。四是全球化和国际合作。全球化进程和国际合作的加强使研究主题更加多样化和国际化。不同国家和地区的研究者可能关注不同的研究问题，通过国际合作和交流，可以互相借鉴和融合，形成新的研究主题。五是学术研究的深化与拓展。学术研究本身的深化与拓展也是推动研究主题变化的原因之一。随着对某一主题的深入研究，可能会发现新的研究问题和方法，进而推动该主题的进一步发展。同时，学者也可能不断探索新的研究领域和问题，以拓展学术研究的边界。

综上所述，高职院校图书馆阅读推广研究在未来将继续保持发展的趋势，但增长速度可能会逐渐放缓。研究主题将呈现出深化与拓展的趋势，跨学科研究将得到加强，实践应用将成为重要导向，技术创新将成为重要驱动力。这些趋势将有助于推动该领域的研究向更高水平发展，为高职院校图书馆的阅读推广实践提供有力的理论支持和指导。

第二节　基于主题分析的阅读推广研究热点与趋势

在高职院校教育体系中，图书馆是阅读推广的重要阵地。为了系统把握2001—2023年间国内高职院校图书馆在阅读推广领域的研究脉络与热点，本研究通过对769篇相关论文的关键词进行深入统计分析，并运用SPSS软件对高频关键词进行聚类分析。这种横截面式的研究方法，不同于第一节中对不同发展阶段的纵向研究，它更侧重于在特定时间段内揭示研究的全貌和热点分布。通过进一步绘制研究热点的战略坐标图，我们将预测这些热点的未来发展趋势，为高职院校图书馆的阅读推广工作提供前瞻性的指导和建议。

本研究的意义在于通过横截面式的研究视角，全面捕捉统计时域内高职院校图书馆阅读推广的研究热点，弥补了仅从发展阶段进行研究的不足。通过对高频关键词的聚类分析，我们能够更加清晰地识别出当前研究的集中领域和潜在的研究空白，为后续研究提供方向性的指引。同时，战略坐标图的绘制不仅揭示了研究热点的现状，更预测了其未来的发展趋势，有助于高职院校图书馆在阅读推广工作中做出科学决策和战略规划。

一、基于关键词聚类图谱的阅读推广研究热点

（一）高频关键词截取

高频关键词是从大量学术论文中经过精心提炼和统计得出的，它们以简洁明了的形式概括了论文的核心内容和研究主题。这些关键词在论文中出现的频次，可以作为衡量该领域学术研究关注度的重要指标。一般而言，关键词的出现频次与研究领域的关注度呈正相关：频次越高，说明该研究领域受到的关注越多，越能反映该领域的研究热点和焦点。

在进行高频关键词截取时，我们首先利用SPSS 19.0软件提供的文本处理功能对关键词文本进行清洗和预处理，以消除无关字符、统一格式等。其次，我们应用SPSS 19.0的字符串处理功能来计算各个关键词在769篇论文中出现的频次。经过统计，这769篇论文包含的关键词累计频次为2 742次。

为了更准确地反映研究热点，我们依据关键词出现频次的高低进行排序，并截取频次≥10的前42个关键词作为高频词。这些高频词的累计频次为1 678次，约占所有关键词累计频次的61.2%，具有较高的代表性。通过表9-2-1，我们可以清晰地看到这42个高频词及其对应的频次，进而了解国

内高职院校图书馆阅读推广领域的研究热点和趋势。

表 9-2-1　阅读推广研究高频关键词

序号	关键词	频次	序号	关键词	频次
1	高职院校图书馆	209	3	学科馆员	105
2	高职院校	117	4	学科（化）服务	80
5	文献资源建设	66	24	教育职能	30
6	信息素质教育	62	25	咨询	29
7	特色资源建设	57	26	个性化服务	29
8	特色馆藏	50	27	特色数据库	28
9	馆藏特色	46	28	学科资源	26
10	数字资源	42	29	采访工作	25
11	文献检索课	40	30	专业馆员	24
12	期刊资源	38	31	信息检索	24
13	阅读推广	37	32	教学	22
14	图书馆员	36	33	用户教育	22
15	双高计划	35	34	科研	19
16	藏书结构	34	35	信息服务	19
17	创新服务	34	36	资源利用率	17
18	馆员素质	34	37	高职教育	17
19	队伍建设	33	38	专题服务	16
20	参考咨询	32	39	知识服务	15
21	继续教育	32	40	用户培训	13
22	数字咨询平台	31	41	嵌入式教育	12
23	信息素养	31	42	教学科研	10

（二）建立标准化矩阵

为满足多元统计分析的数据结构要求，在做聚类分析之前，我们需要对数据进行标准化处理。这一过程包括两个主要步骤。

1. 建立共词矩阵

首先，我们对表 9-2-1 中列出的 42 个高频关键词进行两两配对，并统计它们在 769 篇论文中的共现频数。通过这些数据，我们构造一个 42×42 的共词矩阵。在这个矩阵中，共现频数反映了不同论文之间的相关性。具体来看，如果两个高频词在多篇论文中频繁共现，那么它们之间的联系就比较紧密，研究强度较大，相关性也相应增强。以共词矩阵为基础，我们可以进一步对高频词进行聚类分析。这种分析能够揭示这些词之间的亲疏关系，进而帮助我们分析它们所代表的学科主题结构。

2. 建立相异矩阵

在建立了共词矩阵之后，为了消除不同关键词频次悬殊可能造成的影响，我们使用 Ochiia 系数将共词矩阵转化为相似矩阵。具体方法是，将共词矩阵中的每个频数都除以与其相关的两个关键词总频次开方的乘积。Ochiia 系数的计算公式为：

$$Ochiia\ 系数 = K_1、K_2\ 两词共现频次 / (\sqrt{K_1 总频次} \times \sqrt{K_2 总频次})$$

然而，从技术层面来看，在进行 SPSS 多维尺度分析时，我们通常使用的是差异性数据。因此，我们需要用 1 减去相似矩阵上的每个频数，从而得到一个反映两词间相异程度的相异矩阵。这个相异矩阵将用于后续的多维尺度分析和其他统计分析中（矩阵图略）①。通过这样的标准化处理，我们能够确保数据结构的合理性和分析的准确性，为后续的多元统计分析奠定坚实的基础。

（三）高频词共词聚类分析

为深入探究高频关键词之间的联系强度，我们将高频词相异矩阵导入 SPSS 19.0 软件进行聚类分析。聚类分析通过计算关键词之间的距离，将距离按比例调整至 0～25 的范围内，并通过逐级连线的方式将性质相近的关键词合并成类别。最终，所有高频关键词被合并成一个大类，但在这一过程中形成了多个关键词团，这些团体内部的关键词联系紧密，反映了不同的研究主题或热点。然而，聚类分析并未明确指出这些关键词团应划分为多少个类团，即本领域的研究热点数目。为解决这个问题，我们进一步采用因子分析方法。将高频词相异矩阵导入 SPSS 19.0 软件进行因子分析，结果见表 9-2-2。表中列出了按特征根从大到小排列的前 20 个因子（局部）。表中展示的是因子分析的总方差解释表，用以确定数据中有多少变量可以通过较少数量的因子来解释。在因子分析中，初始特征值和提取平方和载入表示不同的含义：初始特征值是在因子分析开始前，每个变量的方差，表示每个变量在数据集中的变异程度。提取平方和载入是在因子分析过程中，通过提取因子后，每个因子对变量方差的贡献，表示每个因子解释的方差比例。初始特征值和提取平方和载入可能会相同，是因为每个变量的方差完全由一个因

① 王景文. 基于 SPSS 知识地图的国外阅读疗法研究热点探析 [J]. 图书馆研究，2014，44（2）：124-128.

子解释。前 10 个因子的初始特征值与提取平方和载入的值相同，说明在因子分析中，这些因子能够完全解释各自变量的方差，表明数据中的大部分变异可以通过这些因子来捕捉。根据通常的标准，我们保留特征值大于 1 的因子，这样前 6 个因子的累计方差贡献率达到了 60.583%。一般来说，当累计方差贡献率达到 60% 以上时，就可以认为这些因子能较好地解释原始数据的大部分信息。

表 9-2-2 因子分析—总方差解释（局部）

成分	初始特征值			提取平方和载入		
	合计	方差的 %	累积 %	合计	方差的 %	累积 %
1	8.285	25.891	25.891	8.285	25.891	25.891
2	3.703	11.572	37.463	3.703	11.572	37..463
3	2.300	7.188	44.651	2.300	7.188	44.651
4	2.033	6.354	51.005	2.033	6.354	51.005
5	1.588	4.963	55.967	1.588	4.963	55.967
6	1.477	4.616	60.583	1.477	4.616	60.583
7	1.431	4.473	65.057	1.431	4.473	65.057
8	1.201	3.754	68.811	1.201	3.754	68.811
9	1.159	3.623	72.434	1.159	3.623	72.434
10	1.036	3.236	75.670	1.036	3.236	75.670
11	0.963	3.010	78.679	—	—	—
12	0.822	2.569	81.248	—	—	—
13	0.791	2.473	83.721	—	—	—
14	0.714	2.232	85.953	—	—	—
15	0.667	2.084	88.036	—	—	—
16	0.564	1.762	89.799	—	—	—
17	0.490	1.532	91.331	—	—	—
18	0.464	1.449	92.780	—	—	—
19	0.378	1.182	93.962	—	—	—
20	0.318	0.994	94.956	—	—	—

　　表 9-2-2 为更直观地判断因子的数量，我们利用 SPSS 19.0 软件将因子分析的结果生成因子分析碎石图（如图 9-2-1 所示）。图中第 1 个特征值点位于顶点处，而第 6 个特征值点位于拐点处。从第 6 个特征值点开始，特征值点趋于平缓，曲线逐渐与横坐标平行。这表明第 6 个特征值点明显高于其他特征值点，因此从碎石图中也可以直观地看出抽取 6 个因子是合适的。综合因子分析表和碎石图的结果，我们认为将国内高职院校图书馆阅读推广研究热点分为 6 大类团是比较适宜的。为此，我们利用 SPSS 19.0 软件导出了国内高职院校图书馆阅读推广研究的聚类分析树状图（如图 9-2-2 所示）。聚类分析树状图以直观的方式展示了在国内高职院校图书馆阅读推广研究中，A-F 共 6 个研究热点类团的形成过程和研究主题。这些类团为我们进一步深入分析和理解国内高职院校图书馆阅读推广研究提供了重要的参考依据。

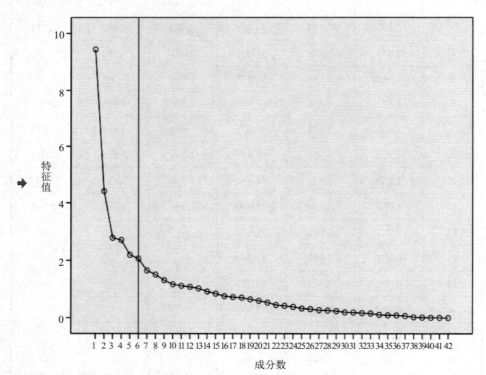

图 9-2-1　碎石图

　　综合因子分析、共词聚类分析的结果，我们得到国内高职院校图书馆阅读推广研究的热点分布，如表 9-2-3 所示。

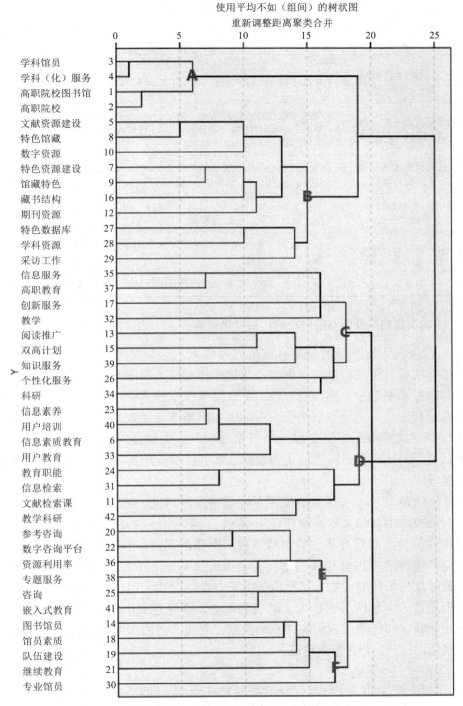

图 9-2-2 高频关键词聚类分析树状图

表 9-2-3 阅读推广研究热点

类团名称	包含的关键词	关键词数
A. 高职院校图书馆的学科馆员服务研究	学科馆员、学科（化）服务、高职院校图书馆、高职院校	4
B. 文献资源（包括数字资源）建设与发展研究	文献资源建设、特色馆藏、数字资源、特色资源建设、馆藏特色、藏书结构、期刊资源、特色数据库、学科资源、采访工作	10
C. 面向教学的阅读推广服务创新研究	信息服务、高职教育、创新服务、教学、阅读推广、双高计划、知识服务、个性化服务、科研	9
D. 用户信息素养教育与培训研究	信息素养、用户培训、信息素养教育、用户教育、教育职能、信息检索、文献检索课、教学科研	8
E. 用户参考咨询服务研究	参考咨询、数字咨询平台、资源利用率、专题服务、咨询、嵌入式教育	6
F. 图书馆员队伍建设研究	图书馆员、馆员素质、队伍建设、继续教育、专业馆员	5

（四）高职院校图书馆阅读推广研究热点解读

A. 高职院校图书馆的学科馆员服务研究。这一主题聚焦于高职院校图书馆如何通过学科馆员提供更加专业化和针对性的服务。学科馆员的角色在高职院校图书馆中逐渐凸显，他们不仅具备深厚的学科知识，还能将图书馆资源与高职教育教学紧密结合，为师生提供精准、高效的服务。高职院校职业培养模式要求图书馆要深化学科馆员服务，关键是对用户信息需求的分析，有了对用户信息需求的正确判断，才能针对性地提供专业化的信息资源与服务[1]。

B. 文献资源（包括数字资源）建设与发展研究。随着信息技术的发展，高职院校图书馆的文献资源建设正由传统向数字化、特色化转型。学者就如何构建符合高职教育特色的馆藏结构，加强数字资源和特色数据库的建设，以提高资源的可用性和利用率，满足师生的多元化需求等进行了系统研究。随着阅读从纸质时代步入了纸质与电子并存的时代，用户对电子资源的需求不断增加。高职图书馆作为文献信息中心，需要建立纸电融合的采访模式，构建起数字和纸质馆藏资源的互动机制，实现二者的深度融合，并注重优化馆藏结构，开展特色馆藏建设[2]。

---

① 蒋西明. 高职图书馆学科服务对象的需求分析 [J]. 科技风，2014（19）：241-242.

② 吕东梅."纸电融合"背景下高职图书馆的文献资源建设策略研究 [J]. 造纸装备及材料，2023，52（11）：166-168.

C. 面向教学的阅读推广服务创新研究。阅读推广是高职院校图书馆的重要职能之一。这一主题强调图书馆应创新服务方式，将阅读推广与高职教育紧密结合，通过信息服务、知识服务、个性化服务等手段，提高学生的阅读兴趣和能力，服务于教师的教学和科研工作。图书馆要在高职院校深化教育教学改革中发挥作用，要将阅读推广融入课堂教学过程，使学校、教师、学生三者目标协同发展，实现图书馆资源利用与课堂教学的良性互动，才能实现高职院校人才教育目标，落实书香校园建设。

　　D. 用户信息素养教育与培训研究。信息素养已成为现代教育中不可或缺的一部分。高职院校图书馆在用户信息素养教育和培训方面扮演着重要角色。研究关注于如何开展有效的信息素养教育和培训活动，提高学生的信息素养和信息获取能力，以适应信息时代的学习和工作需求。信息素养能力是新时代"信息化"人才必需的核心技能之一。高职院校图书馆阅读推广内容形式多样，应尝试以信息素养课程为切入点，在阅读推广中推广信息素养教育，培养学生的动手能力和信息素养能力。

　　E. 用户参考咨询服务研究。参考咨询是图书馆为用户提供的重要服务之一。在高职院校背景下，这一主题强调图书馆应建立高效的参考咨询体系，包括数字咨询平台的建设、专题服务的提供及嵌入式教育的实施等，以满足用户的多样化、专业化需求。特别是，高职院校图书馆数字化咨询服务是学校管理服务中的一个要点，为此，高职院校图书馆要建立完善的管理制度和模式，以便给师生提供更加便利的数字参考咨询服务，保证图书馆数字化咨询服务的秩序和效益。

　　F. 图书馆员队伍建设研究。图书馆员是图书馆服务的核心力量。这一主题关注高职院校图书馆如何加强馆员队伍建设，提高馆员的素质和专业能力。研究聚焦于馆员的选拔与培训、继续教育的开展及专业馆员的培养等方面，以确保图书馆能为用户提供高质量的服务。为了满足信息化背景下高职院校图书馆读者服务的发展要求，高职院校图书馆要正视馆员队伍的现状与存在问题，从树立专业价值导向、深化专业学习、更新服务理念、提升资源利用指导能力等方面加强高职院校图书馆员队伍建设，以期推动现代高职院校图书馆事业的不断发展。

　　综上所述，这些主题反映了统计时域内国内学者在面向教学支持的高职院校图书馆阅读推广服务研究领域的关注热点和研究方向。这些研究将为高职院校图书馆的服务创新和发展提供重要的参考和借鉴，有助于推动高职教育的持续发展和教学质量的提升。

二、基于战略坐标分析的阅读推广研究发展趋势

（一）战略坐标图绘制

共词聚类分析和战略坐标图是揭示国内高职院校图书馆阅读推广研究热点的有力工具。聚类分析能够展现研究热点的静态结构，而战略坐标图则在此基础上进一步揭示了各研究热点的战略地位及其发展趋势。这种图谱以共词矩阵和聚类分析为基础，通过可视化的方式，利用向心度和密度两个变量来刻画研究主题间的关联强度和聚合程度。

向心度代表了主题间的关联强度，通过计算代表不同研究主题的所有关键词共现频数之和来获得。类团的向心度越大，表明它与其他类团的关系越紧密，关注度也越高，从而更趋于学科研究的中心。而密度则是衡量关键词间聚合强度的指标，通过类团内部关键词的共现总频次的均值来计算①。

在战略坐标图中，向心度和密度分别作为横轴和纵轴，二者的均值设定为坐标原点。这样，每个主题聚类都可以在二维空间的四个象限中得到展示，落入不同象限的类团则代表了不同的含义。一般而言，分布在第一象限的研究热点通常具有较高的向心度和密度，表明它们是领域内的核心和热门主题；分布在第二象限的研究热点具有较低的向心度和较高的密度，代表了一些较为成熟但关注度有所下降的主题；分布在第三象限的研究热点在向心度和密度上都较低，可能是一些边缘或新兴的主题；分布在第四象限的研究热点具有较高的向心度和较低的密度，代表了一些具有潜力但尚未形成研究集群的主题。通过这种方式，我们可以更直观地了解国内高职院校图书馆阅读推广研究中各研究热点的地位和发展趋势。

因此，为了进一步揭示国内高职院校图书馆阅读推广研究中各研究热点在本领域研究中所处的地位和状态，揭示其动态特征与发展趋势，在聚类分析的基础上，以向心度为横坐标，密度为纵坐标，绘制各研究热点的战略坐标图，如图 9-2-3 所示，以进行战略坐标分析。

（二）阅读推广研究发展趋势——基于战略坐标图的解读

结合六个研究热点在战略坐标图中的分布，我们可以对它们在高职院校图书馆阅读推广研究领域的未来发展趋势进行如下阐述。

1. 高职院校图书馆的学科馆员服务研究（位于第一象限）

学科馆员服务研究作为阅读推广领域的一个重要组成部分，在战略坐标

---

① 蒋颖. 1995～2004 年文献计量学研究的共词分析 [J]. 情报学报，2006（4）：504-512.

图中位于第一象限，显示出其主流且成熟的地位。这一研究热点不仅在过去得到了广泛的关注和研究，而且在未来仍将继续发挥核心作用，推动高职院校图书馆阅读推广的深入开展。

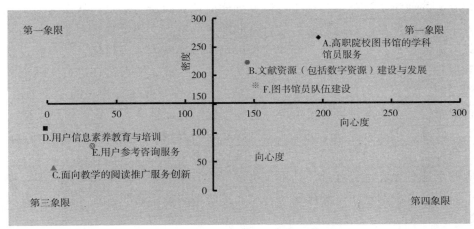

图 9-2-3　阅读推广研究战略坐标图

在这个网络化、信息化时代，学科馆员是信息资源的搜集者、传播者、导航者。随着高职教育的不断发展和深化，师生对于阅读资源的需求也日益增长，学科馆员的专业素养和服务能力成为满足这些需求的关键因素。未来，学科馆员服务研究将更加注重与高职教育的深度融合，通过深入了解不同学科、专业的教学和科研需求，提供更加精准、个性化的服务，以满足师生的专业需求。同时，随着科技的不断发展，新技术如人工智能、大数据分析等也将逐渐被应用于高职院校图书馆的阅读推广中。学科馆员服务研究将积极探索如何利用这些新技术优化服务模式，提升服务效率和质量。例如，通过大数据分析，可以更加准确地了解读者的阅读需求和偏好，为学科馆员提供更加有针对性的服务指导；而人工智能技术的应用，则可以进一步提升学科馆员的自动化和智能化水平，提供更加便捷、高效的服务体验。

2. 文献资源（包括数字资源）建设与发展研究（位于第一象限）

在高职院校图书馆阅读推广研究领域，文献资源建设与发展一直被视为重中之重，且在战略坐标图中占据了第一象限的重要位置，凸显其主流与成熟的地位。这一研究热点不仅关乎图书馆藏书的数量与质量，更直接影响到高职院校师生的阅读体验和学术研究的深度与广度。

作为文献信息资源体系建设的重要内容，图书馆数字资源对高校教学科研具有强有力的支撑作用。当前，许多图书馆都将数字资源建设作为图书馆文献资源建设的重中之重，开启了数字化模式的转型升级①。随着信息技术的飞速发展，数字化已成为文献资源建设不可逆转的趋势。高职院校图书馆在文献资源建设方面，将不断加大数字资源的整合与优化力度，通过构建更加完善的数字资源体系，师生可以更加便捷地获取所需信息，从而提高阅读效率和研究质量。与此同时，结合高职教育的特点，建设具有专业特色的文献资源库也显得尤为重要。高职院校以培养应用型人才为目标，其专业设置和课程设置都具有鲜明的职业导向和实践性。因此，图书馆在进行文献资源建设时，应充分考虑这些因素，重点收集与本校专业设置相关的专业书籍、行业报告、企业案例等特色资源，为师生提供更加精准、专业的信息支持。

此外，实现资源共享也是文献资源建设与发展研究的重要方向之一。通过校际合作、区域联盟等方式，高职院校图书馆可以打破信息孤岛，实现资源的互通有无和优势互补。这不仅可以节省各馆的采购成本和时间成本，还可以提高资源的利用率和满足率，从而更好地服务于高职教育和师生的发展需求。

综上所述，文献资源（包括数字资源）建设与发展研究在高职院校图书馆阅读推广研究领域具有举足轻重的地位。未来，随着技术的不断进步和高职教育的深入发展，该研究热点将继续保持其主流与成熟的地位，并推动高职院校图书馆阅读推广事业不断向前发展。

3. 面向教学的阅读推广服务创新研究（位于第三象限）

面向教学的阅读推广服务创新研究在阅读推广领域中具有不可忽视的潜力，是一个新兴或有待进一步发展的研究领域。然而，考虑到教学与阅读推广之间的天然联系，以及创新在推动任何领域发展中的关键作用，我们有理由相信这一主题将在未来获得更多关注并取得显著进展。

首先，该研究主题将更加注重与教学的紧密结合。高职院校图书馆作为教学资源的重要提供者，其阅读推广服务应当与课堂教学形成有机统一。未来，图书馆将不仅是提供书籍和阅读空间的场所，更将成为教学活动的延伸和补充。图书馆教育资源是课堂教学的重要补充，课堂阅读推广是课堂教学的延续和深化。要想提高教学质量，必须充分发挥图书馆资源与课堂教学过程融合的优势。通过创新服务方式，图书馆可以将阅读推广融入课堂教学过程。例如，与教师合作设计基于图书馆资源的课程项目，或者将阅读推广活动作为课程的一部分，以此实现图书馆资源利用与课堂教学的良性互动。

---

① 吴丁. 高职高专院校图书馆数字资源建设现状及对策——基于江苏省 62 所高职高专院校图书馆数字资源的分析 [J]. 传播与版权, 2022（11）：74–77.

其次，利用新媒体、在线平台等技术手段提升阅读推广的趣味性和互动性，将成为该研究主题的重要发展方向。随着科技的进步和数字化时代的到来，学生的阅读习惯和方式发生了巨大变化。图书馆需要紧跟时代潮流，利用新媒体和在线平台等技术手段，创新阅读推广方式，以更加生动、有趣的形式激发学生的阅读兴趣。例如，通过开发移动应用程序、建立在线阅读社区、利用虚拟现实技术创建沉浸式阅读体验等方式，图书馆可以为学生提供更加丰富多样的阅读资源和互动机会。此外，新媒体技术在高职院校图书馆阅读推广活动中扮演着重要角色，能够大大提高图书馆阅读推广的效率与水平①。

总之，尽管面向教学的阅读推广服务创新研究当前在战略坐标图中位于第三象限，但它具有巨大的发展潜力和重要价值。未来，随着图书馆与教学的紧密结合及新媒体和在线平台等技术手段的应用，该研究主题将在高职院校图书馆阅读推广研究领域中发挥越来越重要的作用，为学生的全面发展和终身学习提供有力支持。

4. 用户信息素养教育与培训研究（位于第三象限）

在高职院校图书馆阅读推广研究领域，用户信息素养教育与培训研究是一个不可忽视的重要方面，尽管目前在战略坐标图中位于第三象限，但随着信息时代的快速发展，其重要性将日益凸显。

信息素养是指个体在信息社会中获取信息、利用信息、管理信息和创新信息的能力。对于高职院校的学生来说，具备良好的信息素养不仅有助于他们更好地适应信息化社会，而且对于提高其学术水平和职业竞争力也具有重要意义。因此，高职院校图书馆作为信息素养教育的重要阵地，有责任和义务开展用户信息素养教育与培训研究。事实上，在很多国家和地区，信息素养教育都是由图书馆来教授完成的。在我国，高校图书馆较早就对信息素质教育理论和实践进行了深入的研究和实践，利用图书馆进行信息素养教育具有先天的优势。未来，该研究主题将更加注重理论与实践的结合。一方面，通过深入调查和研究高职院校学生的阅读需求和信息素养现状，为信息素养教育提供有针对性的指导。另一方面，积极探索和创新信息素养教育的方法和手段，如利用在线课程、微课、工作坊等多元化形式，提高教育的趣味性和实效性。此外，信息素养能力评价是研究信息素养教育现状及实现信息素养教育创新的前提和依据②。因此，该研究还将关注信息素养教育评价体系的建设。通过建立科学、全面的评价体系，对信息素养教育的效果进行客观、

———
　① 姜洁. 新媒体技术在高职院校图书馆阅读推广中的应用 [J]. 中国民族博览，2022（3）：115–117.
　② 朱婷婷. "双高计划"下高职学生信息素养能力评价体系构建 [J]. 大学图书情报学刊，2021，39（1）：32–37.

准确的评估，以便及时发现问题并进行改进。同时，与其他高校和机构开展合作与交流，共同推动信息素养教育的发展与进步。

综上所述，用户信息素养教育与培训研究在高职院校图书馆阅读推广研究领域具有广阔的发展前景。未来，随着信息化社会的深入发展和高职院校对信息素养教育的日益重视，该研究主题将逐渐从第三象限向中心甚至第一象限移动，成为推动高职院校图书馆阅读推广事业发展的重要力量。

5. 用户参考咨询服务研究（位于第三象限）

用户参考咨询服务在高职院校图书馆中一直扮演着辅助和支持的角色，尽管目前在战略坐标图中处于第三象限的边缘位置，但随着服务理念的升级和技术的进步，该研究主题展现出巨大的发展潜力。未来，高职院校图书馆将更加注重用户参考咨询服务的建设与发展。通过对信息的收集、分析、处理和整合，改变传统参考咨询服务，开展基于专业群建设的参考咨询服务，为高职院校学科建设提供支持。

首先，在资源投入方面，图书馆将加大对参考咨询服务的支持，包括人力、物力和财力的投入，以确保服务的基础设施和条件得到保障。这将有助于提升参考咨询服务的整体水平和质量。

其次，在大数据时代，高职院校虚拟参考咨询服务也将成为重要的参考咨询服务模式。利用新技术提升服务的智能化、个性化和专业化水平将是用户参考咨询服务研究的重要方向。例如，通过智能问答系统、个性化推荐系统等，图书馆可以更加高效、准确地回答用户的问题和满足用户的需求。同时，图书馆还可以加强对专业领域的研究和学习，提升参考咨询服务的专业化水平，为用户提供更加专业、深入的咨询和解答。

最后，加强与用户的互动和交流也是用户参考咨询服务研究的重要内容。图书馆可以通过建立用户反馈机制、开展用户满意度调查等方式，及时了解和掌握用户对参考咨询服务的意见和建议，以便及时调整和优化服务策略。同时，图书馆还可以积极利用社交媒体、在线平台等渠道，与用户进行实时互动和交流，及时回应和解决用户的问题和需求，提升用户的满意度和忠诚度。

6. 图书馆员队伍建设研究（位于第一象限）

在战略坐标图中，第一象限通常代表着高重要性和高紧迫性的领域，是组织者或研究者应当优先关注和投入资源的方向。当图书馆员队伍建设研究热点位于第一象限时，表明这一领域是当前图书馆工作中的重要且紧急的议题。基于此情境，我们可以对高职院校图书馆阅读推广研究趋势进行以下陈述。

首先，加强图书馆员队伍建设研究是保障阅读推广服务的质量与效果的需要。图书馆员是阅读推广活动的主导者，承担着阅读推广活动的策划和执行，直接影响着阅读推广的质量。加强馆员队伍建设，提高其阅读推广能力十分必要①。图书馆员作为阅读推广服务的核心力量，他们的专业素养、服务意识、创新能力等直接关系到阅读推广服务的质量和效果。因此，加强图书馆员队伍建设研究，提升图书馆员的专业素养和服务能力，是保障高职院校图书馆阅读推广服务质量和效果的必然要求。

其次，加强图书馆员队伍建设研究是适应高职院校教育改革与发展的需要。人是一切发展的根本，图书馆员队伍建设是提升图书馆核心竞争力之所在。在国家职业教育改革背景下，图书馆的定位是服务学院发展，服务于教学科研，服务于人才培养，育人体系建设是根基，而图书馆员队伍建设等则是构建育人体系的基本保障。这就要求图书馆员具备更加专业的知识、更加敏锐的洞察力和更加创新的服务意识。加强图书馆员队伍建设研究，培养一支适应高职院校教育改革和发展需要的图书馆员队伍，是推动高职院校教育改革和发展的重要保障。

再次，加强图书馆员队伍建设研究是应对信息技术和数字化阅读挑战的需要。20世纪80年代以来，信息技术、网络技术、数字技术等在图书馆中的普及应用深刻改变了图书馆的管理模式、工作模式与服务模式，图书馆阅读推广服务也面临着新挑战。图书馆员只有具备更加专业的信息技术知识和应用能力，才能有效地利用信息技术和数字化阅读手段进行阅读推广服务。因此，加强图书馆员队伍建设研究，提升图书馆员的信息技术素养和创新能力，是应对信息技术和数字化阅读带来的挑战和机遇的重要举措。

最后，加强图书馆员队伍建设研究是推动高职院校图书馆事业可持续发展的需要。当今社会处于全媒体时代，高职院校图书馆正突破传统服务模式，发展为网络化高级服务模式，这对图书馆员的职业素养提出了更高的要求。图书馆员是图书馆事业发展的核心，其业务技能决定图书馆服务事业的发展、图书馆服务质量及方向，因此，采取多项措施实现图书馆员的多元化发展成为推动图书馆事业可持续发展的客观需要②。此外，高职院校图书馆是学校的重要组成部分，其发展水平和服务质量直接影响到学校的教学质量。加强图书馆员队伍建设研究，提升图书馆员的服务能力和专业素养，不仅可以推动高职院校图书馆事业的可持续发展，也有助于提升高职院校的教学质量和学术声誉。

① 陈杰珠.高职院校图书馆红色经典阅读推广的路径研究——以广东女子职业技术学院为例[J].办公室业务，2022（5）：175-177.

② 刘晓丽.全媒体时代高职图书馆馆员多元化发展研究[J].传媒论坛，2020，3（16）：120；122.

　　综上所述，高职院校图书馆阅读推广研究正呈现出多元化、深入化的发展趋势。从战略坐标图来看，高职院校图书馆的学科馆员服务、文献资源（包括数字资源）建设与发展、图书馆员队伍建设等研究位于第一象限，显示出其主流且成熟的地位，将继续在阅读推广中发挥核心作用。同时，面向教学的阅读推广服务创新、用户信息素养教育与培训及用户参考咨询服务等位于第三象限的研究主题，虽然当前处于边缘位置，但具有巨大的发展潜力，是未来研究的重要方向。

参考文献

[1] 曹桂平. 我国高校图书馆读书会现状与发展对策探讨 [J]. 图书情报工作，2015，59（2）：44-50.

[2] 曹娟. 从阅读推广人到阅读推广人才——论图书馆界主导阅读推广专业教育 [J]. 图书馆论坛，2018，38（1）：78-85.

[3] 陈靖，唐承秀. 实践理论视角下高校图书馆青年教师服务策略研究——以重庆工商职业学院图书馆为例 [J]. 图书馆工作与研究，2022（10）：83-90.

[4] 陈靖，王天林，彭丽. 高职院校教、训、赛一体化信息素养教育实践研究——以重庆工商职业学院图书馆实践为例 [J]. 重庆广播电视大学学报，2021，33（4）：26-33.

[5] 陈靖. 高校图书馆分专业阅读推广工作研究 [J]. 重庆广播电视大学学报，2020，32（3）：74-80.

[6] 陈靖. 国家开放大学图书馆面向教师的服务框架研究——以全国 45 所开放大学分部图书馆为样本 [J]. 重庆开放大学学报，2022，34（6）：32-40.

[7] 邓小茹，朱培毅. 竞赛模式在大学生信息素养教育中的实证分析 [J]. 图书馆论坛，2012，32（1）：61-64.

[8] 范并思. 拓展图书馆阅读推广的理论疆域 [J]. 图书情报知识，2019（6）：4-11.

[9] 范并思. 阅读推广的理论自觉 [J]. 国家图书馆学刊，2014，23（6）：3-8.

[10] 范并思. 阅读推广与图书馆学：基础理论问题分析 [J]. 中国图书馆学报，2014，40（5）：4-13.

[11] 郭向勇，施蓓，唐艳，等. 学科馆员制度在高职院校图书馆的创新与实践 [J]. 大学图书馆学报，2010，28（5）：121-125.

[12] 谈鹤玲. 高校图书馆展览服务与校园文化建设 [J]. 图书馆工作与研究，2008（4）：87-89.

[13] 黄晓鹏，王景文，李树民 . 阅读疗法实证研究 [M]. 北京：光明日报出版社，2014.

[14] 黄旭伟，胡敏 .《悉尼协议》框架下高职院校图书馆信息素养教育模式构建研究 [J]. 图书馆理论与实践，2017（9）：30-33.

[15] 李继海 . 新技术环境下公共图书馆展览功能拓展研究 [J]. 图书馆研究与工作，2021（5）：81-85.

[16] 李武，杨飞，毛远逸，等 . 图书馆阅读推广人角色研究：类型构成、前置因素和后续影响 [J]. 中国图书馆学报，2020，46（3）：73-87.

[17] 廖琳 . 高职院校图书馆多维度阅读指导策略探析 [J]. 辽宁师专学报（社会科学版），2023（5）：138-140.

[18] 林崇德，杨治良，黄希庭 . 心理学大辞典：下册 [M]. 上海：上海教育出版社，2003.

[19] 刘凡儒，张承伟，朱梦茹 . 高校图书馆深度嵌入本科专业教学支持服务体系构建——以工程教育专业认证支持服务为例 [J]. 图书情报工作，2021，65（11）：71-79.

[20] 刘海涛 ."双高计划"背景下高职院校图书馆"阅读推广+"服务策略与范式研究 [J]. 图书馆学刊，2022，44（8）：75-80.

[21] 刘时容 . 且为繁华寄书香：高校图书馆阅读推广理论与实务 [M]. 北京：新华出版社，2018.

[22] 刘艳笑，徐呈呈，王静雅 . 高职院校图书馆开展信息素养教育路径研究 [J]. 山东开放大学学报，2023（3）：83-85.

[23] 汤诚 . 民国时期上海地区的图书馆展览服务 [J]. 图书馆论坛，2019，39（12）：35-41.

[24] 唐权，窦骏 . 基于文献调研的国内外研究生信息素养教育实践进展 [J]. 图书情报工作，2017，61（18）：137-144.

[25] 王波，傅新 . 阅读疗法原理 [J]. 图书馆，2003（3）：1-12.

[26] 王波 . 图书馆时尚阅读推广 [M]. 北京：朝华出版社，2015.

[27] 王波 . 图书馆阅读推广如何体现专业性 [J]. 上海高校图书情报工作研究，2018，28（2）：28-31.

[28] 王波 . 阅读疗法 [M]. 北京：海洋出版社，2014.

[29] 王波 . 阅读推广、图书馆阅读推广的定义——兼论如何认识和学习图书馆时尚阅读推广案例 [J]. 图书馆论坛，2015，35（10）：1-7.

[30] 王丹，范并思 . 图书馆阅读推广基础理论流派及其分析 [J]. 大学图书

馆学报，2016，34（4）：23-29.

[31] 王景文，刘洋，李杏丽.阅读疗愈师的职业属性、工作模式与专业胜任力研究——基于《阅读疗愈师》的评鉴与思考[J].国家图书馆学刊，2022，31（3）：51-61.

[32] 王景文.我国开放存取研究论文的文献计量学研究[J].图书馆工作与研究，2011（6）：16-21.

[33] 王景文.基于SPSS知识地图的国外阅读疗法研究热点探析[J].图书馆研究，2014，44（2）：124-128.

[34] 王世伟.图书馆展览服务初探［J］.图书馆杂志，2006（10）：22-26.

[35] 王晓凤.高职院校学生阅读状况分析[J].图书馆杂志，2011，30（11）：67-68；94.

[36] 王余光.中国阅读文化史论[M].北京：北京图书馆出版社，2007.

[37] 王宇，吴瑾.新时代信息素养教育的演进与创新——2018年全国高校信息素养教育研讨会综述[J].大学图书馆学报，2018，36（6）：21-27.

[38] 王子舟.图书馆学基础教程[M].武汉：武汉大学出版社，2003.

[39] 周肇光.高校图书馆的校园文化引领功能与社会责任［J］.大学图书馆学报，2011，29（6）：60-65.

[40] 徐雁.打造"三位一体"的全民阅读推广机制[J].新阅读，2018（6）：1.

[41] 杨光武，刘兰平.高职院校信息素养教育现状与展望——"首届全国高职院校信息素养大赛"述评[J].图书馆论坛，2021，41（3）：128-135.

[42] 杨莉，陈幼华，谢蓉.高校图书馆开展专业阅读推广的实践探析[J].图书馆杂志，2015，34（12）：29-37.

[43] 于爱群.国内图书馆展览服务阶段性特征及发展探析[J].图书馆工作与研究，2015（10）：17-20.

[44] 张怀涛.阅读推广的概念与实施[J].河南图书馆学刊，2015，35（1）：2-5.

[45] 张悦，朱永新.朱永新：成为专业阅读者[J].语文教学通讯，2016（10）：4-7.

[46] 赵俊玲，葛文娴.民国时期图书馆发展读书会之研究[J].图书馆杂志，2018，37（12）：20-28.

[47] 郑勇，胡冰倩，惠涓澈.图书馆阅读推广人的基本要求及培养方式[J].图书馆论坛，2019，39（1）：138-144.

后　记

　　身为高职院校图书馆的一名普通图书馆员，这本书的写作对我而言，不仅是知识的梳理和传递，更是一次灵魂的洗礼与重生。那些日夜奋战在书架间的日子，那些与读者心灵碰撞的瞬间，都成为我学术探索的动力源泉。而这本书，正是我将这些实践经验与学术研究相结合的成果。

　　当我初涉情报学领域，满怀憧憬地期待着能在知识的海洋中畅游，却发现自己的学术研究能力尚显稚嫩。然而幸运的是，我得到了诸多良师益友的指引和帮助。他们如同一盏盏明灯，照亮了我前行的道路，使我能在学术的殿堂中稳步前行。

　　感谢我的历任馆长冉红、王卫平、彭丽、温和，是他们的卓越领导与无私支持，为我提供了广阔的成长空间。感谢我的同学罗琳，是她的引荐让我有机会踏入重庆工商职业学院的大门，开启了图书馆员的职业生涯。感谢北京大学图书馆的王波老师，是他的关注与支持一直伴随着我的成长。感谢重庆大学图书馆原馆长杨新涯先生，他担任重庆市高校图工委主席期间，在高校图书馆业务竞赛和学术研究上，为一线图书馆员提供了诸多的学习机会和良好的参与平台。

　　此外，我还要向南开大学的徐建华、柯平、于良芝老师，以及天津财经大学的唐承秀老师致以衷心的感谢，是他们在我求知的道路上给予了无私的指导与帮助，使我能够不断拓宽视野，深化对学术研究的理解。在此，特别要感谢的是华北理工大学的王景文老师，在我陷入困境时，是他以专业的眼光和研究经验为我指明了方向，帮助我重新构建了这本书的研究框架，使我的写作得以继续并最终完整呈现。

　　在本书写作的过程中，我深刻体会到了学术研究的艰辛与不易。那些耗费大量时间和心血的琐碎工作，要将其用规范的学术语言完整地表达出来，确实是一项巨大的挑战。我曾多次陷入自我怀疑和困境之中，甚至有过放弃的念头。但每当想到那些支持我、鼓励我的人们，我便重新找回了前进的动力。

　　此书的落笔，非是终焉，实为一段新旅程的启航。本书的写作使我认清了自己的不足之处，并指明了需要继续努力的方向。我深知，无论年纪大小，持续学习和进步都是必不可少的。这是我对自己责任的体认，也是我对高职院校图书馆阅读推广工作的承诺。我将稳扎稳打，一步一个脚印地前行，为提升图书馆的服务质量和推广阅读文化，尽我所能，贡献自己的一份力量。

　　最后，我要衷心感谢每一位读者朋友的支持与鼓励。我也衷心希望这本书能对大家有所帮助。同时，我也期待听到大家的宝贵意见与建议，它们将是我未来研究的重要指引。让我们携手同行，共同拓宽、夯实高职院校图书馆阅读推广研究的道路。

陈　靖

2024 年 3 月